Mensch **und** Politik

Abiturtrainer Sozialkunde

Klasse 11/12

Christian Raps

Schroedel

Mensch und Politik

Abiturtrainer Sozialkunde
Klasse 11/12

Christian Raps

mit Beiträgen von Dr. Florian Hartleb
und Dr. Andreas Wilhelm

in Zusammenarbeit
mit der Verlagsredaktion

Online-Werkservice

Ergänzungsmaterialien zu den Mensch-und-Politik-Schülerbänden finden Sie regelmäßig im Online-Werkservice von Schroedel @ktuell unter: www.schroedel.de/schroedel-aktuell

Druck A [1] / 2010
Alle Drucke der Serie A sind im Unterricht parallel verwendbar.

Redaktion: Dr. Martin Reichinger
Herstellung: Sandra Grünberg
Lay-out: Janssen Kahlert, Hannover
Grafik: Langner & Partner, Hannover
Satz: media service schmidt, Hildesheim
Druck und Bindung: westermann druck GmbH, Braunschweig

ISBN 978-3-507-**10879**-0

INHALTSVERZEICHNIS

Rechtsakte – Verordnung, Richtlinien, Empfehlungen, Entscheidungen
Primär und Sekundärrecht

Probleme (Polen)

Problematesierungen der Außenpolitik

Zukunftsszenarien

1 verein. Staat. von Europa
2
3

[1, 2, 3, 4] Von den hier angebotenen Unterkapiteln ist jeweils eines auszuwählen.

[5] zur Vertiefung und Erweiterung

VORWORT

Liebe Schülerinnen und Schüler!

Der Ihnen vorliegende Abi-Trainer verfolgt eine doppelte Zielstellung:

- Er soll Ihnen zum einen den gesamten *Lehrstoff* für Ihre Abiturprüfung im Fach Sozialkunde vermitteln – in komprimierter Form, klar strukturiert und inhaltlich präzise.
- Zum anderen soll Ihr Abi-Trainer Ihnen helfen, sowohl Ihre *Lerntechnik* als auch Ihre *Lerntaktik* mit Blick auf das bevorstehende G8-Abitur zu optimieren.

Damit Sie diese Ziele erreichen können, gibt Ihnen der Abi-Trainer im Anfangskapitel I zunächst praxisnahe Hinweise und Empfehlungen zur eigenorganisatorischen und lerntechnischen Vorbereitung.
In den anschließenden Kapiteln II bis IV finden Sie den gesamten Stoff für die Abiturprüfung Sozialkunde nach Lehrplanüberschriften gegliedert. Hierbei entsprechen

- Kapitel II dem Stoff des ersten Semesters (11/ 1),
- Kapitel III dem Stoff des zweiten Semesters (11/ 2),
- die Kapitel IV und V den Inhalten des dritten Semesters (12/ 1) sowie
- Kapitel VI dem Stoff des vierten Halbjahres (12/ 2).

Das Schlusskapitel VII zeigt Ihnen sämtliche abiturrelevante Operatoren samt Beispielen und gestattet Ihnen damit die sichere Vorbereitung auf mögliche Aufgabenstellungen im Abitur.

Ich wünsche Ihnen eine gelungene Vorbereitung auf Ihr „Abi" und viel Erfolg!

OStR Christian Raps, Tann
im September 2010

I. Eigenorganisation und Vorbereitung

Eigenorganisation und Vorbereitung

Die Abiturprüfung ist die *wichtigste Prüfung* Ihrer schulischen Karriere. Sie unterscheidet sich von den Klausuren und Schulaufgaben, die Sie bisher geschrieben haben – nicht im Schwierigkeitsgrad oder der Art der Aufgabenstellung, sondern im Umfang, denn Sie werden innerhalb von kurzer Zeit über eine große Menge an Stoff abgeprüft. Sollten Sie bisher eher punktuell gelernt haben oder aufgrund der Vielzahl der Klausuren pro Halbjahr nur ein bis zwei Wochen auf die Prüfungsvorbereitung verwendet haben, so müssen Sie sich jetzt umstellen. Da Sie mit Ihrem Abitur die wesentliche *Zugangsvoraussetzung für ein Hochschulstudium* erhalten, wird von Ihnen in der Reifeprüfung eine Arbeitsweise erwartet, wie sie an Universitäten üblich ist: Dort werden die Zensuren nicht über ein Semester verteilt. Vielmehr stehen am Ende eines Semesters meist Abschlussklausuren über den Inhalt der von Ihnen belegten Seminare. Diese Prüfungsart gleicht dem Abitur und ist nur zu bewältigen, indem Sie Ihren *Lernrhythmus* den Gegebenheiten anpassen.

a) Eingrenzung des Stoffs

Zuerst sollten Sie sich über den Stoff, den Sie für die Abiturprüfung lernen müssen, im Klaren sein. Die Abiturprüfung im Fach *Sozialkunde (einstündig)* kann nur in Kombination mit dem Fach *Geschichte* abgelegt werden. Der Semesterstoff umfasst

- in 11/1 das Themengebiet „Struktur und Wandel der Gesellschaft in der Bundesrepublik Deutschland",
- in 11/2 das Themengebiet „Grundzüge politischer Systeme der Gegenwart",
- in 12/1 die Themengebiete „Aspekte der europäischen Einigung" und „Frieden und Sicherheit als Aufgabe der internationalen Politik" sowie
- in 12/2 das Themengebiet „Herausforderungen für die nationale Politik in einer globalisierten Welt".

Je nachdem, wie risikobereit Sie sind, können Sie es wagen, ein bis drei Semester zu streichen. Sich auf den Stoff lediglich eines Semesters vorzubereiten, ist allerdings ein *Vabanquespiel:* Vielleicht liegen Ihnen weder die Fragestellung noch das Material, das in dem von Ihnen gelernten Semester angeboten wird. In einer Abiturprüfung jedenfalls sollten Sie auf Nummer sicher gehen. Es liegt also in Ihrem eigenen Interesse, möglichst viele Semester zu lernen, zumal der Stoff in Sozialkunde aufgrund des einstündigen Unterrichts pro Woche überschaubar ist. Um den Lernstoff leichter eingrenzen zu können, ist es sicher hilfreich, sich einmal die Themengebiete der jeweils *vorjährigen Abiturprüfung* anzusehen. Eine Wiederholung derselben Fragestellung in zwei aufeinander folgenden Jahren ist eher selten, aber nicht gänzlich auszuschließen. Ebenso sei Ihnen angeraten, einen Blick in den Lehrplan zu werfen (Tipp: *www.isb.bayern.de*). Sobald dort die Formulierung „z. B." auftaucht, ist der Stoff fakultativ und nicht expressis verbis in einer Abitur-Prüfung verwendbar.

Beispiel: Lehrplan Sozialkunde/Jahrgangsstufe 11/Kapitel Sk_1 11.1.3 Sozialstaat und soziale Sicherung/2. Spiegelstrich; hier heißt es:

„Herausforderungen für die Sozialpolitik gezeigt an einem aktuellen Konfliktfeld, Lösungsansätze (z. B. zu: Generationenproblem, Armut und Reichtum, Erwerbstätige und Arbeitslose, Verhältnis der Geschlechter, Einheimische und Fremde, Randgruppe und Kerngesellschaft)."

Es kann im Abitur nicht von Ihnen verlangt werden, das Konfliktfeld „Erwerbstätige und Arbeitslose" aus dem Gedächtnis zu reproduzieren, da alle Lehrer in Bayern die Freiheit besitzen, *ein* Konfliktfeld im Unterricht zu behandeln. Hätte sich Ihr Kursleiter für ein anderes Thema entschieden, wären Sie im Nachteil, im anderen Fall im Vorteil. Daher ist dieses Themengebiet entweder nur materialgestützt zu bearbeiten, oder die Fragestellung ist allgemein gehalten, in etwa wie folgt:

Beispiel: „Beschreiben Sie die Herausforderungen für die Sozialpolitik in der Bundesrepublik Deutschland anhand eines aktuellen Konfliktfelds Ihrer Wahl!"

Schüler bei einer Abiturprüfung, 2007

In den Schülerbänden der Reihe *Mensch und Politik* (Jahrgangsstufe 11 und 12) sind diese wählbaren Lehrplaninhalte im Inhaltsverzeichnis jeweils mit einer Fußnote gekennzeichnet („Von den hier angebotenen Unterkapiteln ist jeweils eines auszuwählen").

b) Entwurf eines Lernplans

Sobald Sie den Stoff eingegrenzt haben, sollten Sie Ihren eigenen *Lernplan* entwerfen. Bedenken Sie dabei, dass Sie in *drei Fächern* die Abiturprüfung *schriftlich* ablegen müssen und in *zwei Fächern mündlich.* Folgende Vorgaben müssen dabei erfüllt sein:

Die Abiturprüfung wird in
- Mathematik,
- Deutsch
- und einem weiteren Fach schriftlich
- und in den verbleibenden beiden Fächern mündlich durchgeführt (Kolloquium).

Die 5 Abiturfächer	
1. Deutsch	*schriftlich*
2. Mathematik	*schriftlich*
3. Fremdsprache (fortgeführt)	*nach Wahl des Schülers: 1 x schriftlich 2 x mündlich*
4. Religionslehre (bzw. Ethik), Geschichte und Sozialkunde, Geschichte, Geographie, Wirtschaft und Recht	
5. Physik, Chemie, Biologie, Informatik[1], weitere Fremdsprache[2], Kunst[3], Musik[3], Sport[4]	

[1] nur am Naturwissenschaftlich-technologischen Gymnasium
[2] spät beginnende Fremdsprachen können nur mündliches Abiturprüfungsfach sein
[3] als schriftliche Prüfung: mit praxisbezogenem Teil (besondere Fachprüfung)
[4] mit praxisbezogenem Teil (besondere Fachprüfung)

Aus: Bayerisches Staatsministerium für Unterricht und Kultus: Abiturprüfung. Bayerisches Gymnasialnetz (BGN); online abrufbar unter www.gymnasium.bayern.de/gymnasialnetz/oberstufe/abiturpruefung (Zugriff am 18.1.2010)

c) Lernplan (Beispiel; angelegt auf acht Wochen)

Mo	Di	Mi	Do	Fr	Sa	So	Mo	Di	Mi	Do	Fr	Sa	So
neu: M/ D/ G+Sk (S. 1–5)	neu: M/ D/ G+Sk (S. 6–10) Wh.: M/ D/ G+Sk (S. 1–5)	Wh.: M/ D/ G+Sk (S. 1–10)	neu: M/ D/ G+Sk (S. 11–15) Wh.: M/ D/ G+Sk (S. 6–10)	neu: M/ D/ G+Sk (S. 16–20) Wh.: M/ D/ G+Sk (S. 11–15)	🕑	Wh.: M/ D/ G+Sk (S. 1–20)	neu: M/ D/ G+Sk (S. 21–25) Wh.: M/ D/ G+Sk (S. 16–20)	neu: M/ D/ G+Sk (S. 26–30) Wh.: M/ D/ G+Sk (S. 21–25)	Wh.: M/ D/ G+Sk (S. 1–30)	neu: M/ D/ G+Sk (S. 31–35) Wh.: M/ D/ G+Sk (S. 26–30)	neu: M/ D/ G+Sk (S. 36–40) Wh.: M/ D/ G+Sk (S. 31–35)	🕑	Wh.: M/ D/ G+Sk (S. 1–40)
Mo	**Di**	**Mi**	**Do**	**Fr**	**Sa**	**So**	**Mo**	**Di**	**Mi**	**Do**	**Fr**	**Sa**	**So**
neu: M/ D/ G+Sk (S. 41–45) Wh.: M/ D/ G+Sk (S. 36–40)	neu: M/ D/ G+Sk (S. 46–50) Wh.: M/ D/ G+Sk (S. 41–45)	Wh.: M/ D/ G+Sk (S. 1–25)	Wh.: M/ D/ G+Sk (S. 26–50)	neu: M/ D/ G+Sk (S. 51–55) Wh.: M/ D/ G+Sk (S. 46–50)	🕑	neu: M/ D/ G+Sk (S. 56–60) Wh.: M/ D/ G+Sk (S. 51–55)	Wh.: M/ D/ G+Sk (S. 1–30)	Wh.: M/ D/ G+Sk (S. 31–60)	neu: M/ D/ G+Sk (S. 61–65) Wh.: M/ D/ G+Sk (S. 56–60)	neu: M/ D/ G+Sk (S. 66–70) Wh.: M/ D/ G+Sk (S. 61–65)	Wh.: M/ D/ G+Sk (S. 1–35)	🕑	Wh.: M/ D/ G+Sk (S. 36–70)
Mo	**Di**	**Mi**	**Do**	**Fr**	**Sa**	**So**	**Mo**	**Di**	**Mi**	**Do**	**Fr**	**Sa**	**So**
neu: M/ D/ G+Sk (S. 71–75) Wh.: M/ D/ G+Sk (S. 65–70)	neu: M/ D/ G+Sk (S. 76–80) Wh.: M/ D/ G+Sk (S. 71–75)	Wh.: M/ D/ G+Sk (S. 1–40)	Wh.: M/ D/ G+Sk (S. 41–80)	neu: M/ D/ G+Sk (S. 81–85) Wh.: M/ D/ G+Sk (S. 76–80)	🕑	neu: M/ D/ G+Sk (S. 86–90) Wh.: M/ D/ G+Sk (S. 80–85)	Wh.: M/ D/ G+Sk (S. 1–45)	Wh.: M/ D/ G+Sk (S. 46–90)	neu: M/ D/ G+Sk (S. 91–95) Wh.: M/ D/ G+Sk (S. 86–90)	neu: M/ D/ G+Sk (S. 95–100) Wh.: M/ D/ G+Sk (S. 91–95)	Wh.: M/ D/ G+Sk (S. 1–50)	🕑	Wh.: M/ D/ G+Sk (S. 51–100)
Mo	**Di**	**Mi**	**Do**	**Fr**	**Sa**	**So**	**Mo**	**Di**	**Mi**	**Do**	**Fr**	**Sa**	**So**
Wh.: G+Sk (S. 1–100)	Wh.: M (S. 1–100)	Wh.: D (S. 1–100)	Wh.: G+Sk (S. 1–100)	Wh.: M (S. 1–100)	🕑	Wh.: D (S. 1–100)		Prüfung D	Wh.: M (S. 1–100)		Prüfung M	Wh.: G+SK (S. 1–100)	Wh.: G+Sk (S. 1–100)
Mo	**Di**	**Mi**	**Do**	**Fr**	**Sa**	**So**	**Mo**	**Di**	**Mi**	**Do**	**Fr**	**Sa**	**So**

M = Mathematik
D = Deutsch
G+Sk = Geschichte und Sozialkunde

neu = Neuaufnahme von Stoff
Wh. = Wiederholung gelernten Stoffs
S = Seiten

= freier Tag
🕑 = Puffertag

Das Beispiel für einen Lernplan (S. 10) geht von folgenden Prämissen aus:

- Die schriftliche Abiturprüfung wird in *Deutsch, Mathematik* und *Geschichte/Sozialkunde* durchgeführt.
- Die insgesamt zu bewältigende Stoffmenge pro Fach wird mit *100 Seiten* angesetzt.
- Die an einem Tag neu aufzunehmende Stoffmenge umfasst in jedem Fach *fünf* Seiten.

Um Ihren Lernplan einzuhalten, benötigen Sie ein hohes Maß an *Selbstdisziplin,* oder Sie platzieren großzügig „Puffertage" in der Lernperiode. Wenn Sie nur an einem Tag die von Ihnen selbst angesetzte Stoffmenge nicht bewältigen, wird es sehr schwer, den Rückstand wieder aufzuholen. Muten Sie sich deshalb nur „kleine" Stoffportionen pro Tag zu und kalkulieren Sie stattdessen genügend *Wiederholungstage* ein.

- Als Faustregel gilt: Was man siebenmal wiederholt hat (ohne nachblättern zu müssen), ist im Gedächtnis verankert.

Der gegenüberliegenden Seite entnehmen Sie, dass Sie mindestens *sieben bis acht Wochen vor dem Beginn der Abiturprüfung* zu lernen beginnen sollten. Bei höherer Stoffdichte oder für den Fall, dass Sie weniger Stoff pro Tag aufnehmen können, müssen Sie entsprechend früher starten. Haben Sie sich an Ihren Lernplan gehalten und den Stoff entsprechend wiederholt, sei Ihnen angeraten, am Tag vor der Prüfung nichts mehr zu lernen oder zu wiederholen. Erstens haben Sie das nun nicht mehr nötig und zweitens garantiert Ihnen ein Tag ohne Abiturvorbereitung eine ruhige Nacht vor dem Prüfungstag.

Fertigen Sie zuerst einen Lernplan mit der Stoffverteilung für die schriftlichen Prüfungsfächer an, dann für die mündlichen. Bedenken Sie dabei, dass Sie sich im Zeitraum der schriftlichen Prüfungen kaum auf das Lernen für die Kolloquien werden konzentrieren können. Wenn daher eine große Stoffmasse für die mündlichen Prüfungen anfällt, werden Sie diese parallel zur Vorbereitung auf das Schriftliche bewältigen müssen. Liegen die beiden Prüfungsteile in einem ausreichend großen zeitlichen Abstand voneinander, können Sie den Stoff für die mündlichen Prüfungen vorerst vernachlässigen und erst nach dem schriftlichen Teil damit beginnen, diesen zu lernen.

d) Lernen mit *Mensch und Politik*

Menschen nehmen Lerninhalte auf unterschiedlichen Wegen auf, z. B. visuell, auditiv oder kommunikativ (S. 12). Nach zwölf Schuljahren wissen Sie selbst am besten, welchem Lerntyp Sie sich zurechnen müssen. Unabhängig vom Lerntyp sollten Sie den Stoff jedes Fachs aber in Kapitel einteilen.

Bei der Arbeit mit *Mensch und Politik* (Jahrgangsstufe 11 und 12) können Sie dazu die Überschriften aus Ihrem Buch verwenden (z. B. „Der europäische Integrationsprozess I – von Maastricht nach Nizza"). Anschließend unterteilen Sie jedes Kapitel in Sinneinheiten. In *Mensch und Politik* wird Ihnen dieser Schritt ebenfalls abgenommen: Verwenden Sie einfach die roten Randbegriffe neben jedem Absatz (z. B. **von der EG zur EU**). Lesen Sie dann die Inhalte jeweils zu einer Sinneinheit/zu den roten Randbegriffen und memorieren Sie diesen Inhalt so oft, bis Sie alle wichtigen Fakten auswendig können. Diesen Vorgang wiederholen Sie so lange, bis Sie in einem Kapitel zu jeder Sinneinheit die Inhalte einschließlich der „Überschrift" (= roter Randbegriff) auswendig wiedergeben können. Klären Sie Fachbegriffe und Fremdwörter, auf die Sie während Ihrer Lektüre stoßen, sofort. In diesem Zusammenhang können Sie jederzeit auch die Glossare oder Personenverzeichnisse der *Mensch und Politik*-Bände heranziehen.

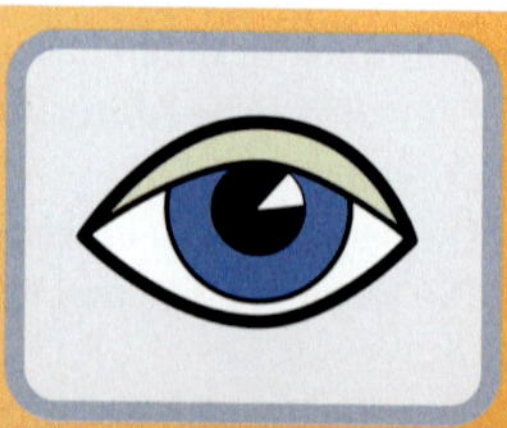

Visueller Lerntyp: Visuelle Lerner lesen gerne und verlassen sich beim Lernen in erster Linie auf die Augen. Für sie müssen Informationen übersichtlich und optisch ansprechend aufbereitet sein. Visuelle Lerntypen haben im Unterricht auf jeden Fall mitgeschrieben. Beim späteren Lernen werden Sie wichtige Informationen mit Textmarkern hervorheben oder z. B. durch Mind-Maps oder Zeichnungen aufbereiten. Auch eine ansprechende Lernumgebung ist für visuelle Lerntypen von Bedeutung. Dazu zählen ein aufgeräumter Schreibtisch, ausreichend Platz zum Aufhängen von Lernpostern oder der Besuch einer Universitätsbibliothek.

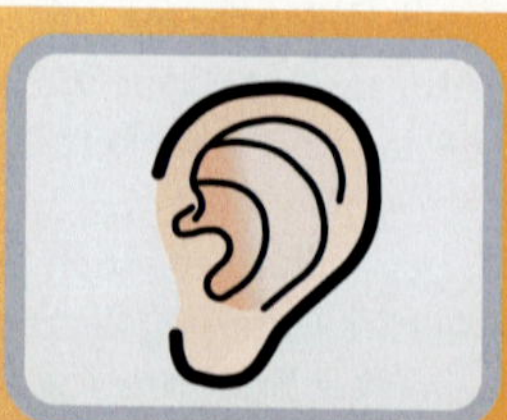

Auditiver Lerntyp: Auditive Lerntypen hören gerne zu und saugen Informationen „mit den Ohren" auf. Sie sollten sich die zu lernenden Texte daher selbst vorlesen oder sich vorlesen lassen, damit sich Inhalt, Klang und Melodie des Lernstoffs besser einprägen. Sie können Ihre Texte auch auf Tonband oder MP3 aufsprechen und die Aufnahmen anschließend (auch in entspanntem Zustand!) abspielen. Zwar raten die meisten Lehrer eher davon ab, Musik beim Lernen zu hören – der Produktivität des auditiven Lerners aber kann Musik Flügel verleihen. Während Sie die Texte memorieren, wiederholen Sie die Lerninhalte ebenfalls laut.

Kommunikativer Lerntyp: Kommunikative Lerntypen lernen am besten „im Diskurs", d. h. sie verinnerlichen Fakten, indem sie Diskussionen oder Gespräche mit Gleichgesinnten führen. In diesem Fall ist es am günstigsten, sich mit Schulkameraden zusammenzusetzen und den Stoff in Lerngruppen zu besprechen, zu erklären und aufzunehmen. Achten Sie dabei darauf, dass die Mitglieder Ihrer Lerngruppe gut miteinander auskommen und sich vertraut sind, denn Sie sollen sich nicht gegenseitig in „Lernstress" versetzen. Auch der kommunikative Lerntyp wird nicht darum herum kommen, die „harten Fakten" des Lernstoffs auswendig zu lernen.

Ziel Ihrer Vorbereitung sollte es sein, alle abiturrelevanten Themen, unterteilt in Kapitel und Sinneinheiten, auswendig parat zu haben. So vorbereitet wird es Ihnen in der Prüfung nicht schwer fallen, Ihr Wissen, wenn es verlangt ist, strukturiert und gegliedert auf jedwede Fragestellung anzuwenden. Jederzeit abrufbares Wissen und die Fähigkeit, dieses auch schnell anwenden zu können, ist nicht nur für Reproduktionsfragen des *Anforderungsbereichs I*, sondern auch für die Fragen der *Anforderungsbereiche II* und *III* unabdingbar.

e) Einheitliche Prüfungsanforderungen in der Abiturprüfung (EPA)

Die für die ganze Bundesrepublik Deutschland von der *Kultusministerkonferenz (KMK)* konzipierten „Einheitlichen Prüfungsanforderungen in der Abiturprüfung" beschreiben die Fähigkeiten, die Sie für das Bestehen der Abiturprüfung im Fach Sozialkunde beherrschen sollten. Nach diesen Fähigkeiten muss sich die Gestaltung des Abiturs auch in Bayern richten. Neben dem Fachwissen *(Fachkompetenz)* sollen dabei folgende Fähigkeiten unter Beweis gestellt werden:

1. Sach- und Analysekompetenz, z. B.
- strukturierte Wiedergabe von Informationen zu den Sachverhalten, die Gegenstand des Lernens sind (z. B. Erläuterung des Vertrags von Lissabon) und Einordnung in übergeordnete Zusammenhänge (z. B. Reproduktion des Integrationsprozesses der EU),
- Herausarbeitung spezieller Aspekte aus verschiedenen Materialien (z. B. Text-/ Grafikanalyse),
- Entdeckung politischer Folgen, die sich aus gesellschaftlichen Problemen ergeben (z. B. Erklärung der politischen Folgen des generativen Verhaltens).

2. Urteilskompetenz, z. B.:
- Betrachtung und Bewertung von Ereignissen oder Problemen aus verschiedenen Perspektiven (z. B. Diskussion von Auslandseinsätzen der Bundeswehr),
- Analyse/ Beurteilung eines politischen Entscheidungsprozesses (z. B. beim Thema Migration),
- Entwicklung von Lösungsansätzen für nationale/ internationale Probleme (z. B. „Identitätsbildung in Europa").

3. Methodenkompetenz, z. B.:
- korrekte Verwendung von Fachtermini (Methode, z. B. Erklärung des Begriffs „Migration"),
- Analyse und Interpretation diverser Materialien (Arbeitstechnik, z. B. Diagrammauswertung).

4. Handlungskompetenz, z. B.:
- Verfassung von Beiträgen für Medien (Zeitungskommentare, Leserbriefe),
- Entwurf von Visualisierungen (z. B. Textinformationen grafisch darstellen) oder
- Konzeption einer Pro- und Kontra-Diskussion.

Um die zu prüfenden Kompetenzen auch in der Aufgabenstellung differenziert zu erfassen, unterscheidet man drei *Anforderungsbereiche,* denen jeweils eindeutige Operatoren zugeordnet werden.
- Der *Anforderungsbereich I (Reproduktion)* umfasst die Wiedergabe und Darstellung von Sachverhalten aus einem abgegrenzten Gebiet sowie die Beschreibung gelernter und geübter Arbeitstechniken und Methoden.
- Der *Anforderungsbereich II (Transfer und Reorganisation)* umfasst das selbstständige Erklären, Bearbeiten und Ordnen bekannter Inhalte und das angemessene Anwenden gelernter Inhalte und Methoden auf andere Sachverhalte.
- Der *Anforderungsbereich III (Urteilen und Problemlösung)* umfasst den reflexiven Umgang mit neuen Problemstellungen, um zu Begründungen, Folgerungen, Beurteilungen und Handlungsoptionen zu gelangen.

Eine scharfe Abgrenzung der drei *Anforderungsbereiche* ist oft ebenso wenig möglich wie die Zuordnung der zur Lösung einer Aufgabe erforderlichen Einzelleistungen. Trotzdem geben Ihnen die *Operatoren* klare Hinweise auf die Art und Qualität der Antwort, die erwartet wird: Operatoren sind Schlüsselwörter (Verben), die Ihnen anzeigen, welche Tätigkeiten beim Lösen einer Prüfungsaufgabe von Ihnen auszuführen sind. Weiterhin müssen Sie berücksichtigen, dass die *Anforderungsbereiche* einer höheren Stufe die Anforderungen unterer Stufen mit einschließen, d. h., dass der *Anforderungsbereich III* die *Anforderungsbereiche II* und *I* ebenso beinhaltet wie der *Anforderungsbereich II* den *Anforderungsbereich I.*

Z. T. Aus: Sekretariat der Ständigen Konferenz der Kultusminister der Länder in der Bundesrepublik Deutschland (Hrsg.): Beschlüsse der Kultusministerkonferenz. Einheitliche Prüfungsanforderungen in der Abiturprüfung. Sozialkunde/Politik, München 2006 (Text leicht verändert)

Notizen

II. Struktur und Wandel der Gesellschaft in der Bundesrepublik Deutschland

1. Struktur der Gesellschaft in Grundzügen

1.1 Weniger und älter – Ursachen und Folgen der demographischen Entwicklung

Demographie

Demographie beschreibt, wie sich Zahl und Struktur der Bevölkerung (z. B. Alter, Geschlecht, Familienstand, Lebensform, Kinderzahl, Religion, Gesundheitszustand) durch demographische Verhaltensmuster und Ereignisse (Familie gründen, heiraten, umziehen, sich gesund erhalten, sterben) verändern.

Modell des 1. und 2. demographischen Übergangs

In der *vorindustriellen Bevölkerungsweise* gibt es viele Geburten und Sterbefälle, wobei die Geburten die Sterbefälle leicht übersteigen. Die Bevölkerung wächst also langsam. Dann sinkt die Sterberate gegenüber den Geburten weiter ab: Im ersten „demographischen Übergang" steigt die Lebenserwartung der Menschen und die Bevölkerungszahl nimmt rasch zu. In der zweiten Phase des demographischen Übergangs sinken Sterberate und Geburtenziffern, da die Menschen die Anzahl ihrer Kinder reduzieren. Da die Geburtenrate aber über der sich stabilisierenden Sterberate bleibt, wächst die Bevölkerung langsamer als bisher. Dies bezeichnet man als *industriegesellschaftliche Bevölkerungsweise.* Nach der Phase der industriegesellschaftlichen Stabilisierung sinkt die Geburtenrate während des zweiten demographischen Übergangs weiter ab und gerät unter die Sterberate. Die Bevölkerung schrumpft und kann ihre Verluste nur durch Zuwanderung auszugleichen versuchen. Man spricht hierbei von der *postindustriellen Bevölkerungsweise.*

Bevölkerungsentwicklung

Die bisherige Entwicklung der Bevölkerungszahl in der Bundesrepublik Deutschland lässt sich in drei unterschiedliche Phasen gliedern:

1. Phase

In der 1. Phase, von 1945 bis 1974, kam es zu einer rapiden Bevölkerungszunahme. Die Gründe hierfür lagen zum Einen in ansteigenden Geburtenziffern, dem sogenannten „Babyboom" bis Mitte der 60er Jahre, und zum Anderen in drei Einwanderungswellen:

- Zwischen 1944 und 1950 strömten rund *acht Millionen Flüchtlinge und Vertriebene* aus den ehemaligen deutschen Ostgebieten nach Westen,
- zwischen 1949 und dem Bau der Berliner Mauer 1961 kamen etwa *drei Millionen DDR-Bürger* hinzu, die ihr Land Richtung Bundesrepublik verließen, und
- zwischen 1961 und 1974 folgten circa *dreieinhalb Millionen Ausländer* dem Ruf der Bundesregierung, um in Deutschland Arbeit zu finden.

2. Phase

In der 2. Phase, von 1974 bis 1986, stagnierte die Bevölkerungszahl mit einer leicht rückläufigen Tendenz, bedingt durch den Geburtenrückgang seit 1964 („Pillenknick") und das Ende größerer Einwanderungswellen ab 1974, ausgelöst durch den von der Bundesregierung 1973 verhängten Anwerbestopp für ausländische Arbeitnehmer. Von nun an folgte die Bevölkerungsentwicklung in der Bundesrepublik der Normalentwicklung von Industriegesellschaften. Die Spätwirkungen des Zweiten Weltkriegs, die sich gleichsam als „Nachholbedarf" im „Babyboom" positiv auf das generative Verhalten ausgewirkt hatten, waren überwunden. Jetzt griff eine Gesetzmäßigkeit, nach der die Geburtenrate sinkt, wenn der sozioökonomische Entwicklungsstand einer Gesellschaft steigt. Von den 1970er Jahren an entstanden daher in Deutschland Geburtendefizite, wie ein Blick auf die sogenannte Fruchtbarkeitsrate, also die Geburten je Frau, zeigt: Lag diese im Jahr 1875 noch bei 5,0 Kindern, so liegt sie seit den 70er Jahren relativ konstant bei 1,4 Kindern. Um die natürliche Reproduktion einer Bevölkerung aufrechtzuerhalten, ist aber mindestens ein Wert von 2,08 Kindern nötig, ein Wert, wie ihn heute z. B. die USA erreichen.

3. Phase

In der 3. Phase, von 1986 bis 2005, kam es zu einem erneuten Bevölkerungswachstum in Deutschland, vor allem bedingt durch eine neue Einwanderungswelle der Spätaussiedler aus Osteuropa. Zudem hielten sich die Geburtendefizite in den letzten 30 Jahren in Grenzen, da sich in den 1980er und 90er Jahren die geburtenstarken Jahrgänge der ersten beiden Nachkriegsjahrzehnte im Elternalter befanden. Diese große Elternzahl glich die geringe Kinderzahl einzelner Frauen in etwa aus.

4. Phase?

Interpretiert man die Prognosen des Bundesamtes für Statistik richtig, so befindet sich die Bundesrepublik seit etwa 2005 in einer 4. Phase, der des irreversiblen Rückgangs der Bevölkerungszahl, vorausgesetzt, die Fruchtbarkeitsrate bleibt unter zwei Kindern, und es wandern durchschnittlich pro Jahr nur 100 000 bis 200 000 Menschen zu. Als Hauptursachen für den Rückgang der Geburtenziffern werden genannt:

Ursachen des Geburtenrückgangs

- *Funktions- und Strukturwandel der Familie:* Kinderreichtum dient heutzutage nicht mehr der Alterssicherung; Kinder werden häufig als finanzielle Belastung gesehen.
- *Emanzipation der Frau:* Kinder erschweren den Einstieg in die Arbeitswelt; dies kollidiert mit dem Wunsch vieler Frauen, sich im Beruf zu verwirklichen.
- *mangelnde Vereinbarkeit von Familie und Beruf:* Vielerorts fehlen kommunale, aber auch betriebliche Kinderbetreuungsplätze, die die Familien entlasten könnten.
- *Konsumdenken* und *aufwändiger Lebensstil.*
- Zunehmende Ausrichtung der Gesellschaft an den *Bedürfnissen Erwachsener.*

Demographischer Wandel heißt aber nicht nur Rückgang der Geburtenziffern, sondern parallel dazu auch Anstieg der Lebenserwartung. Diese hat sich allein im 20. Jahrhundert um rund 30 Jahre erhöht und beträgt heute für Männer etwa 76 und für Frauen etwa 81 Jahre. Die Ursachen für die gestiegene Lebenserwartung liegen im medizinischen Fortschritt, der verbesserten Hygiene, der Unfallverhütung und sozialen Sicherung sowie allgemein in der Steigerung des Wohlstands. Die durch die steigende Lebenserwartung und den Geburtenrückgang bedingte Alterung der Gesellschaft ist unumkehrbar, erhöht die Kosten im Gesundheitswesen und erodiert allmählich die Grundlage der Alterssicherung, den Generationenvertrag. Dass die Anzahl der Beitragszahler, die für einen Rentner aufkommen müssen, stetig sinkt, hat schwerwiegende Folgen für die sozialen Sicherungssysteme in Deutschland. Geburtenrückgang und Alterung lassen sich andererseits aber durch Zuwanderung entschärfen.

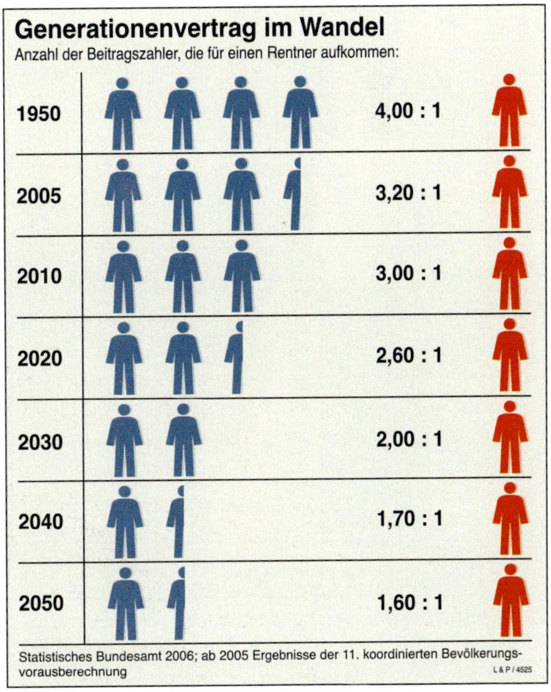

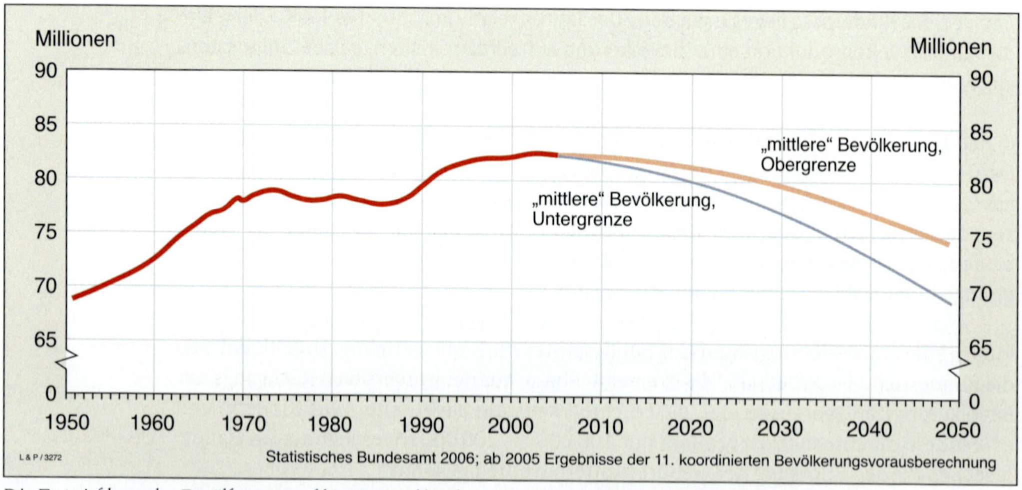

Die Entwicklung der Bevölkerungszahl in Deutschland

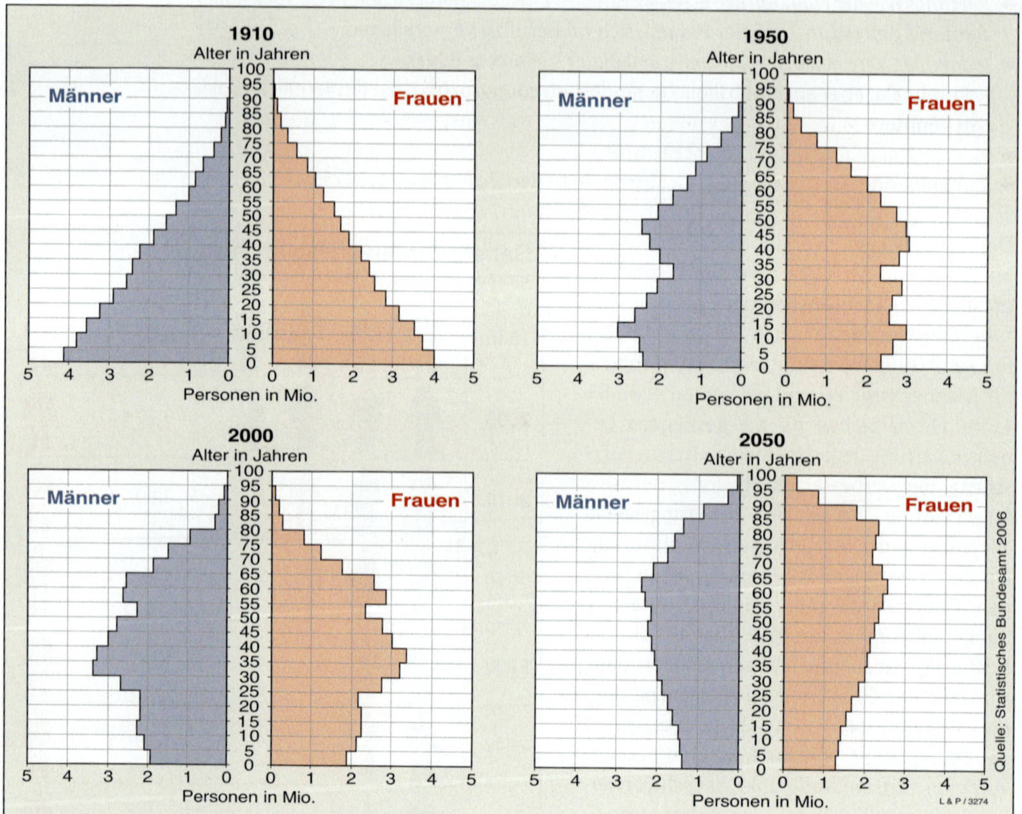

Der Altersaufbau in Deutschland im Wandel der Zeit

1.2 Retter in der Not? – Möglichkeiten und Grenzen der Zuwanderung

Migration in Zahlen

Rund 7,2 Millionen Ausländer leben derzeit legal in Deutschland (Stand: 2008), darunter rund 5,6 Millionen Arbeitsmigranten. Bei einer Gesamtbevölkerung von etwa 82 Millionen Menschen beträgt der Ausländeranteil damit fast 9 Prozent. Von der Statistik nicht erfasst werden etwa 1,5 Millionen eingebürgerte ehemalige Ausländer und etwa 4,5 Millionen Aussiedler.

Vertriebene

Nach dem Ende des Zweiten Weltkriegs befanden sich rund 12 Millionen Deutsche aus den östlichen Gebieten des vormaligen Deutschen Reiches auf der Suche nach einer neuen Heimat. Die Aufnahme der Vertriebenen erfolgte gezwungenermaßen, war es doch undenkbar, den eigenen Landsleuten die Aufnahme zu verweigern. Mit dem deutschen „Wirtschaftswunder" wurde dann das scheinbar Unmögliche möglich: Die Integration dieser Massen von Menschen in die heimische Bevölkerung gelang.

Gastarbeiter

In den 1960er Jahren, als die Konjunktur in Deutschland „auf Hochtouren" lief und der Bau der innerdeutschen Mauer verhinderte, dass Menschen aus der DDR übersiedeln konnten, musste der gigantische Bedarf an Facharbeitern sowie un- bzw. angelernten Arbeitern durch die Anwerbung zusätzlicher ausländischer Arbeitskräfte gedeckt werden. Diese „Gastarbeiter" kamen in erster Linie aus den Mittelmeerländern. Sie bilden bis heute die größte Gruppe der in Deutschland lebenden Ausländer.

Immigranten

Nach dem Einbruch der wirtschaftlichen Entwicklung zu Beginn der 1970er Jahre und dem damit verbundenen Anstieg der Arbeitslosenzahl kam es in Deutschland zu einem Anwerbestopp ausländischer Arbeiter und zu einer Konsolidierungsphase der Ausländerbeschäftigung. Die vormaligen Gastarbeiter, die eigentlich nur „auf Zeit" ins Land gekommen waren, wurden nun Einwanderer (Immigranten), die sich für immer in Deutschland niederließen und damit nicht nur ihre Arbeitskraft in die Gesellschaft einbrachten, sondern auch ihre kulturellen Besonderheiten, ihre Mentalität und ihre Religion.

Asylsuchende und Spätaussiedler

Ab 1980 stieg die Anziehungskraft der Bundesrepublik als Asyl gewährendes Land immens: So verdoppelte sich die Zahl von Asylsuchenden 1980 im Vergleich zum Vorjahr auf über 100 000 Menschen. Nach dem Ende des Ost-West-Konflikts wuchs die Attraktivität Deutschlands weiter, vor allem für Aussiedler aus Ost- und Südosteuropa und Bürgerkriegsflüchtlinge, etwa aus dem zerfallenden Jugoslawien. Vor dem Hintergrund der finanziellen Lasten der Wiedervereinigung jedoch reagierte die Bundesregierung auf die neuen Wanderungsbewegungen zurückhaltend. Dies zeigte sich konkret in der Verschärfung des Asylrechts 1993 sowie in einer latenten Vernachlässigung der Integration sowohl von Arbeitsmigranten, Asylsuchenden als auch Spätaussiedlern.

Fachkräftemangel

Ab 1998 trat die Politik der Bundesregierung in die sogenannte „Akzeptanzphase" ein: So wurde im Jahr 2000 der Anwerbestopp durch die Einführung einer Greencard für IT-Spezialisten umgangen. Im Gegensatz zu den Gastarbeitern der 50er, 60er und 70er Jahre wurden jetzt – angesichts eines akuten Fachkräftemangels und angesichts sinkender Geburtenraten in Deutschland – junge und hoch qualifizierte Fachkräfte aus dem Ausland aktiv angeworben (engl.: „Brain Gain"). Ebenso trat 2000 ein offeneres Staatsangehörigkeitsrecht in Kraft, das die Zuwanderung und Integration erleichtern sollte. Trotzdem bleibt die Einbürgerungsquote mit circa 2 % unter dem europäischen Durchschnitt von etwa 5 %. Ähnlich wie eine vorausschauende Familienpolitik kann auch eine sinnvolle Zuwanderungspolitik den demografischen Wandel verlangsamen – aufhalten kann sie ihn nicht. Eine zu hohe Einwanderungsquote überfordert überdies die Integrationsfähigkeit der einheimischen Bevölkerung und scheitert möglicherweise am Mangel an passenden Arbeitsplätzen.

Zuwanderungs-gesetz

Mit Inkrafttreten des ersten deutschen Zuwanderungsgesetzes 2005 wurde der Tatsache Rechnung getragen, dass Deutschland ein Einwanderungsland modernen Typs ist. Dabei bleibt es ein Anliegen der Politik, einerseits die Integrationschancen von Zuwanderern zu fördern, andererseits die Integrationsbereitschaft der Zuwanderer durch Maßnahmen wie den 2008 beschlossenen „Einbürgerungstest" gezielt zu fordern. 2009 werden die Zuwanderungsvoraussetzungen speziell für Hochqualifizierte weiter vereinfacht.

„Brain Drain"

Mit diesen Maßnahmen reagiert die Bundesregierung auch auf das Phänomen des „Brain Drain", denn viele in Deutschland geborene und sozialisierte Hochqualifizierte wandern vor allem in Richtung USA aus, wo sie häufig eine höhere Bezahlung, bessere Karrierechancen oder günstigere Forschungsbedingungen erwarten. Für Deutschland aber hat das schwerwiegende Konsequenzen: Die Abwanderung junger und begabter Arbeitskräfte nämlich mindert die Innovations- und Wettbewerbsfähigkeit im Land.

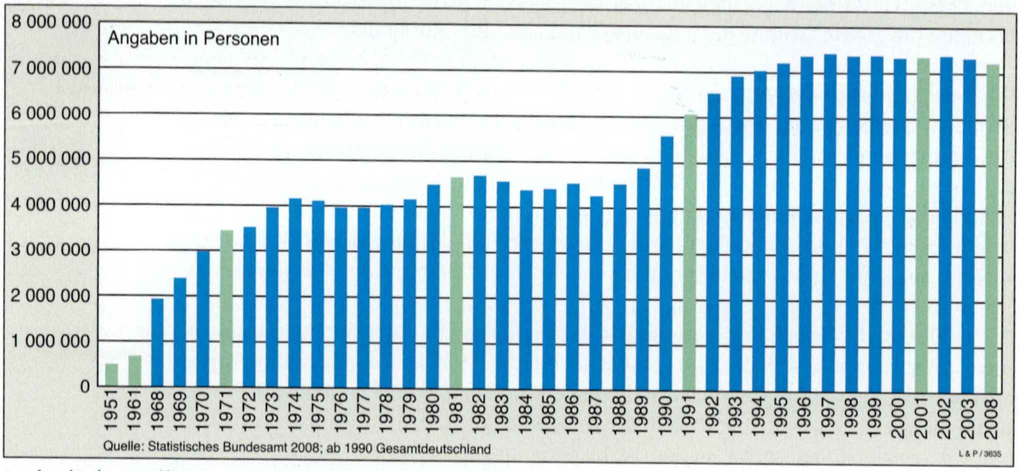

Ausländische Bevölkerung in Deutschland (1951 *bis* 2008)

1.3 So leben wir Deutschen – Soziale Schichten, Lagen und Milieus

Ständewesen

Jeder Mensch ist – auf welche Weise und mit welcher Intensität auch immer, bewusst oder unbewusst – in die Gesellschaft eingebunden, in der er lebt. In der vorindustriellen Gesellschaft entschied die durch Geburt erworbene Standeszugehörigkeit über den Platz des Einzelnen in der Gesellschaft. Demgegenüber ist in der Industriegesellschaft und insbesondere in der modernen Dienstleistungsgesellschaft die soziale Stellung des Individuums zunehmend veränderbar geworden.

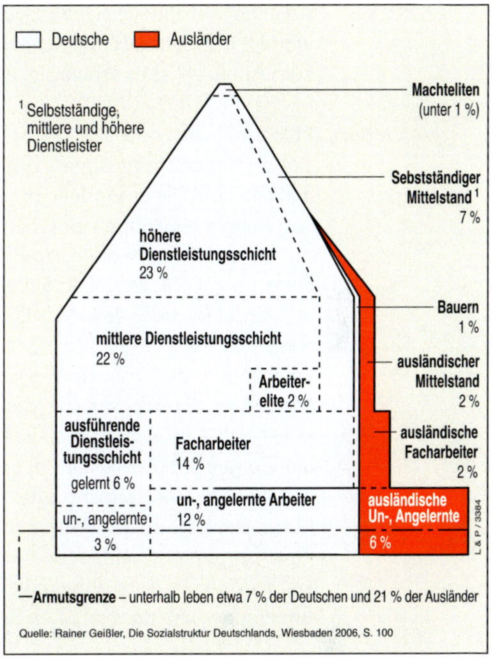

Modelle sozialer Schichtungen – das „Geißler-Haus“

Einer der ersten, der im 19. Jahrhundert die Bevölkerung in verschiedene Gruppen gemäß jeweils ähnlicher sozialer Lagen untergliederte, war Karl Marx (1818–1883). Marx bezeichnete diese Gruppen als Klassen. Da das Klassenmodell aufgrund seiner ideologischen Überhöhung in Misskredit geriet, setzte der Soziologe Theodor Julius Geiger (1891–1952) Marx das Konzept der sozialen Schicht entgegen. Trotz ihrer unterschiedlichen ideologischen Ausrichtung besitzen beide Konzepte einen gemeinsamen Kern:

Klassenmodell

- Eine Bevölkerung lässt sich in verschiedene Klassen/ Schichten gliedern, denen die Menschen aufgrund ihrer Stellung zu den Produktionsmitteln (Boden, Arbeit und Kapital) sowie ähnlichen Eigentumsverhältnissen oder Berufen zugeordnet werden.
- Menschen aus ähnlichen sozialen Lagen machen ähnliche Erfahrungen, die wiederum ihr Verhalten, ihr Werte- und Normensystem, ihr Denken und ihre Mentalität beeinflussen. Die Menschen sind dadurch nicht zwingend schichtspezifisch determiniert. Die Wahrscheinlichkeit der Ausprägung einer „Schichtmentalität“ ist jedoch hoch.
- Aus der Soziallage erwachsen schichttypische Lebenschancen und -risiken.

Schichtmodelle

Schichtmodelle müssen stark vereinfachen, sozusagen die Komplexität der Wirklichkeit reduzieren. So unterscheiden z. B. das „Haus-Modell“ des Soziologen Ralf Dahrendorf (1929-2009) aus den 1960er Jahren bzw. das „Zwiebel-Modell“ des Soziologen Karl Martin Bolte (*1925) aus den 70er Jahren jeweils nur sieben Schichten. Die Vereinfachung führt dazu, dass Schichtmodelle Verbesserungen oder Verschlechterungen in den Lebensumständen einer bestimmten Schicht nicht wiedergeben bzw. Wanderungen zwischen den Schichten nicht erfassen können. Unberücksichtigt bleibt auch die kulturelle Vielfalt der Menschen, die sich etwa in unterschiedlichen Mentalitäten und Lebensstilen zeigt. Zudem erfolgt eine Zuweisung zur jeweiligen Schicht nach dem Status des Hausvorstands, im Normalfall des Familienvaters. Dies wird der heutigen Vielfalt von Lebensformen nicht mehr gerecht.

Lagenmodelle Lagenmodelle versuchten von den 1980er Jahren an, die traditionellen Schichtmodelle mehrdimensional zu ergänzen. Zu den vertikalen Ungleichheiten in einer Gesellschaft wurden nun ausgewählte horizontale Ungleichheiten hinzugenommen, um herauszufinden, welche materiellen Ressourcen und welche Lebenszufriedenheit an verschiedene Soziallagen geknüpft sind. Dazu wird das vertikale Schichtkriterium „Berufsstatus" mit den horizontalen Kriterien „Geschlecht", „Alter" und „Region" verbunden. So entstehen 64 Soziallagen, die ein differenzierteres Bild bieten als das Schichtmodell. Auch Lagenmodelle haben zwei entscheidende Nachteile: Zum Einen bleiben etliche weitere horizontale Ungleichheiten, wie z. B. der Familienstand, ohne Berücksichtigung, zum Anderen ist es schwierig, eine gesellschaftliche Gesamtstruktur zu erkennen.

soziale Milieus Ebenfalls in den 80er Jahren entstand ein völlig neuer Ansatz zur Analyse der Sozialstruktur: die Erforschung sogenannter „sozialer Milieus". Während die eher traditionellen Schicht- und Lagenmodelle die Menschen zunächst nach ausgewählten Merkmalen in verschiedene Gruppen einteilen und in einem zweiten Schritt die typischen Lagen z. B. mit Lebenschancen oder Lebensstilen zu verknüpfen versuchen, folgen Milieumodelle einer umgekehrten Logik: Sie gruppieren die Menschen zunächst nach Ähnlichkeiten in Mentalität oder sozialem Umfeld (Region, Berufswelt etc.) in Milieus. Erst danach fragen sie, wie diese Milieus mit sozialstrukturellen Merkmalen (Geschlecht, Alter, Lebensform etc.) zusammenhängen. Die Verfechter dieses Ansatzes postulieren, dass Menschen, die eine ähnliche Mentalität besitzen oder in einem ähnlichen sozialen Umfeld leben, sich auch in ihren Werthaltungen, Lebensstilen und Lebenszielen gleichen. Somit ist das Gefüge sozialer Milieus in gewisser Weise abhängig von der Schichtstruktur, es gibt z. B. typische Unterschicht- oder Oberschicht-Milieus. Die Mentalität und das Werte- und Normensystem eines Menschen sind damit also auch abhängig von seiner beruflichen Qualifikation und seinem Bildungsstand. Auf der anderen Seite aber gibt die Zugehörigkeit zur Schicht nicht unbedingt Auskunft über die Zugehörigkeit zum Milieu, denn man findet innerhalb der einzelnen Schichten durchaus mehrere Milieus.

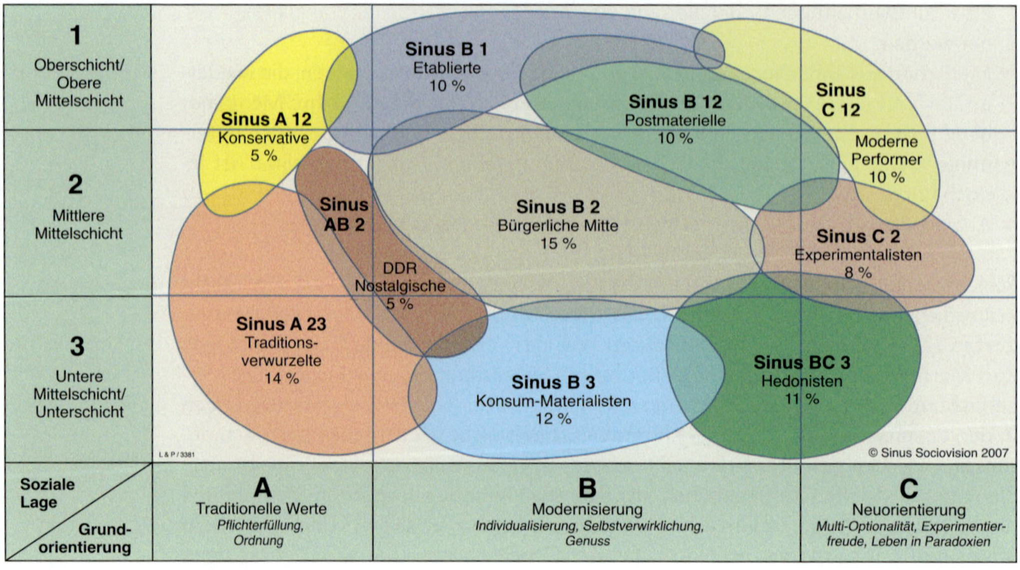

Die Sinus-Milieus in Deutschland 2007

1.4 Bleibt alles (un-)gleich? – Formen sozialer Ungleichheit

Was ist „soziale Ungleichheit"?

In allen menschlichen Gesellschaften gab und gibt es Unterschiede. Unter „sozialen Ungleichheiten" versteht man Unterschiede in den Lebensbedingungen wie etwa Bildung, Einkommen, Beruf, die es einigen Menschen ermöglichen, allgemein anerkannte Ziele wie Gesundheit, Wohlstand oder Ansehen besser oder schneller zu erreichen als andere Menschen.

Begriffsannäherung

In erster Linie bezieht sich der Begriff der sozialen Ungleichheit auf Güter, die in einer Gesellschaft als „wertvoll" erachtet werden und die es ermöglichen, ein „gutes Leben" zu führen. Wertvoll sind in diesem Sinne aber nur solche Dinge, die knapp, d. h. nicht leicht zu bekommen sind. Kartoffeln als Grundnahrungsmittel z. B. waren in der Nachkriegszeit wertvoller als heute. Zweitens handelt es sich nur dann um eine Form von sozialer Ungleichheit, wenn die betreffenden Güter, z. B. die medizinische Versorgung eines Landes, einem Teil der Gesellschaft in größerem Umfang zur Verfügung stehen als einem anderen. Und schließlich bestehen soziale Ungleichheiten dort, wo sich Menschen wertvolle Güter deshalb leisten können, weil sie in der Struktur der Gesellschaft höher gestellt sind. In der zentralistischen Planwirtschaft der DDR beispielsweise konnten Parteifunktionäre die langen Wartefristen beim Erwerb eines PKW umgehen.

Chancen- und Verteilungsungleichheit

Es existieren zwei Varianten von sozialer Ungleichheit: Als „Chancenungleichheit" wird die ungleiche Verteilung von Chancen unter bestimmten Bevölkerungsgruppen verstanden. So sind im deutschen Bildungssystem z. B. Migranten mit unzureichenden Sprachenkenntnissen gegenüber Einheimischen benachteiligt. Als „Verteilungsungleichheit" wird die ungleiche Verteilung eines wertvollen Guts in der gesamten Bevölkerung bezeichnet. So bestehen z. B. Einkommensunterschiede zwischen einem Facharbeiter und einem Geschäftsführer.

Haushaltsnettoeinkommen und Gini-Koeffizient

In einem marktwirtschaftlich orientierten Staat wie der Bundesrepublik Deutschland werden soziale Ungleichheiten durch einen Vergleich des Einkommens des Einzelnen mit dem gesellschaftlichen Durchschnittseinkommen ermittelt. Die Soziologie bezieht sich auf das Haushaltsnettoeinkommen, also alle Einnahmen, die einem Haushalt nach Abzug von Steuern und Abgaben zur Verfügung stehen. Als arm gelten demnach die Menschen, die weniger als 60 Prozent des durchschnittlichen Nettohaushaltseinkommens verdienen, als reich diejenigen, deren Einkommen mehr als doppelt so hoch ist wie das durchschnittliche Nettohaushaltseinkommen. Dieses lag im Jahr 2005 bei rund 2 800 Euro im Monat. Das Maß der Einkommensungleichheit bestimmt dabei meist der so genannte Gini-Koeffizient. Er ist 0 (oder 0 %) bei völliger Gleichverteilung und 1 (oder 100 %) bei maximaler Ungleichverteilung.

soziale Ungleichheit …

Seit den 70er Jahren haben die einkommensschwächeren Schichten stetig leichte Realeinkommenseinbußen hinnehmen müssen, während auf der anderen Seite die einkommensstarken Bevölkerungsanteile leicht zugelegt haben; so verzehnfachte sich die Zahl derjenigen Haushalte zwischen 1972 und 2003, die über ein Haushaltseinkommen von über 5 000 Euro verfügten, gleichzeitig stieg die Armutsrate zwischen 1992 und 2005 von 12,8 auf 17,3 Prozent an.

... in Einkommen,

Die Schere zwischen Arm und Reich wird also langsam immer größer. Im Vergleich mit anderen Staaten wie Großbritannien oder den USA zeigt sich aber, dass die Einkommensungleichheit in Deutschland als unterdurchschnittlich bezeichnet werden kann.

... Beruf

Neben dem Haushaltsnettoeinkommen gilt der ausgeübte Beruf als wichtiges Kennzeichen für soziale Ungleichheit, denn er bestimmt die Höhe des Einkommens. Der berufliche Werdegang eines Menschen wiederum wird stark von seinem Bildungsgrad beeinflusst.

... und Bildung

Bildung als Kennzeichen sozialer Ungleichheit ist damit der dritte wichtige Aspekt der Verteilungsungleichheit. Als Maßstab gelten hier die unterschiedlich langen Bildungs- und Ausbildungszeiten. Ein langer Ausbildungsgang verspricht heute mehr Prestige und ein höheres Einkommen als ein kurzer Bildungsweg. Die Bildungsexpansion in der jüngeren deutschen Geschichte hat jedoch dazu beigetragen, dass z. B. der ehemalige Einkommensvorsprung der Akademiker abgenommen hat. Gleichzeitig aber begünstigt die soziale Herkunft noch immer die Wahrscheinlichkeit, einen akademischen Abschluss zu erhalten und in die Elite des Landes aufzusteigen. Dies liegt neben dem höheren Bildungsgrad auch am schichtspezifischen „Habitus" (Aussehen, Auftreten, Charisma) des gehobenen Bürgertums.

neue Dimensionen sozialer Ungleichheit

Zusätzlich zu den traditionellen Kennzeichen sozialer Ungleichheit werden in der neueren wissenschaftlichen Forschung „neue" Dimensionen sozialer Ungleichheit genannt:

- *ungleiche soziale Sicherheit* – hierzu zählen ungleiche Arbeitsplatzrisiken (Wahrscheinlichkeit eines Arbeitsplatzverlustes), ungleiche Güter der Absicherung im Falle der Arbeitslosigkeit (mangelnde Rücklagen), ungleiche Gesundheitsrisiken (Gefahren am Arbeitsplatz) und Ungleichheiten in der Gesundheitsversorgung (gesetzliche Krankenkassen vs. privater Krankenversicherung),
- *ungleiche Arbeitsbedingungen*, die sich z. B. durch höhere Unfallgefahr, körperliche Belastung oder mangelnde Abwechslung im Arbeitsalltag feststellen lassen,
- *ungleiche Freizeitbedingungen*, die sich z. B. bei der Auswahl von Reisezielen oder der Nutzung kultureller Einrichtungen zeigen,
- *ungleiche Wohnungs- und Umweltbedingungen* – dazu gehören etwa die Wohnraumgröße, die jedem Familienmitglied zur Verfügung steht, oder die Wohnumwelt,
- *ungleiche soziale Beziehungen* – vor allem von Arbeitslosigkeit Betroffene neigen zum Abbruch sozialer Beziehungen und zur Isolation,
- *Ungleichbehandlung*, die z. B. aus Vorurteilen resultiert.

funktionalistische Theorie der Ungleichheit

Die Verteilungsungleichheit, die sich in den oben skizzierten Aspekten manifestiert, wird durch die funktionalistische Theorie der Ungleichheit der 1960er Jahre gerechtfertigt. Die Theorie besagt, dass eine Leistungsgesellschaft ohne soziale Ungleichheit nicht auskommen kann. Wer das Leistungspotential eines Menschen und einer Gesellschaft mobilisieren will, muss Leistungsanreize schaffen und Leistungsunterschiede akzeptieren. Dass diese Theorie sich indirekt bestätigt hat, lässt sich an den planwirtschaftlichen Fehlversuchen aller kommunistischen Staaten ersehen.

1.5 Auf dem Weg in eine offene Gesellschaft? – Soziale Mobilität

Was ist „soziale Mobilität"?

Ähnlich wie die räumliche Mobilität die Fähigkeit einer Person beschreibt, von einem Ort A zu einem anderen Ort B zu wechseln, spricht man von sozialer Mobilität, wenn Personen die Möglichkeiten und Fähigkeiten besitzen, innerhalb ihrer Gesellschaft zwischen sozialen Positionen, vor allem zwischen Schichten oder Berufsgruppen, zu wechseln.

Generationen- und Karrieremobilität

Geläufig ist die Unterscheidung zwischen der Generationenmobilität, d. h. dem Wechsel der Kindergeneration in eine andere Schicht als die der Elterngeneration, und der Karrieremobilität. Letztere bezeichnet den Wechsel zwischen Schichten, den ein Individuum im Laufe seines Lebens vollzieht. Auch lässt sich unterscheiden zwischen der vertikalen Mobilität, also dem sozialen Auf- bzw. Absteigen, und der horizontalen Mobilität, womit z. B. ein Wohnortwechsel gemeint sein kann. Der Soziologe Theodor Geiger (1891–1952) trennt individuelle Mobilität, den Schichtwechsel von Individuen, von kollektiver Mobilität, dem Schichtwechsel einer ganzen Gruppe.

Strukturwandel

Nach Geiger bewegen sich aber nicht nur Individuen permanent zwischen den Schichten. Auch das Schichtgefüge selbst befindet sich in Bewegung, hervorgerufen durch den Strukturwandel. Durch den Bedeutungsverlust zunächst des primären und später auch des sekundären Sektors etwa wanderten seit den 70er Jahren immer mehr Menschen in den tertiären Sektor und ergriffen Berufe in Unternehmen, die sich auf die Erbringung von Dienstleistungen spezialisiert haben. So hat sich hierzulande der Wandel zur Dienstleistungsgesellschaft vollzogen, die wiederum selbst im Wandel begriffen ist.

Zunahme der sozialen Mobilität

In der unmittelbaren Nachkriegszeit deutete alles auf eine verstärkte soziale Mobilität hin: Der „totale Krieg" hatte die totale Niederlage zur Folge, und so mussten alle Bundesbürger von vorne beginnen. Nicht zuletzt durch die Einführung der Sozialen Marktwirtschaft und das in den 50er Jahren einsetzende Wirtschaftswunder schienen den Menschen dabei alle Wege offen zu stehen. Auf der anderen Seite sprachen aber auch Aspekte gegen eine gesteigerte soziale Mobilität, wie z. B. das Lastenausgleichsgesetz, das den Vertriebenen aus dem Osten Kompensation für verlorenen Besitz zuerkannte und damit den vormals Besitzenden wieder zum alten Status verhalf. Die Entwicklung der letzten 60 Jahre zeigt, dass die soziale Mobilität in der Bundesrepublik schwach, aber kontinuierlich zugenommen hat. Anders ausgedrückt: Die Zahl der Söhne und Töchter, die in der Schicht ihrer Eltern verbleiben, ist stetig geschrumpft.

Die Wahrscheinlichkeit, sozial aufzusteigen, war dabei stets höher als umgekehrt. Vor allem Kindern aus den unteren und mittleren Schichten gelang und gelingt so der Aufstieg in die Schichten der gehobenen bzw. höheren Angestellten und Beamten. Ebenfalls zugenommen hat die

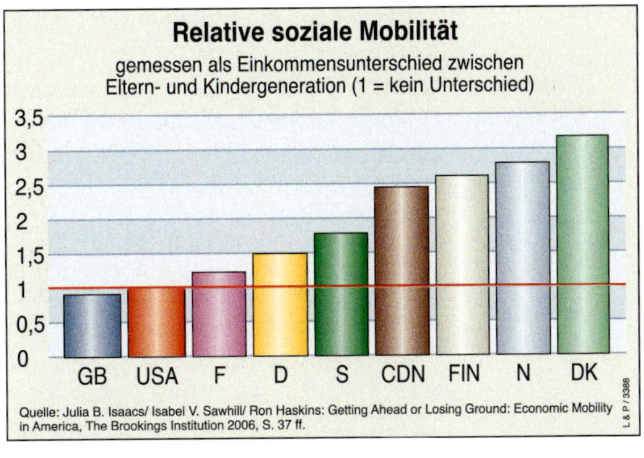

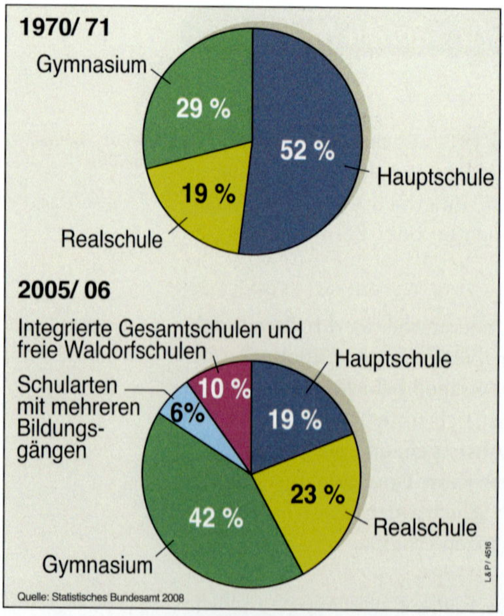

Schüler an ausgewählten Schularten in Deutschland 1970/71 (West) und 2005/06 (gesamt)

Karrieremobilität, wenngleich diese im internationalen Vergleich relativ gering ausfällt, da hierzulande die berufliche Stellung besonders stark vom Ausbildungsniveau abhängt.

Hinter all diesen Entwicklungen stehen zwei wichtige Aspekte des Strukturwandels:

- In dem Maße, wie sich die Bundesrepublik ab den 1970er Jahren von einer Industrie- zu einer Dienstleistungsgesellschaft entwickelte und der Bedarf an einfachen (Fabrik-)arbeiten und niedrig qualifizierten Tätigkeiten sank, ist der Bedarf an hoch qualifizierten Fachkräften und insbesondere an akademisch ausgebildeten Personen kontinuierlich gestiegen. Dadurch wachsen die oberen Schichten. Die mittleren Schichten aber schrumpfen, denn es wird eine Aufstiegsmobilität erzwungen, die zugleich einen Abstieg großer Personengruppen verhindert.
- Zweitens dominieren durch den Strukturwandel die eher offenen Bildungsschichten in der gesellschaftlichen Entwicklung die althergebrachten, relativ geschlossenen Besitzschichten, z. B. den alten Mittelstand. Da jedoch ein Wechsel in eine Schicht, die auf Besitzvermögen angewiesen ist, wesentlich schwieriger ist als in eine Schicht, bei der geistiges Kapital eingebracht werden muss, öffnet sich durch die Aufstiegsmöglichkeiten in die höheren Dienstleistungsschichten die Sozialstruktur. Auch diese Entwicklung hat zur Folge, dass die Mittelschicht in Deutschland schrumpft.

schrumpfende Mittelschicht

Barrieren für Frauen

Für Frauen gelten zum Teil andere Werte. Obwohl ihnen neben Ausbildung und Beruf noch ein zweiter Weg des sozialen Aufstiegs – der Heiratsmarkt – offen steht, gelingt ihnen der soziale Aufstieg nicht in dem Maße wie den Männern. Frauen stoßen in etwa ab der oberen Mittelschicht auf Barrieren. Oft fällt es ihnen schwerer als Männern, den Status zu halten. Dieses Defizit kann der Heiratsmarkt nur bedingt ausgleichen, da oft schichtintern geheiratet wird. So sind Verbindungen zwischen Männern, die der Elite entstammen, und Frauen aus der unteren Schicht äußerst selten.

„Verfestigung der Einkommensschichten"

Neueste Studien haben ergeben, dass im Zeitraum zwischen 1996 und 2006 die untere Einkommensschicht in Deutschland gewachsen ist. Die Forscher des Kölner Instituts der Deutschen Wirtschaft (DIW) haben die Aufstiegsmobilität in Deutschland in zwei Fünf-Jahres-Phasen verglichen und herausgefunden, dass zwei Drittel der Personen, die Anfang 2002 in der untersten Einkommensschicht registriert waren, bis 2006 die „Flucht nach oben" nicht geschafft haben. In der gleichen Zeitspanne blieben zwei Drittel der Wohlhabenden auch wohlhabend; die Einkommensstarken konnten ihre Position behaupten und sogar ausbauen. Es lässt sich also von einer „Verfestigung der Einkommensschichten" in Deutschland sprechen.

2. Kontinuität und Wandel in der Gesellschaft

2.1 Bleibt die Familie? – Familie im Wandel

Familienbegriff

Charakteristisch für eine Familie sind eine ausgeprägte Schutzfunktion, die Regulierung des Sexualverhaltens und eine besondere Repräsentation nach außen. Der in Politik und Soziologie heute übliche Familienbegriff umfasst alle Eltern-Kind-Gemeinschaften, also Ehepaare, nichteheliche (gemischt- oder gleichgeschlechtliche) Lebensgemeinschaften sowie alleinerziehende Väter und Mütter mit im gemeinsamen Haushalt lebenden, ledigen Kindern. Somit umfasst die Familie stets mindestens zwei Generationen.

Kleinfamilie

Bis in die 1960er Jahre galt die bürgerlich-moderne Kleinfamilie, bestehend aus einem Ehepaar mit Kindern, als Idealbild und als „kulturelle Selbstverständlichkeit": Man heiratete früh, ließ sich selten scheiden, der Vater ging arbeiten, und die Mutter kümmerte sich meist um den Haushalt und die Kindererziehung. Andere Lebensformen wurden selten gesellschaftlich anerkannt.

Ehe

Die gesellschaftliche Anerkennung alternativer Lebensformen verläuft parallel zum Rückgang der Kleinfamilie. Der mit dem zweiten demographischen Übergang verbundene Geburtenrückgang führte ab Mitte der 60er Jahre zur Abnahme von Mehrkindfamilien und ab 1980 zunehmend zur Kinderlosigkeit. Somit verlor auch die Institution „Ehe" zunehmend an Bedeutung; sie wird heutzutage oft nur noch geschlossen, wenn ein Kinderwunsch besteht, und viel häufiger und früher wieder geschieden, insbesondere in den großen Städten.

Kinder

Rund 70 % aller Familien in Deutschland sind Zwei-Kind-Familien. Die Zahl der Ein-Kind-Familien ist seit Jahren tendenziell rückläufig und bewegt sich zurzeit bei 19 % (Stand: 2007). Drei und mehr Kinder finden sich gehäuft in sozial schwachen Familien oder in Haushalten, die über ein Einkommen von mehr als 5 000 € netto im Monat verfügen.

Alleinerziehende

1,5 Millionen Haushalte in Deutschland gehören zur Gruppe der Alleinerziehenden. Vier typische Merkmale kennzeichnen diese Gruppe: Rund zwei Drittel haben nur ein Kind, befinden sich in einer sozioökonomisch schlechten Lage, sind einer hohen psychischen Belastung ausgesetzt und oft auf Hilfe bei der Kinderbetreuung angewiesen. In diesen Haushalten leben rund 15 % aller Minderjährigen.

Familien- und Nicht-Familiensektor

Familiensektor und Nicht-Familiensektor stehen in Deutschland in einem Verhältnis von einem zu zwei Dritteln. Während der Familiensektor stetig schrumpft, ist der Nicht-Familiensektor mit seinen unterschiedlichen Lebensformen stark angewachsen.

- Zum Nicht-Familiensektor zählen einerseits kinderlose nichteheliche (gemischt- oder gleichgeschlechtliche) Lebensgemeinschaften. Gerade die nichteheliche Lebensform hat mittlerweile einen hohen sozialen Akzeptanzgrad erreicht und kann vor allem bei jungen Paaren fast schon als Norm bezeichnet werden.
- Aber auch viele Ehen bleiben bewusst kinderlos, selbst wenn keine medizinischen Gründe dafür vorliegen. Der Anteil der kinderlosen Frauen und Männer ist dabei unter Akademikern am höchsten.

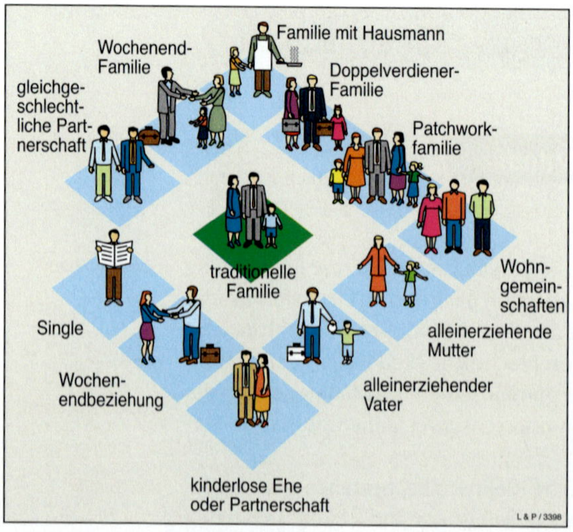

Pluralität der Lebensformen

- Die dritte Gruppe im Nicht-Familiensektor sind die Singles, d.h. die alleinstehenden Personen aller Altersgruppen. Deren Anzahl ist in den letzten 100 Jahren von einer auf 14 Millionen gestiegen. Single zu sein bedeutet nicht, außerhalb einer Partnerschaft zu leben. Vor allem die jüngere Generation der 18- bis 35-Jährigen lebt überwiegend in einer festen Beziehung, allerdings in getrennten Haushalten. Singles sind überdurchschnittlich gebildet, verdienen überdurchschnittlich viel und leben häufig in größeren Städten.

Individualisierung

Die Ursachen für den Wandel der Familie liegen in der zunehmenden Individualisierung unserer Gesellschaft. Individualisierung bedeutet, dass die Menschen zu ihrer Existenzsicherung weniger aufeinander angewiesen sind. Möglich wurde die Individualisierung durch den rapiden Einflussverlust der Kirchen und des Glaubens, den zunehmenden Wohlstand, die Bildungsexpansion der 70er Jahre und die Emanzipation der Frau. Die Anforderungen der Wirtschaft an die Mobilität und Flexibilität der Menschen und der aus all den genannten Aspekten resultierende Wertewandel haben ihren Teil zur Individualisierung beigetragen.

„Leistungsträger Familie"

Dennoch dominiert die Lebensform der Familie bis heute die alternativen Lebensformen. Ihre Sozialisationsleistung nämlich wird gewünscht und eingefordert, ihre Stabilisierungswirkung von vielen Menschen in Lebenskrisen erfahren, und ihre – vom Bruttoinlandsprodukt gar nicht erfasste – ökonomische Leistung, z.B. in Gestalt des Wissens- und Erfahrungsaustauschs zwischen Jung und Alt, ist kaum abzuschätzen. Der „Leistungsträger Familie" wird denn auch von der Politik gefördert. Durch das 2007 neu eingeführte Elterngeld z.B. sollen vor allem Akademikerinnen und Frauen in Führungspositionen dazu ermutigt werden, eine Familie zu gründen.

Aufgaben der Familie

Zu den wichtigsten Aufgaben der Familie zählt die Produktion: In vielen Familien wird mehr „produziert" als gemeinhin angenommen: In Familien wird gekocht, gepflegt, repariert, gebaut etc. Parallel dazu ist die Familie auch ein wichtiger Ort der Konsumption: Zahlreiche Konsumgüter (von der Unterhaltungselektronik bis zum Automobil) und Dienstleistungen (Pflege, Heilung etc.) werden in Familien genutzt. Die Familie dient der Fortpflanzung und damit dem Erhalt der Gesellschaft. Daneben stellen Familien emotionale, ganzheitliche, persönliche „Gegenwelten" zur anonymen, rationalen und funktional spezialisierten Außenwelt dar. Damit leisten sie viel für die psychische Regeneration ihrer Mitglieder. Als klassische und daher bereits in der Definition festgeschriebene Aufgabe der Familie gilt die Sozialisation von Kindern. Trotz der zunehmenden Ausgliederung der Sozialisation (z.B. Kindertagesstätte) kommt in modernen Gesellschaften wegen der relativ geringen Anzahl von Kindern in den einzelnen Familien und wegen der hohen Anforderungen der Gesellschaft an die Sozialisation von Kindern der frühkindlichen Sozialisation immer mehr Bedeutung zu.

2.2 Gleichberechtigt oder gleich? – Geschlechter im Wandel

Gleichberechtigung zwischen Anspruch und Wirklichkeit

Artikel 3 GG lautet: „Männer und Frauen sind gleichberechtigt". In der Realität jedoch waren die Frauen in den 1950er und 60er Jahren alles andere als gleichberechtigt. Das Ehe- und Familienrecht bestimmte den Mann zum Alleinherrscher über Frau und Kinder. Noch in den 70er Jahren bekam eine Frau viel weniger Geld als ein Mann, auch wenn sie dieselbe Arbeit verrichtete wie er. Im geteilten Deutschland verliefen die Bemühungen um die Gleichstellung der Frau aber durchaus unterschiedlich.

Emanzipation im geteilten Deutschland

In der DDR wurde die Emanzipation der Frau als Teil der sozialistischen Ideologie staatlich gesteuert und durchgesetzt. Die SED verfolgte dabei zum Einen das Ziel, die weibliche Bevölkerung als „Wähler" zu gewinnen; zum Anderen sollte die Zahl der in der Industrie dringend benötigten Arbeitskräfte erhöht werden. Diese Art der „verordneten Gleichstellung" kann insofern als „unecht" bezeichnet werden, als die männliche Bevölkerung den Wert der Gleichberechtigung dazu weder akzeptieren noch internalisieren musste. In der Bundesrepublik hingegen erfolgte die Emanzipation im Zuge der 68er-Bewegung und damit zwar später, jedoch in einer demokratietheoretischen Interpretation „echter", weil sie aus dem Volk heraus entstand und nicht von der Regierung oktroyiert wurde.

Ungleichheiten …

Dass geschlechtsspezifische Ungleichheiten in der Gesellschaft auch heute noch bestehen, zeigt ein Blick in das Bildungswesen und in die Arbeits- und Berufswelt:

… in Bildung,

- Im Bildungssektor wurden die geschlechtsspezifischen Ungleichheiten am schnellsten und erfolgreichsten abgebaut, vor allem an den allgemeinbildenden Schulen, denn Mädchen zeigen im Durchschnitt bessere Schulleistungen als ihre männlichen Klassenkameraden. So fiel es ihnen leicht, gegenüber den Jungen einen „Bildungsvorsprung" zu erreichen, der sich z. B. daran zeigt, dass jeweils mehr junge Frauen ihre schulische Laufbahn mit der Mittlere Reife oder dem Abitur beenden als junge Männer. Dieses Verhältnis setzt sich an den Universitäten fort: Obwohl sich 2007 insgesamt mehr Männer an deutschen Universitäten eingeschrieben haben, lag der Anteil der Studienanfänger an der gleichaltrigen Bevölkerung bei den Frauen höher als bei den Männern. Die Wahl des Studienfachs aber erfolgt nach wie vor stark geschlechtstypisch: Während sich die jungen Männer eher für natur- oder ingenieurwissenschaftlichen Studienfächer immatrikulieren, tendieren die angehenden Studentinnen zu den Geisteswissenschaften.

… Beruf

- In der Berufswelt sind die geschlechtstypischen Ungleichheiten – zum Teil bedingt durch die Studien- und Berufswahl der Frauen – stärker ausgeprägt als im Bereich der Bildung und Ausbildung. So ist zwar der Anteil der berufstätigen Frauen auf zwischenzeitlich 65 % gestiegen, der Arbeitsmarkt aber ist nach wie vor geteilt, denn traditionell „männliche" Berufe wie Ingenieure, Anwälte oder Geschäftsführer werden besser bezahlt als „frauentypische" Berufe wie Grundschullehrerin, Kindergärtnerin oder Krankenschwester.

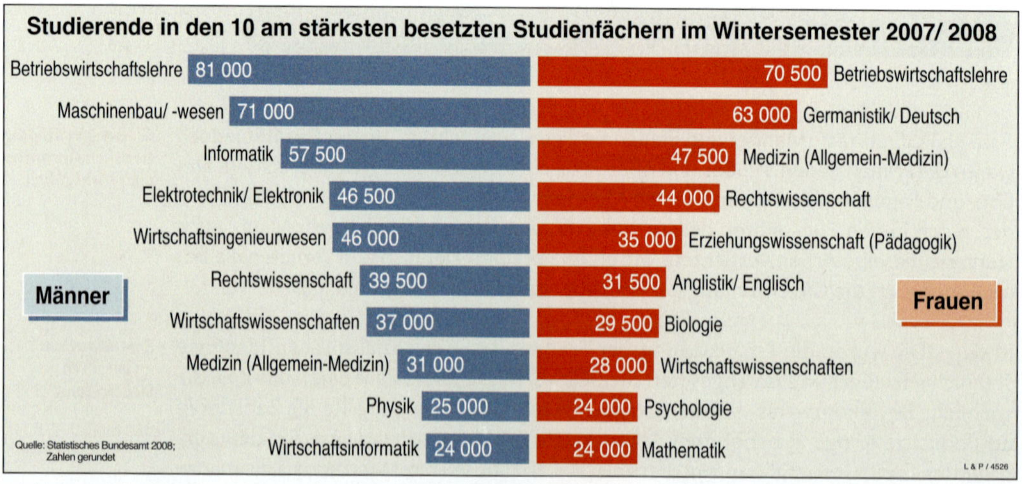

Wahl der Studienrichtung

... und Karriere

- Selbst wenn es Frauen gelingt, in männerdominierte Berufsfelder vorzudringen, haben sie schlechtere Karrierechancen. Dies hat drei Ursachen: Männer zeigen oftmals eine stärkere Karriereorientierung, die sich in höherem Selbstwertgefühl und Dominanzstreben zeigt. Zudem sind die höheren Führungsebenen nach wie vor von Männern dominiert, die Frauen oft bezüglich ihrer Kompetenz und Belastbarkeit subjektiv niedrig einschätzen. Schließlich verzichten bei einem bestehenden Kinderwunsch die Frauen zum Wohl der Familie eher auf die Karriere als die Männer bzw. nehmen häufiger die (Karriere bremsende) Elternzeit in Anspruch. Trotz der Emanzipationsbewegung „von unten" hält sich im Familienleben nach wie vor stark die klassische Rollenverteilung, auch wenn beide Ehepartner berufstätig sind: Frauen wenden doppelt so viel Zeit für die Kinderbetreuung auf wie der Mann und übernehmen klassische „Hausfrauentätigkeiten" zu über 75 % . Daraus erwächst häufig eine hohe Doppelbelastung für die Frau, die sich eben auch beruflich bemerkbar macht: Karriere, die sich meist an Flexibilität und Mobilität des Einzelnen koppelt, ist für die weibliche Bevölkerung oft nur durch einen Verzicht auf familiäre Bindungen zu verwirklichen. Es sind in erster Linie die junge Generation oder die höheren und gebildeten Schichten, die im familiären Bereich umdenken.

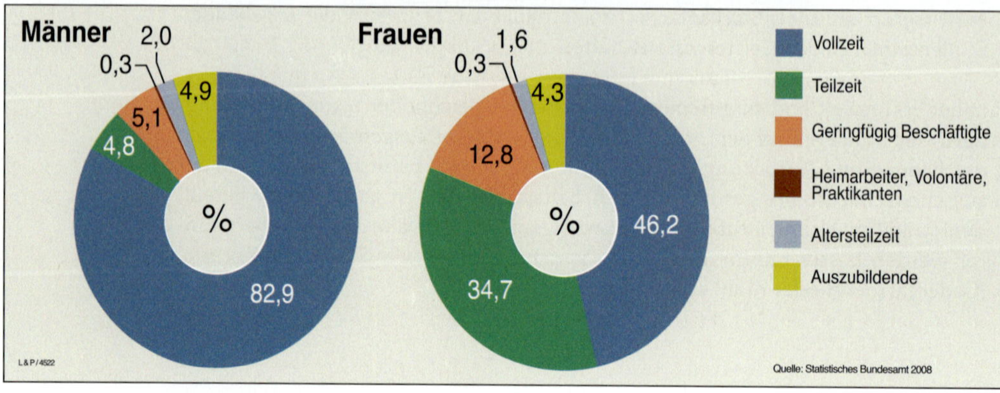

Verteilung der Erwerbstätigen nach Beschäftigungsart (2006)

2.3 Gleichheit oder Fairness? – Das deutsche Bildungssystem im Wandel

„Human-Kapital"

In einem modernen, post-industriellen Staat wie der Bundesrepublik Deutschland ist das Bildungs- und Qualifikationsniveau der Bevölkerung, das so genannte Human-Kapital, die wichtigste Ressource.

Chancengleichheit

Während in einer vorindustriellen Gesellschaft beim Gros der Bevölkerung wenig Wert auf Bildung gelegt wird und nur eine kleine (adelige und bürgerliche) Elite über ein höheres Maß an Bildung verfügt, gibt es in einer Industriegesellschaft eine schulische Grundausbildung für alle. Eine darüber hinausgehende schulische oder gar universitäre Ausbildung bleibt anfangs weiterhin einer durch Geburt oder finanzielle Lage bestimmten Oberschicht vorbehalten. Im Lauf der Zeit weitet sich der Bildungsprozess auf immer größere Teile der Bevölkerung aus. Selektions- und Platzierungsfunktion, d. h. Bewertung der Schüler nach Leistung und Einordnung in die soziale Schichtung durch den Bildungsgrad, haben eine hohe Bedeutung. Nicht die Herkunft des Einzelnen, sondern seine Leistungsbereitschaft ist in hohem Grad entscheidend. Angestrebt wird eine Chancengleichheit im Bildungswesen.

Chancengerechtigkeit

Als Teil der Vorstellung von Chancengleichheit ist die Chancengerechtigkeit zu verstehen. Sie fokussiert die Aufstiegschancen von Individuen entsprechend ihren Fähigkeiten, sei es in Form der Förderung von Begabten und Hochbegabten, der frühkindlichen Förderung oder der Erleichterung des Übergangs von Schule zu Beruf. Der Ausbau von Kindertagesstätten bzw. Vor- und Ganztagesschulen sowie die Erhöhung der Ausstattungsetats der Schulen helfen dabei, Chancengleichheit und Chancengerechtigkeit umzusetzen.

Fachwissen

In der postindustriellen Dienstleistungsgesellschaft wächst das Bildungssystem enorm an und fächert sich immer mehr auf. Gleichwohl verursacht diese Entwicklung hohe finanzielle Kosten. In jedem Lebensbereich – ob im Beruf oder in der Freizeit – wird fachliches und technisches Wissen wichtig. Dies wiederum erfordert eine immer stärkere Selektion dessen, was gelehrt und gelernt werden soll. Zugleich wächst die Notwendigkeit, auch nach Beendigung von Schul- und Ausbildungszeiten, sich lebenslang fortzubilden und das eigene Wissen kontinuierlich auszubauen.

Bildungsexpansion und Bildungsbedarf

Diese Entwicklung kennzeichnet auch die Expansion im Bildungswesen in der Bundesrepublik in den letzten Jahrzehnten. Immer mehr Bürger erwerben in immer länger andauernden Ausbildungszeiten immer mehr höhere schulische oder berufliche Abschlüsse. So hat sich das Gymnasium bundesweit mit einem Anteil von rund 30 % zur Standardschule bei den weiterführenden allgemeinbildenden Schulen entwickelt. Es gibt mehrere Theorien, die die Expansion im Bildungssektor zu erklären versuchen:

Modernisierungstheorien

- Bildungsexpansion und -chancen sind in modernen Gesellschaften notwendig, um komplexe Arbeitstechniken zu beherrschen und um alle Mitglieder der Gesellschaft in diese zu integrieren.
- Bildungsexpansion fördert die Chancengleichheit, weil das Leistungspotential aller benötigt wird.

- Ermöglicht wird die Bildungsexpansion durch die im Zuge der Industrialisierung erfolgende Verbesserung der Lebensbedingungen aller.

Konflikttheorien

- Die Ursachen der Bildungsexpansion liegen im Machterhaltungswillen Privilegierter, die ihren Status an die eigenen Kinder weitergeben wollen. Deswegen kommt es auch nicht zur Chancengleichheit.
- Privilegierte wollen die durch Bildung erreichbaren gesellschaftlichen Vorteile für sich und die eigenen Kinder behalten. Deswegen werden die Hürden zum Erreichen hoher Abschlüsse höher, indem die Ausbildungszeiten verlängert werden, um Nichtprivilegierten den Zugang zu erschweren (finanzielle Belastung). Daher Zunahme der Bedeutung der Schichtzugehörigkeit für den Bildungsweg.

Ökonomische Theorien

- Individuen bilden sich, um persönliche Vorteile zu erzielen und durch ein höheres Einkommen Genuss zu erlangen. Daher sind Bildungschancen abhängig vom Grad des jeweiligen Wohlstands.

Bildung und Demokratie

Ebenso ist Bildung eine unverzichtbare Grundlage für eine freiheitliche, demokratische und solidarische Gesellschaft. Sie dient der Entfaltung der menschlichen Fähigkeiten, sie ist Voraussetzung für Toleranz sowie für den individuellen sozialen Aufstieg und zugleich den gesamtgesellschaftlichen Fortschritt. Dies bedeutet aber auch, dass die Verortung der Menschen eines Staates in sozialen Schichten eng mit dem Bildungssystem verknüpft ist.

„schichtspezifische Sozialisationsprozesse"

Zwar wuchs der Anteil von Kindern aus unteren Schichten, die die Realschule oder das Gymnasium besuchen, stetig. Das gleiche gilt aber auch für die Kinder aus den mittleren bzw. oberen Schichten, d. h. dass die schichttypischen Ungleichheiten nicht beseitigt wurden. Es wird also nicht nur nach Leistung selektiert, sondern die Bildung des Einzelnen wird auch von einer sozialen Komponente determiniert. Hierfür sind so genannte „schichtspezifische Sozialisationsprozesse" verantwortlich. Es lässt sich nämlich feststellen, dass Fähigkeiten kognitiver oder sprachlicher Natur oder der Glaube an den eigenen Erfolg bei Kindern aus höheren Schichten stärker ausgeprägt sind als bei Kindern unterer Schichten. Die Kinder höherer Schichten werden in der Regel von den Eltern besser oder intensiver gefördert. Damit korrespondiert, dass das Leistungsvermögen von Kindern unterer Schichten nicht voll ausgeschöpft wird, da deren Eltern eine Distanz zur höheren Bildung haben. Diesem Phänomen soll durch die vermehrte Einführung von Ganztagesschulen entgegengewirkt werden.

lebenslanges Lernen

Die Arbeit der Zukunft verlangt von den Arbeitnehmern neue, sich ständig wandelnde Qualifikationen. Auch das Verständnis von Beruflichkeit wandelt sich, ebenso wie das Anforderungsprofil innerhalb eines einzelnen Berufsfelds. Damit kommt dem Aspekt der Weiterbildung und des lebenslangen Lernens heute große Bedeutung zu. Letztlich geht es um die Fähigkeit, den eigenen, lebenslangen Bildungsprozess selbst zu organisieren, um auf Veränderungen rechtzeitig und vernünftig reagieren zu können.

2.4 Flexibel und mobil – Die Arbeitswelt im Wandel

Drei-Sektoren-Theorie

Gemäß der sogenannten „Drei-Sektoren-Theorie" des französischen Soziologen Jean Fourastié (1907–1990) haben unterschiedliche Wirtschaftssektoren im Zeitablauf verschieden große Anteile am Bruttosozialprodukt einer Volkswirtschaft.

- Zuerst bestimmt der primäre Sektor Leben und Arbeit der Menschen, die in dieser Phase mehrheitlich als Ackerbauern, Viehzüchter oder Fischer in einer auf Selbstversorgung angelegten, agrarisch geprägten Wirtschafts- und Gesellschaftsform existieren.
- Im Zuge einer gesellschaftlichen Modernisierung, die hierzulande angestoßen wurde durch die Aufklärung im 18. Jahrhundert und die sich schließlich in der Industriellen Revolution des 19. Jahrhunderts durchsetzte, finden immer mehr Menschen Arbeit im sekundären Sektor, dem Produktionssektor.
- Nach einer Übergangsphase kommt es zum Wandel von der Industrie- zur Dienstleistungsgesellschaft („Tertiärisierung"); in der Bundesrepublik fand dieser Wandel in den 1980er Jahren statt. Dienstleistungen haben im Gegensatz zu den Erzeugnissen des primären und sekundären Sektors keine materielle Gestalt, sondern werden an Personen verrichtet. Zum tertiären Sektor gehören etwa der Handel, das Banken- und Versicherungswesen, das Bildungswesen oder die Gastronomie.

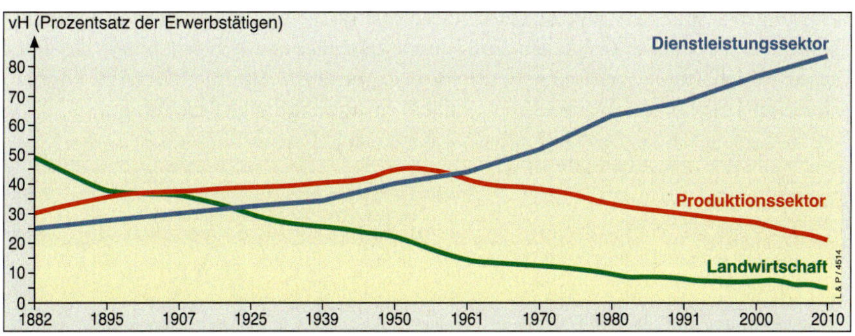

Erwerbstätige nach Wirtschaftssektoren in Deutschland (1882–2010)

New Economy

Der sektorale Strukturwandel geht einher mit einer steigenden Qualifikation der Erwerbstätigen. Nur wer bereit und in der Lage ist, seine Kompetenzen ständig zu verbessern und die Ressource „Wissen" zu erweitern, wird künftig beruflich aufsteigen bzw. seine Aufstiegsposition auch halten können. Heute spielen dabei neben Fremdsprachenkenntnissen und analytischen Fähigkeiten vor allem Qualifikationen in den Schlüsselbereichen der Informationstechnologie (IT) eine große Rolle. Mitunter ist daher auch von der New Economy oder vom quartären Sektor die Rede.

determiniertes Arbeitsleben

Während in einer Agrargesellschaft Jahres- und Tageszeiten sowie örtliche Gegebenheiten die Arbeit determinieren, verbringen die Arbeiter in einer Industriegesellschaft ihr gesamtes Arbeitsleben an einem Ort, zum Beispiel in einer Fabrik. Sie finden sich jeden Tag zu fest vorgegebenen Zeiten für eine fest vorgegebene Stundenzahl zu einem festen Stundenlohn an ihrem Arbeitsplatz ein. In einer Dienstleistungsgesellschaft hingegen kommt es für die Erwerbstätigen zu einer „Entstandardisierung" der Arbeit: Arbeitsinhalte

„entstandardisiertes" Arbeitsleben

und -bedingungen werden ebenso flexibel gehandhabt wie Arbeitszeiten und -verhältnisse. Bislang scheinbar festgefügte Berufsbilder erfahren dadurch große Veränderungen und erfordern vom einzelnen „Wirtschaftssubjekt" eine hohe Mobilität und Flexibilität. Auf dem globalen Arbeitsmarkt herrscht daher ein hoher Konkurrenzdruck – nicht nur für Hochqualifizierte. Zugleich erwachsen aus der sich wandelnden Arbeitswelt ungeahnte Chancen – für jeden Einzelnen wie auch für die Gesellschaft als Ganzes.

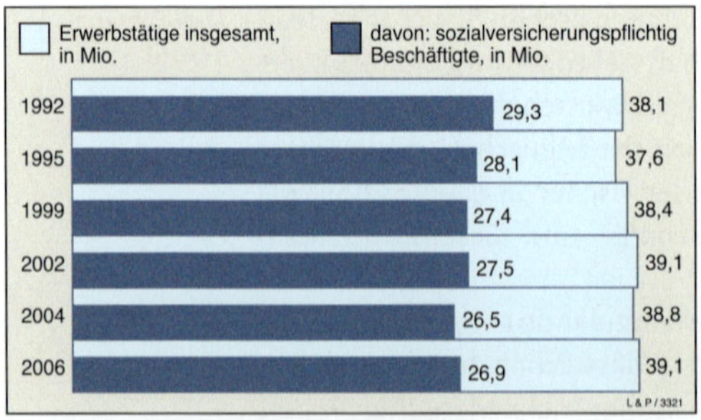

Sozialversicherungspflichtig Beschäftigte 1992 bis 2006

Mit der Drei-Sektoren-Theorie korrespondiert die These, dass immer mehr Menschen erwerbstätig sein würden und immer weniger von ihnen arbeitslos. Damit würden sowohl die Wirtschaftsleistung eines Staates als auch der Wohlstand der Bevölkerung stetig zunehmen. Ein Blick in die Erwerbspersonenstatistik offenbart, dass trotz ste-

Erwerbstätige, Erwerbslose und Erwerbspersonen

tig wachsender Erwerbslosenzahlen die Zahl der Erwerbstätigen zwischen 1992 und 2006 gestiegen ist. Im gleichen Zeitraum ist die Zahl der sozialversicherungspflichtigen Beschäftigten jedoch nahezu kontinuierlich gesunken. Das heißt, es gab 2006 rund 2,5 Millionen weniger Beitragszahler als 1992 – eine Situation, die auch damit zusammenhängt, dass die im Rahmen der Hartz-IV-Gesetzgebung entstandenen, so genannten geringfügigen Beschäftigungsverhältnisse für den Arbeitnehmer sozialversicherungsfrei sind. Oft sind diese Arbeitsverhältnisse zeitlich befristet; die Bundesagentur für Arbeit zählte im Jahr 2007 etwa 2,1 Millionen Arbeitnehmer, die einer Doppel-Beschäftigung nachgingen, um ihren Lebensunterhalt finanzieren zu können. Mindestens eine dieser Tätigkeiten war dabei eine geringfügige Beschäftigung.

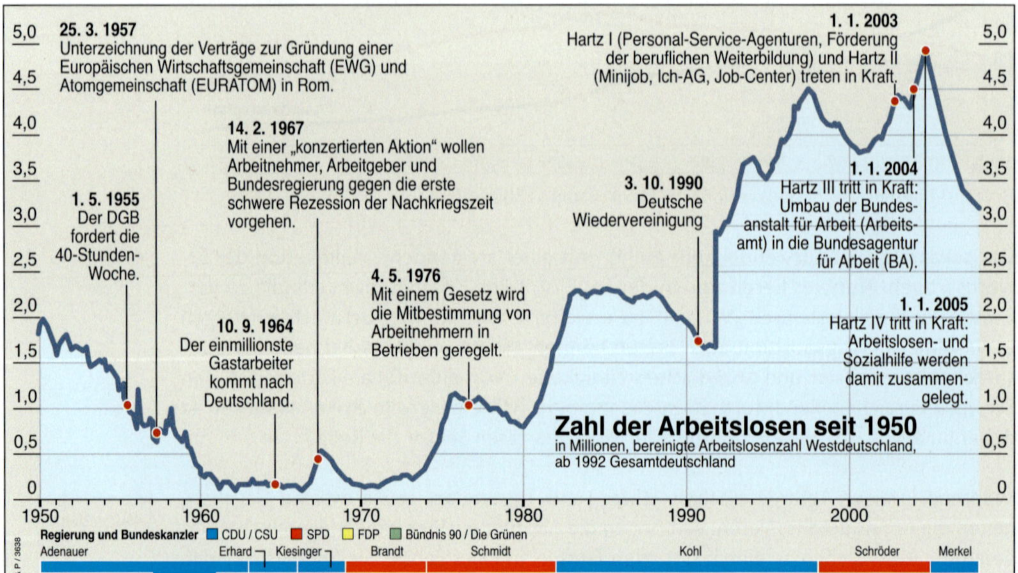

2.5 Werteverfall oder neue Werte? – Werte im Wandel

Merkmale von Werten

Unter einem Wert versteht man die von einer Gesellschaft allgemein akzeptierten und internalisierten Vorstellungen von etwas, das gewünscht, anerkannt oder angestrebt wird. Werte sind kulturell determiniert und definierbar; sie können institutionalisiert werden und sind rechtlich kodifizierbar – und damit bei Nichteinhaltung auch sanktionierbar. Ein Beispiel wäre der oberste Wert des Grundgesetzes, die „Menschenwürde". Treffen die genannten Kriterien nicht zu, so ist ein Wert die persönliche Angelegenheit eines jeden Einzelnen; als Beispiel könnte hier der Wert „Fleiß" genannt werden. Das zweite wichtige Merkmal eines Wertes besteht in seiner Wandlungsfähigkeit. Wird ein Wert als nicht mehr zeitgemäß erachtet, kann es zur „Entkodifizierung" dieses Wertes oder zur „Neukodifizierung" eines anderen Wertes kommen. Ein Beispiel für eine solche Neukodifizierung wäre die Gewaltlosigkeit in der Erziehung von Kindern, deren körperliche Züchtigung in Schule und Elternhaus lange gängige Praxis war.

Ronald Ingleharts Wertewandeltheorie

Nach der Wertewandeltheorie des US-amerikanischen Politikwissenschaftlers Ronald Inglehart (* 1934) fußen die Werte der Mitglieder einer Gesellschaft darauf, ob sie im Wohlstand leben oder nicht. Menschen, die in Armut aufwachsen, entwickeln daher ein „materiell" ausgerichtetes Wertesystem, d. h. sie wollen ihre Lebensumstände verbessern und materiellen Besitz anhäufen. Diese These trifft beispielsweise auf die Generation zu, die nach dem Zweiten Weltkrieg aufwuchs und vor den Trümmern ihrer (materiellen) Existenz stand. Menschen, die hingegen in Wohlstand aufwachsen, entwickeln laut Inglehart ein „postmaterielles" Wertesystem, d. h. sie streben nach freier Entfaltung und nach Selbstverwirklichung. Für Inglehart sind die Revolten der 68er Bewegung ebenso Beweis für seine Theorie wie das Aufkommen der Friedensbewegung in den 1970er Jahren oder die „Null-Bock-Generation" der 80er Jahre.

„Materialisten" und „Postmaterialisten"

In Anlehnung an die so genannte „Bedürfnispyramide" des amerikanischen Psychologen Abraham Maslow (1908–1970) ging Inglehart davon aus, dass Menschen nach den Gütern streben, die in ihrem Umfeld knapp sind, und dass auf die Befriedigung materieller Wünsche, z. B. Nahrung oder Kleidung, stets das Streben nach „höheren" Werten folgt, etwa nach sozialer Anerkennung oder nach Mitspracherechten. Zweitens glaubte Inglehart, dass sich die in der Jugendphase eines Menschen erworbenen Werthaltungen im späteren Leben nicht wesentlich verändern würden. Nach dieser Theorie müsste also die Anzahl der „Materialisten" in einer Wohlstandsgesellschaft zugunsten der „Postmaterialisten" stetig zurückgehen. Ab den späten 1960er Jahren war dies anscheinend auch der Fall. Ende der 80er Jahre konnten nur noch rund 17 % zur Gruppe der Personen gezählt werden, die ein materialistisches Wertesystem besaßen. Die damit verbundene Individualisierung hatte gravierende gesellschaftliche Auswirkungen: Die Akzeptanz von „Pflichten" gegenüber Staat und Gesellschaft nahm ab und wurde durch ein selbst definiertes „Pflichtgefühl" ersetzt. Man betrachtete es beispielsweise als Pflicht der Menschheit gegenüber, für den Frieden zu demonstrieren, nicht mehr jedoch als staatsbürgerliche Pflicht, Wehrdienst zu leisten.

Einstellungs- und Wertewandel

Ab den beginnenden 1990er Jahren wendete sich plötzlich das Blatt und Ingleharts Theorie musste relativiert werden, denn der Anteil der Materialisten begann auf Kosten der Postmaterialisten wieder zu steigen. Eine Untersuchung für das Bundesfamilienministerium 2006 belegt in einem scheinbar harmlosen Bereich einen Einstellungs- und Wertewandel von Eltern: Vor 15 Jahren fand der Wert „sich durchsetzen, sich nicht so leicht unterkriegen lassen" noch die meiste Zustimmung unter den Erziehungszielen (75 %), 2006 nahmen „Höflichkeit und gutes Benehmen" (89 %) den Spitzenplatz auf der Werteskala ein, neben Ordentlichkeit und Gewissenhaftigkeit. Dass sich Werte wandeln, ist mithilfe von Umfragen belegbar. Schwieriger sind die Ursachenforschung und die Abschätzung der Folgen, gerade wenn man bedenkt, dass in Teilen der Gesellschaft postmaterialistische Werte wie die Möglichkeit zur Selbstverwirklichung erreicht zu sein scheinen, während die materielle Armut beachtlicher Bevölkerungsgruppen gestiegen ist.

Mischtypen

Die Bevölkerung in Deutschland teilt sich aber nicht in reine Materialisten und Postmaterialisten, sondern ist mehrheitlich einem von vier Mischtypen zuzuordnen:

- *„ordnungsliebende Konventionalisten"*, für die eher Pflichterfüllung als Selbstentfaltung zählt,
- *„perspektivenlos Resignierte"*, für die nach großen Enttäuschungen im Berufs- oder Privatleben gar keine Werte (mehr) zählen,
- *nonkonforme Idealisten*, die primär nach Selbstentfaltung aus idealistischen, nicht egoistischen Motiven streben und für die Pflichterfüllung eher nebensächlich ist, und
- *hedonistische Materialisten*, die weder etwas von Selbstentfaltung noch Pflichterfüllung halten, sondern nach materiellen Genüssen streben.

Während Letztgenannte etwa ein Drittel ausmachen, sind die drei erstgenannten Typen jeweils mit 15 bis 17 Prozent vertreten.

Hemut Klages' Wertesynthese-theorie

Neben der Theorie Ingleharts gilt die sogenannte Wertesynthesetheorie des Soziologen Helmut Klages (* 1930) als Alternativmodell zur Erfassung des Wertewandels. Klages konstatiert einen Bedeutungsverlust von Pflicht- und Akzeptanzwerten zugunsten von Selbstentfaltungswerten, den er als generellen Trend bezeichnet. Dies impliziert den Anspruch auf eine individuelle Lebensgestaltung, ein Anspruchsdenken an den Staat, eine Auflösung der Normbindung, eine Abkehr von großen Organisationen sowie einen Verfall der parlamentarischen Demokratie und der allgemeinen Leistungsbereitschaft. Positive Entwicklungen sind die zunehmende Bereitwilligkeit zur Beteiligung am politischen Leben auf unkonventionelle Weise, Toleranz und die Bereitschaft zum Verzicht. Problematische Entwicklungen sind nicht das Ergebnis des Wertewandels, sondern werden nur dadurch ausgelöst. Der Bedeutungsverlust von Pflicht- und Akzeptanzwerten gilt nicht für alle diese Werte. Während in Ingleharts Postmaterialismustheorie die Werte in die Kategorien materialistisch und postmaterialistisch unterteilt werden, unterscheidet Klages in die Kategorien Pflicht/ Akzeptanz und Selbstentfaltung; für Inglehart ist der Wertewandel Ausweis einer evolutionären Entwicklung, für Klages ein genereller Trend; Inglehart geht von der Eindimensionalität von Werten aus, Klages von einer Mehrdimensionalität.

beständiger Wandel

Auch der demographische Wandel, die tendenzielle Überalterung der Bevölkerung und die Veränderungen in der Arbeitswelt führen zu einem wahrnehmbaren Wertewandel. Zugleich verändern neue Prozesse, etwa die Globalisierung, der Klimawandel oder der medizinische Fortschritt in der Gentechnologie, bisherige Werte: Die „Machbarkeit" wird zur Gefahr für Menschenwürde und Grundwerte, Grenzen werden leichter überschritten. Es geht also immer auch um die Frage nach dem, was im stetigen Prozess des Wertewandels unabdingbar Bestand haben soll.

3. Sozialstaat und soziale Sicherung

3.1 Grundlagen des Sozialstaats

Schutz vor Risiken

Es ist eines der wichtigsten Ziele im menschlichen Leben, sich gegen die Risiken und Unvorhersehbarkeiten abzusichern, die das Leben gemeinhin mit sich bringt. In der vorindustriellen Zeit übernahm diese Sicherungsfunktion die (Groß-)Familie, insbesondere in den ländlichen Gebieten.

Bismarck und die „Deutsche Sozialversicherung"

Mit der Industrialisierung und der Abwanderung breiter Bevölkerungsteile in die städtischen Industrie- und Ballungszentren wandelten sich die Lebensformen. Nun war die persönliche Existenz eines Jeden bedroht, der körperlich nicht fähig war, zu arbeiten. Allen Risiken waren Millionen von Menschen „schutzlos" ausgesetzt. Anfangs versuchten Kirchen oder einzelne Unternehmerpersönlichkeiten, die Unwägbarkeiten des Arbeiterdaseins abzufangen. Mit der Einführung der „Deutschen Sozialversicherung" versuchte Reichskanzler Otto von Bismarck (1815 – 1898) vergeblich, dem wachsenden Unmut der Arbeitermassen zu begegnen. Deutschland damit international zum Vorreiter eines modernen Sozialstaats gemacht zu haben, hatte Bismarck so allerdings nie beabsichtigt.

„soziales Netz"

Mit dem einsetzenden Wirtschaftswunder in den 50er Jahren kam es zu einem beständigen und großzügigen Ausbau des Sozialstaats in der Bundesrepublik Deutschland. Der Bevölkerungsteil, der nicht vom Einkommen eigener Arbeit oder der Unterstützung durch die eigene Familie lebte, sondern Leistungen aus den staatlichen Sicherungssystemen erhielt – Rentner, Arbeitslose oder Sozialhilfeempfänger, Studierende – wuchs beständig, das „soziale Netz" wurde immer engmaschiger.

Sozialstaatsprinzip	Soziale Grundwerte	Bestandsgarantie
Art. 20 Abs. 1: „Die Bundesrepublik Deutschland ist ein demokratischer und sozialer Bundesstaat." Art. 28 Abs. 1: „Die verfassungsmäßige Ordnung in den Ländern muss den Grundsätzen des republikanischen und sozialen Rechtsstaates im Sinne dieses Grundgesetzes entsprechen."	Art. 1 Abs. 1: „Die Würde des Menschen ist unantastbar." Art. 1 Abs. 1 und Abs. 3: Grundrechtsbindung der staatlichen Gewalt Grundrechte, insbesondere Art. 3: Gleichheit vor dem Gesetz Art. 6: Schutz von Ehe und Familie Art. 9 Abs. 3: Koalitionsfreiheit Art. 14 Abs. 2: Sozialbindung des Privateigentums	Art. 79 Abs. 3: „Eine Änderung dieses Grundgesetzes, durch welche [...] die in den Art. 1 und 20 niedergelegten Grundsätze berührt werden, ist unzulässig." Art. 19 Abs. 2: „In keinem Falle darf ein Grundrecht in seinem Wesensgehalt angetastet werden."

Verfassungsrechtliche Grundlagen des Sozialstaats im Grundgesetz

Sozialstaatsprinzip

In den Grundgesetz-Artikeln 20 und 28, der rechtlichen Grundlage für die Schaffung und den Ausbau des Sozialstaats, heißt es, Deutschland sei ein „demokratischer und sozialer Bundes- und Rechtsstaat". Das Sozialstaatsprinzip ist eines von vier Verfassungsprinzipien. Alle staatlichen Organe sind damit zu einer Politik des sozialen Ausgleichs und der sozialen Sicherheit *verpflichtet.* Da das Grundgesetz an dieser Stelle recht vage bleibt, ist der Grad der sozialstaatlichen Ausprägung jedoch nicht vorgeschrieben und muss im demokratischen Prozess immer wieder aufs Neue festgelegt werden.

Soziale Marktwirtschaft

Es entspricht dem Wirtschaftssystem der Sozialen Marktwirtschaft, dass für diejenigen Mitbürger, die am Leistungswettbewerb nicht oder nur eingeschränkt teilnehmen können, ein sozialer Ausgleich geschaffen wird. Das bedeutet konkret, dass den leistungsstärkeren Mitgliedern der Gesellschaft Zahlungen in Form von Steuern und Sozialversicherungsbeiträgen auferlegt werden, von denen wiederum die leistungsschwächeren in Form von Sozialleistungen profitieren (Umverteilung). Daneben hat der Staat gegenüber seinen Bürgern die Pflicht, für soziale Sicherheit zu sorgen, d. h. die Existenzgrundlage für ein menschenwürdiges Leben zu sichern.

Einnahmen und Ausgaben

Aufgrund des demographischen Wandels und des Anstiegs der Erwerbslosen ist die Zahl der Leistungsempfänger in den letzten dreißig Jahren kontinuierlich gestiegen. Gerade die Alterung breiter Bevölkerungskreise verschärft bestimmte Standardrisiken in einer postindustriellen Gesellschaft wie der Bundesrepublik, da die Kosten nicht nur der Renten-, sondern auch der Gesundheitssicherung überproportional steigen. Dies wirkt sich auf die ganze Bevölkerung aus: Die Steuern und Abgaben müssen steigen, um das Sozialsystem auch künftig finanzierbar zu halten.

Agenda 2010

Im Angesicht einer stetig wachsenden Staatsverschuldung und der finanziellen Engpässe der staatlichen Sicherungssysteme begann die Bundesregierung unter Kanzler Gerhard Schröder (1998–2005) mit der Reform und dem Umbau des deutschen Sozialstaats („Agenda 2010"). Kernelemente der rot-grünen Reformpolitik bildeten die Kürzung staatlicher Leistungen sowie die Forderung und Förderung privater Eigenverantwortung und Eigenleistung.

Hartz IV

So wurden – auch als Folge von Missbrauch – die Bezugsdauer des Arbeitslosengeldes gekürzt, das Arbeitslosengeld und die Sozialhilfeleistungen zum so genannten Arbeitslosengeld II zusammengefasst („Hartz IV") und zusätzlich zum staatlichen Rentenversicherungssystem ein Anreiz zur ergänzenden, persönlichen Vorsorge geschaffen („Riester-Rente").

Erklärungsansätze

Zur Erklärung des Entstehens gesellschaftlicher Sicherungseinrichtungen gibt es drei wesentliche Ansätze:

- *Funktionalistische Theorien:* Da der Einzelne den Risiken, die die Modernisierung, die Industrialisierung oder die Durchsetzung des Kapitalismus mit sich bringen, schutzlos ausgeliefert ist, führte kein Weg daran vorbei, Sicherungseinrichtungen aufzubauen, um ein Zusammenbrechen menschlicher Gesellschaften zu verhindern.
- *Konflikttheorien* behaupten, dass die Systeme sozialer Sicherung keineswegs zwangsläufig entstanden seien, sondern erst durch massiven Druck von Seiten der Bevölkerung, insbesondere durch die Arbeiterbewegung.
- *Institutionelle Ansätze* sehen den Staat im Gegensatz zu den Konflikttheorien nicht als ausführendes Organ von Interessen, sozialen Bewegungen oder politischen Parteien. Vielmehr waren bzw. sind staatliche Instanzen selbst die Ursache dafür, dass soziale Sicherungen entstanden. Staatliche Instanzen steuern, entscheiden und schaffen Systeme sozialer Sicherung. Je nach Version der institutionellen Theorie sind es der Wettbewerb zwischen den Staaten, die Eigendynamik von Staatsstrukturen oder das Streben von Eliten nach Machterhalt, die als Ursachen genannt werden.

3.2 Prinzipien und Strukturen der sozialen Sicherung

drei Säulen der sozialen Sicherung

Das System der sozialen Sicherung in Deutschland beruht auf der Annahme, dass nicht eine ganze Schicht oder Bevölkerungsgruppe, sondern der Bedarf und die Nöte des einzelnen Bürgers im Mittelpunkt staatlicher Unterstützung stehen *(Individualitätsprinzip)*. Davon ausgehend fußt das System der sozialen Sicherung auf drei Säulen:

I. Versicherungsprinzip

Gemäß dem Versicherungsprinzip werden im Rahmen der gesetzlichen Sozialversicherungen (Kranken-, Pflege-, Unfall-, Renten- und Arbeitslosenversicherung) die allgemeinen Lebens- bzw. Standardrisiken (Krankheit, Unfall, Alter und Arbeitslosigkeit) versichert. Dabei gelten je nach Versicherung wiederum zwei verschiedene Prinzipien.

- Renten- und Arbeitslosenversicherung arbeiten nach dem sogenannten *Äquivalenzprinzip*, das heißt, dass bei Eintritt des Versicherungsfalls, also bei Erreichen des Renteneintrittsalters oder bei Arbeitslosigkeit, die Höhe der Leistungen davon abhängt, wie viel und wie lange man bereits in die jeweilige Kasse eingezahlt hat. Wer nach zehn Jahren Erwerbstätigkeit beispielsweise aus gesundheitlichen Gründen in Rente gehen muss, erhält monatlich eine geringere Zuwendung als jemand, der nach mehreren Jahrzehnten Berufstätigkeit Rente bezieht.
- Bei der gesetzlichen Kranken- und Pflegeversicherung ist die Beitragshöhe unerheblich für die Versicherungsleistung. Hier gilt das *Solidaritätsprinzip*, d. h., dass jeder Bürger bzw. Beitragszahler im Versicherungsfall über seine eigenen Beitragszahlungen für den anderen eintritt. Jemand, der einen Unfall hatte, wird damit nicht schlechter versorgt, nur weil er ein geringes Einkommen hat. Eine bevorzugte Behandlung erhalten nach empirischen Untersuchungen allerdings diejenigen, die privat versichert sind. Dafür müssen die Beiträge aber vom Versicherten allein übernommen werden. Die privaten Krankenversicherungen erhalten auch keine Zuschüsse vom Bund.

II. Versorgungsprinzip

Unter dem Versorgungsprinzip versteht man die Fürsorgepflicht für diejenigen, die im öffentlichen Dienst beschäftigt sind oder einen sozialrelevanten Status haben. Betroffen sind daher Gruppen, die der Fürsorgepflicht des Staates unterliegen.

- Auch hier gilt das *Solidaritätsprinzip*, also das Einstehen der gesamten Bürgergesellschaft für diejenigen, die für uns alle besondere Dienste verrichten (z. B. Polizeibeamte), oder für diejenigen, die besondere Opfer auf sich nehmen und sich dadurch wirtschaftlich schlechter stellen bzw. gesundheitliche Schäden davon tragen. So erhalten z. B. Eltern für ihre Kinder Kindergeld oder Witwen bzw. Witwer von Kriegsversehrten eine Hinterbliebenenrente. Hierfür gibt es keine Versicherungen und damit auch keine Beitragszahler. Finanziert wird die staatliche Versorgung daher durch Steuergelder.

III. Fürsorgeprinzip

Gemäß dem Fürsorgeprinzip greift die staatliche Fürsorge dann ein, wenn weder die eigenen Anstrengungen und das persönliche Einkommen noch die aus dem Versicherungs- und/oder dem Versorgungsprinzip erfolgten Leistungen ausreichen, um ein menschenwürdiges Dasein zu garantieren.

- Nach dem *Subsidiaritätsprinzip* wird Hilfe aber nur dann gewährt, wenn Selbsthilfe nicht möglich ist. Darunter fällt z. B. die Sozialhilfe bei nicht arbeitsfähigen Personen oder das Wohngeld bei den Beziehern von Arbeitslosengeld II, wenn die finanziellen Mittel nicht ausreichen.

Leistungen nach dem	Versicherungsprinzip (→ Sozialversicherung)	Versorgungsprinzip (→ Staat)	Fürsorgeprinzip (→ Staat)
erhalten	Mitglieder	bestimmte Bevölkerungsgruppen mit speziell eingeräumtem Rechtsanspruch	alle Bürger bei indiv. Notlage, unabhängig von pers. Verschulden
Bedürftigkeitsprüfung	nein	nein	ja
finanziert durch	Versicherungsbeiträge und Staatszuschüsse	Steuermittel	Steuermittel
Beispiele	– gesetzl. Rentenversicherung – gesetzl. Krankenversicherung – gesetzl. Unfallversicherung – Arbeitslosenversicherung	– Kriegsopferversorgung – Beamtenversorgung – Kindergeld (ohne Einkommensgrenze)	– Sozialhilfe – Jugendhilfe – Resozialisierung – Wohngeld

Die drei Säulen der sozialen Sicherung

Gesundheitsreform

Gerade die Versorgung mit Gesundheitsdienstleistungen ist in Deutschland im Vergleich mit manchen anderen europäischen Ländern hervorragend, aber sehr teuer. Daher ist eine grundsätzliche Neuorientierung der Organisation des Gesundheitswesens und der Finanzierung der gesetzlichen Krankenversicherung (GKV) als Fortentwicklung des bisherigen Versicherungssystems erforderlich. Ziel kann dabei nicht nur eine Grundversorgung und Grundsicherung im Gesundheitsbereich sein, sondern auch die Verstärkung von Vorsorgemaßnahmen und die Nutzung des medizinischen, technischen und pharmazeutischen Fortschritts für die gesamte Bevölkerung. Um diese Ziele zu erreichen, versucht seit Beginn des 21. Jahrhunderts jede neue Regierung, das Gesundheitswesen in ihrem Sinne zu reformieren.

Beispiel Krankenversicherung

Die Prinzipien der sozialen Sicherung sollen im Bereich der Krankenversicherung beispielhaft erläutert werden: Nur 0,5 % der Deutschen haben keine Krankenversicherung, 90 % sind in der gesetzlichen Krankenkasse pflichtversichert, der Rest trifft private Vorsorge. Um die Genehmigung zur privaten Krankenversicherung zu erhalten, muss man verbeamtet oder selbstständig sein oder eine bestimmte Einkommensgrenze überschreiten; finanziert wird das Gesundheitssystem durch Pflichtbeiträge, die automatisch vom Bruttoeinkommen abgezogen und je zur Hälfte von Arbeitgebern und -nehmern übernommen werden (*Versicherungsprinzip*). Dafür erhalten alle Beitragszahler im Krankheitsfall verschiedene Leistungen (*Solidaritätsprinzip*). Im Laufe der letzten Jahre wurden wegen der steigenden Gesundheitskosten die Eigenbeteiligungen (Praxisgebühr, Arzneimittelzuzahlung) der Bürger stetig erhöht. Wer dazu finanziell aus eigener Kraft nicht in der Lage ist (*Subsidiaritätsprinzip*), erhält staatliche Hilfen (*Fürsorgeprinzip*). Bei Kindern entfallen die Eigenbeteiligungen (*Versorgungsprinzip und Solidaritätsprinzip*).

3.3 Herausforderungen für die Sozialpolitik I: Das Generationenproblem

demographischer Wandel

Der demographische Wandel und der damit verbundene Wandel der Altersstruktur in der Bundesrepublik Deutschland bedeuten für die sozialen Sicherungssysteme, speziell das Gesundheits- und Rentensystem, stetig steigende Kosten bei einem stetigen Zuwachs an Leistungsempfängern. Politik und Gesellschaft sind daher zu einem Umdenken im Bereich des Kranken- und Pflegeversicherungssystems sowie der Alterssicherung gezwungen.

Generationenvertrag

Die gesetzliche Rentenversicherung ist beschränkt auf eine – durch ihr Alter definierte – Bevölkerungsgruppe und wird finanziert durch Versicherungsbeiträge, die die Versicherten allerdings zu einem Zeitpunkt einzahlen, zu dem sie selbst noch gar nicht bezugsberechtigt sind. Die Grundlage hierfür bildet der sogenannte Generationenvertrag, d. h., dass die im Erwerbsleben stehenden Generationen gemäß dem Solidaritätsprinzip mit ihren Beiträgen die Leistungen für die gerade in Rente befindliche Generation tragen. Damit soll der Lebensstandard auch nach dem Ende des Erwerbslebens garantiert werden. Die Höhe der Rente richtet sich vor allem nach den im Laufe eines Lebens eingezahlten Beiträgen.

Leistungsarten

Es existieren grundsätzlich drei Leistungsarten: Rentenzahlungen wegen Erreichen der Erwerbsaltersgrenze, wegen verminderter Erwerbsfähigkeit und wegen Todesfalls, die sogenannte Hinterbliebenenrente, die an Verwitwete oder Waisen ausbezahlt wird.

Altersrente

Die Erwerbsaltersgrenze liegt derzeit noch bei 65 Jahren und soll ab 2012 bis 2031 schrittweise auf 67 Jahre angehoben werden. Flankiert wird die Rente mit 67 von der Job-Initiative „Perspektive 50 plus". Durch Lohnzuschüsse und Qualifizierungsprogramme sollen die Beschäftigungschancen Älterer verbessert werden.

Erwerbsmindungsrente

Wie bei der Altersrente übernimmt auch die Erwerbsminderungsrente eine Lohnersatzfunktion: Wer eine Tätigkeit nicht mehr länger als sechs Stunden pro Tag ausführen kann, ist rentenberechtigt. Die Höhe der Zahlungen richtet sich wie bei der Altersrente nach den eingezahlten Beiträgen, wobei die Betroffenen aber mit Abschlägen von bis zu 11 % rechnen müssen.

Hinterbliebenenrente

Die Hinterbliebenenrente bezeichnet keine Lohnersatz-, sondern eine Unterhaltsersatzfunktion. Sie ersetzt den bisher vom Verstorbenen erhaltenen Unterhalt, vorausgesetzt dieser hat mindestens fünf Jahre lang seine Beiträge bezahlt. Damit die Lohn- bzw. Unterhaltsersatzfunktion garantiert ist, orientiert sich die Höhe der Rente an der Einkommensentwicklung.

Konflikt der Generationen?

Um den drohenden „Konflikt der Generationen" zu entschärfen und den sozialen Frieden im Lande zu erhalten, lassen sich verschiedene politische Lösungsansätze verfolgen:

Rente mit 67

- Durch die *Erhöhung des Renteneintrittsalters* wird die Zahl der voll leistungsberechtigten Rentner reduziert. Erstens entlasten die Erwerbstätigen, die erst mit 67 Jahren in Rente gehen, die Kassen für zwei Jahre. Zweitens sind diejenigen, die etwa aus gesundheitlichen oder arbeitsmarktbedingten Gründen früher als mit 67 Jahren in Rente gehen, nicht mehr voll bezugsberechtigt, d. h. sie müssen mit Abschlägen rechnen.

Riester und Rürup

- Durch die *Änderung der Rentenformel* wird die Höhe der monatlichen Leistungen reduziert. Dieser Ansatz erfordert einerseits einen Bewusstseinswandel, denn die Bevölkerung war jahrzehntelang davon ausgegangen, dass die Rente sicher sei. Andererseits ist die Änderung der Rentenformel nur schrittweise möglich, da den künftigen Rentnern genug Zeit eingeräumt werden muss, um privat vorzusorgen. Die Grundlagen, steuervergünstigte Rücklagen für das Rentenalter zu bilden, wurden 2002 mit der Riesterrente (benannt nach dem ehemaligen Bundesminister für Arbeit und Sozialordnung, Walter Riester) und 2005 mit der Rüruprente (benannt nach dem Ökonomen und „Wirtschaftsweisen" Hans-Adalbert Rürup) geschaffen. Diese privaten Investitionen bilden inzwischen die zweite Säule der deutschen Altersvorsorge. Die dritte Säule stellt die betriebliche Altersvorsorge dar, die ebenfalls zur Ergänzung der staatlichen Rentenversicherung konzipiert wurden. 2002 wurden die Betriebsrenten dazu durch steuerliche und sozialversicherungsrechtliche Bestimmungen attraktiv gemacht.

Rente aus Steuern

- Durch eine *stärkere Steuerfinanzierung* könnten die Ausgaben des Staates, die nicht nur bei den sozialen Sicherungssystemen ständig ansteigen, gegenfinanziert werden. Das Modell der steuerfinanziert garantierten Rente wird gegenwärtig jedoch von den meisten politischen Parteien abgelehnt.

in Jahren	Männer	Frauen	insgesamt
alte Bundesländer			
1960	9,6	10,6	9,9
1970	10,3	12,7	11,1
1980	11,0	13,8	12,1
1990	13,9	17,2	15,4
1995	14,0	17,7	15,7
2001	14,3	18,3	16,2
2005	15,2	19,3	17,2
2007	15,3	19,4	17,3
neue Bundesländer			
1995	11,6	19,6	16,0
2001	12,0	20,8	16,7
2005	12,9	21,6	17,5
2007	13,6	22,0	18,1
Deutschland			
1995	13,6	18,2	15,8
2001	13,8	18,9	16,3
2005	14,7	19,8	17,2
2007	15,0	19,9	17,4

Quelle: Deutsche Rentenversicherung 2008 L&P/3433

Durchschnittliche Rentenbezugsdauer

allgemeine Rentenversicherung, alte Bundesländer

Jahr	durchschnittliches Jahresarbeitsentgelt in EUR brutto	Standardrente mit 45 Versicherungsjahren in EUR brutto	Rentenniveau[1] (nominal) in % brutto
1957	2 578	1 478	57,3
1960	3 119	1 661	53,2
1965	4 719	2 319	49,1
1970	6 822	3 376	49,5
1975	11 150	5 417	48,6
1980	15 075	7 562	50,2
1985	18 041	9 217	51,1
1990	21 447	10 763	50,2
1995	25 905	12 732	49,2
2000	27 741	13 373	48,2
2005	29 202	14 110	48,3
2007	29 913	14 148	47,3

[1] Quotient aus Standardrente und Jahresentgelt mal 100

Quelle: Statistisches Bundesamt 2008 L&P/3434

Entwicklung des Standardrentenniveaus

3.4 Herausforderungen für die Sozialpolitik II: Armut im Wohlstand

Aufgaben moderner Sozialpolitik

Armut ist ein gesellschaftliches Phänomen mit vielen Gesichtern. Um Armut und soziale Ausgrenzung zu vermeiden und im besten Falle zu überwinden, sieht eine moderne Sozialpolitik ihre wichtigste Aufgabe nicht nur darin, die „Verlierer der Gesellschaft" aufzufangen, sondern *allen* Mitgliedern in der Gesellschaft ökonomische und soziale Teilhaberechte zu ermöglichen. Nachhaltige Armutsbekämpfung darf dabei nicht mit der Linderung akuter Not verwechselt werden. Sie will vielmehr die Ursachen von Armut beseitigen. Armut ist durch drei wesentliche Aspekte gekennzeichnet:

Armutsaspekte

- Arm zu sein, bedeutet in der Bundesrepublik nicht, um sein physisches Überleben kämpfen zu müssen, sondern betrifft die Unterversorgung von Menschen bestimmter sozialer Schichten im Verhältnis zum Wohlstand der Gesellschaft. Grundlage dieser *relativen Armut* ist das durchschnittliche Einkommen der Bevölkerung, das so genannte Äquivalenzeinkommen. Wer weniger als 60 % des Äquivalenzeinkommens zur Verfügung hat, gilt als relativ arm. Als statistische Grundlage der *absoluten Armut* hingegen gilt die Größe von einem bzw. zwei US-Dollar pro Tag und Kopf. Wer diese Summe oder weniger zur Verfügung hat, gilt nach der Berechnung der Weltbank als arm.
- Armut ist eine *interkulturell* und *historisch relative Erscheinung,* d. h., sie ist abhängig von den jeweiligen gesellschaftlichen und zeitlichen Umständen.
- Armut ist *mehrdimensional,* d. h., sie ist nicht nur ein ökonomisch-materielles, sondern auch ein soziales, kulturelles und psychisches Problem als Folge von gesellschaftlicher Ausgrenzung und geringem Selbstwertgefühl.

Einkommensarmut

Da die Armut in Deutschland in erster Linie von der Einkommenssituation des Einzelnen abhängt, wird zwischen zwei Arten unterschieden: der *bekämpften Einkommensarmut,* bei der die Armutsgrenze durch das Bundessozialhilfegesetz nach einem komplizierten Verfahren festgesetzt wird und die bei rund 40 % des derzeitigen durchschnittlichen Haushaltseinkommens liegt (571 Euro pro Monat; Stand: 2008), und der *relativen Einkommensarmut,* die bei 60 % des derzeitigen durchschnittlichen Haushaltseinkommens liegt (856 Euro pro Monat; Stand: 2008). Etwa 13 % der Deutschen leben unter dieser Grenze. Der Durchschnittswert in den 27 EU-Staaten liegt bei circa 16 %.

Risikogruppen

Bedroht von Armut sind sieben Bevölkerungsgruppen, von denen vier den sogenannten „traditionellen" Risikogruppen zugerechnet werden: alleinerziehende Mütter, kinderreiche Familien, Kinder und Jugendliche sowie Menschen mit niedriger schulischer und beruflicher Qualifikation. In den letzten Jahren sind (Langzeit-)Arbeitslose, Migranten und getrennt Lebende als neue Risikogruppen hinzugekommen.

Armutsgrenze und „Armutskluft"

Die Leistungen aus den sozialen Sicherungssystemen werden der allgemeinen Lohnentwicklung angepasst; so hat sich die Armutsgrenze in Deutschland immer weiter „nach oben" verschoben, d. h., dass es einem Bedürftigen 2009 materiell besser geht als einer Vergleichsperson im Jahr 1965. Andererseits aber hat sich die Schere zwischen der Armutsgrenze und dem Durchschnittseinkommen weiter geöffnet, der Abstand im Lebensstandard zwischen Angehörigen des Prekariats und Durchschnittsverdienern, die sogenannte „Armutskluft", ist also größer geworden.

Folgen von Armut

Je länger eine Person in Armut lebt, desto schwerer sind die Folgen für den Einzelnen und die Solidargemeinschaft. Zur finanziellen Not kommt meist die psychische Belastung, hervorgerufen durch Leistungs- und Prestigedruck. Resignation, soziale Isolation und physische oder psychische Erkrankungen sind mögliche Folgen, die u. U. wiederum zu sozialer Stigmatisierung und zu Ausgrenzung führen können – ein Teufelskreis.

Vermögensungleichheit

Unterschiede zwischen Arm und Reich zeigen sich aber nicht nur in der Einkommens-, sondern auch in der Vermögensungleichheit. So verfügen laut dem 3. Armuts- und Reichtumsbericht der Bundesregierung aus dem Jahr 2008 die reichsten 20 % der Bevölkerung über rund 65 % des gesellschaftlichen Gesamtvermögens, während die unteren 50 % der Bevölkerung etwa über 4 % verfügen und die ärmsten 20 % verschuldet sind. Beim sogenannten Produktivvermögen, also dem Besitz oder der Beteiligung an Unternehmen, zeigen sich die Unterschiede noch deutlicher: 1,7 % der Privathaushalte verfügen hier über 74 % des privaten inländischen Kapitals.

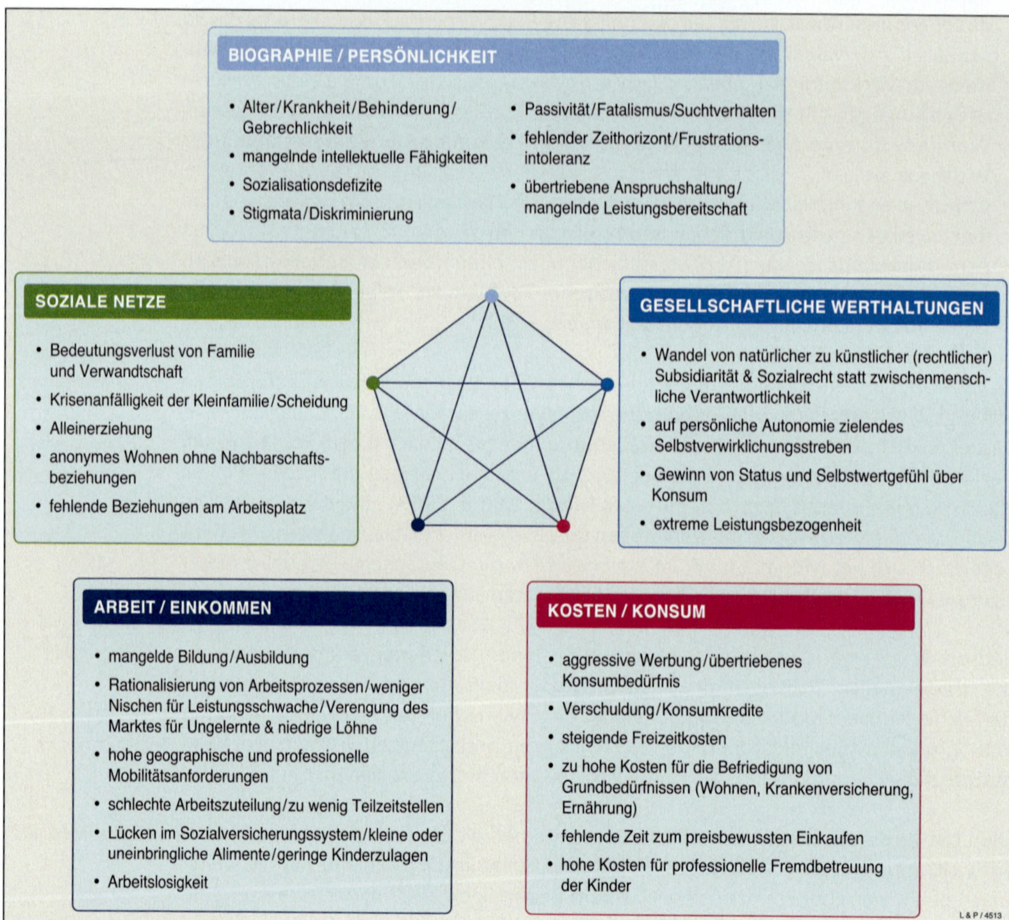

Das Pentagon der Armut

3.5 Herausforderungen für die Sozialpolitik III: Die Integration von Ausländern

„Teilintegration"

Die Lebens- und Arbeitsbedingungen der Zuwanderer in Deutschland haben sich seit den 1960er Jahren insgesamt und kontinuierlich verbessert. Nur wenigen aber ist es gelungen, mit den mittleren und oberen Schichten der einheimischen Bevölkerung gleichzuziehen. Soziologen sprechen heute daher von einer „Teilintegration": Offenbar ist der soziale Aufstieg für die meisten Migranten in Deutschland nur bedingt möglich, was deren Integration zusätzlich zu den spezifischen „Zuwandererproblemen" erschwert.

Ursachen

Die „Teilintegration" hat mannigfaltige Ursachen:

- So haben Migranten, die (noch) nicht eingebürgert sind, einen *minderen Rechtsstatus*, d.h., sie besitzen keine politischen Teilhaberechte; Bürgern aus den EU-Staaten wurden Teile dieser Rechte 1992 mit dem Vertrag von Maastricht eingeräumt, etwa das kommunale aktive und passive Wahlrecht.
- Über 50% der in Deutschland lebenden Ausländer gehören laut Statistik den *unteren Schichten*, also den Un- und Angelernten an, während nur 20% der Deutschen in diesen Schichten zu finden sind. Entsprechend gering sind auch die Einkommen vieler Migranten. Um hierzulande eine Tätigkeit aufnehmen zu können, benötigen Ausländer eine *Arbeitserlaubnis*, für deren Erteilung gemäß dem Zuwanderungsgesetz vom 1. Januar 2005 die Ausländerbehörde zuständig ist.
- Viele Menschen mit Migrationshintergrund sind am Arbeitsplatz (noch immer) einer besonders starken körperlichen und psychischen Belastung ausgesetzt, da sie oftmals Stellen besetzen, die vielen Deutschen gerade wegen dieser Belastungen als unattraktiv erscheinen. Zuwanderer sind darüber hinaus stärker von *Arbeitslosigkeit* bedroht als Deutsche: Ihre Arbeitslosenquote liegt bei über 20%, während die Arbeitslosenquote in Deutschland insgesamt 7,2% beträgt (Stand: Oktober 2008).
- Die *Wohnverhältnisse* von Ausländern sind im Vergleich zu Deutschen schlechter, da laut Statistik pro Wohnraum etwa doppelt so viele Personen untergebracht sind, die Wohnlage meist qualitativ schlechter ist und nur ein geringer Anteil (16%) der zugewanderten Personen über ein Eigenheim verfügt. In West-Deutschland liegt der Anteil der Deutschen mit Immobilieneigentum bei rund 50%.

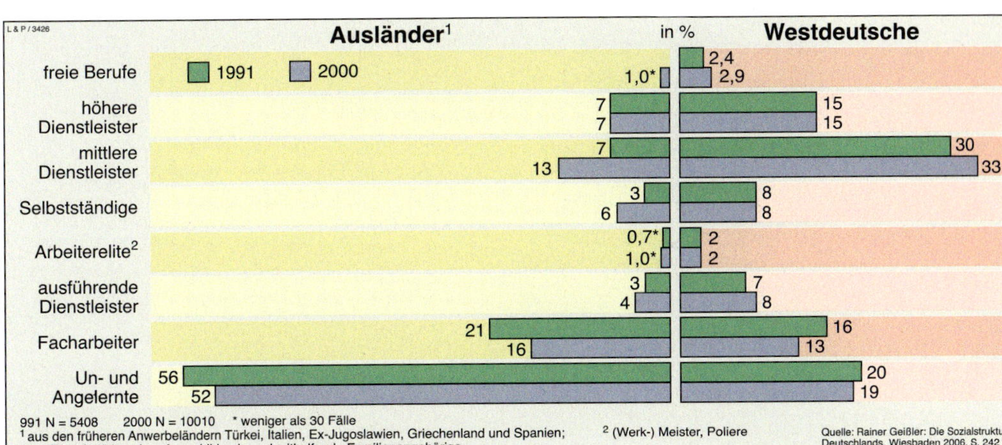

Schichtzugehörigkeit von erwerbstätigen Ausländern

- Als zentrale Ursache für sämtliche Integrationsprobleme gelten die schlechteren *Bildungs- und Berufschancen* von Migrantenkindern. Der Hauptgrund dafür ist wiederum in den mangelhaften Sprachkenntnissen zu suchen, denn das Erlernen der deutschen Sprache kann als „Schlüssel" zur Kultur und Mentalität unseres Landes gesehen werden. Probleme, die aus versäumten Bildungschancen entstehen, werden beim Wechsel in Berufsausbildung und Arbeitsmarkt weitergetragen.

Integration als gegenseitiger Prozess

Integration ist ein kontinuierlicher, gegenseitiger Prozess, den alle Beteiligten wollen und unterstützen müssen, wenn er funktionieren soll. Um das Entstehen von „Parallelgesellschaften" und „Ghettoisierung" zu vermeiden und um der Jugendkriminalität in „sozialen Brennpunkten" vorzubeugen, sind Hilfestellungen seitens der Politik erforderlich, insbesondere im Bildungsbereich und in der Jugendarbeit. Dazu zählen die gezielte Förderung der Sprachkompetenz von Migrantenkindern bereits ab dem Kindergarten oder Beratungssangebote beim Übertritt in weiterführende Schulen. Auch der Bau und Ausbau von Ganztageskindergärten und -schulen ist zukunftsträchtig.

Integrationswillen und Toleranz

Für ein erfolgreiches Gelingen von Integration sind aber vor allem Eigeninitiative und Eigenverantwortung gefragt. Dies beinhaltet den festen Willen zur Integration genauso wie das Bekenntnis zu den Grundwerten der deutschen Gesellschaft und zu den Grundlagen unserer Verfassungsordnung. Auf der anderen Seite stehen Toleranz und Akzeptanz ethnischer Minderheiten durch die einheimische Bevölkerung. Die sozialen Kontakte zwischen Deutschen und Ausländern haben sich in diesem Sinne in den letzten dreißig Jahren vervierfacht: Über 60 % der Deutschen zählen einen in der Bundesrepublik lebenden Ausländer zu ihrem Freundeskreis.

„kriminelle" Ausländer?

Auf der anderen Seite stößt die Bereitschaft der Deutschen zur Aufnahme von weiteren Zuwanderern angesichts wachsender wirtschaftlicher und sozialer Probleme an ihre Grenzen. Die teils mangelhafte Integration von Migrantenkindern führt offensichtlich zu einem überdurchschnittlich hohen Maß an Kriminalitätsdelikten, insbesondere in deutschen Großstädten. Oft steht dahinter das Gefühl von sozialer Ausgrenzung oder Diskriminierung. Andere Vorstellungen von Ehre, Religion sowie von Sitten und Moral verstärken die Integrationsprobleme zusätzlich. Das Bild vom „kriminellen" Ausländer ist trotzdem nicht zu halten. Eine Auswertung der Kriminalitätsstatistiken nämlich zeigt, dass sich die meisten Arbeitsmigranten sehr wohl gesetzestreu verhalten.

III. Grundzüge politischer Systeme der Gegenwart

1. Demokratischer Verfassungsstaat und freiheitsgefährdende politische Ordnungen

1.1 Menschenrechte in der Diktatur

Menschenrechte im 20. Jahrhundert

Hinter der Menschenrechtserklärung der Vereinten Nationen von 1948 steht die Überzeugung von der Universalität der Menschenwürde und von den unveräußerlichen Freiheits- und Gleichheitsrechten. Auf diesen liberalen Vorstellungen basieren das Grundgesetz der Bundesrepublik Deutschland von 1949 wie auch die Gründungsakten der Europäischen Gemeinschaften, die Römischen Verträge, aus dem Jahr 1957. Hervorgegangen waren diese zivilisatorischen Errungenschaften aus den Erfahrungen der ersten Hälfte des 20. Jahrhunderts, in der die systematische Entrechtung von Millionen von Menschen und ein beispielloser, staatlich organisierter Terror zu unvorstellbarem Leid in Europa und der Welt geführt hatten. Der deutsche Nationalsozialismus (1933 – 1945) oder der sowjetische Stalinismus (1924 – 1953) strebten die „totale" Steuerung der Gesellschaft an. Das Individuum zählte in diesen Herrschaftsformen nichts; der Mensch musste sich einem Kollektiv, einer Gemeinschaft, völlig unterordnen.

Drittes Reich

Im totalitären Dritten Reich sollte die bestehende Ordnung in der Gesellschaft durch eine „Volksgemeinschaft" abgelöst werden. Zu diesem Zweck wurden zuerst die Grundrechte außer Kraft gesetzt: Durch die Notverordnungen vom Februar 1933 erfolgte die Abschaffung der Versammlungs- und Pressefreiheit und kurz darauf die Beschränkung der persönlichen Freiheit, des Rechts zur freien Meinungsäußerung, des Briefgeheimnisses, der Unverletzlichkeit der Wohnung und des Schutzes von Privateigentum. Im Zuge der Gleichschaltung wurden in den Monaten nach der „Machtergreifung" im Januar 1933 politische Parteien zerschlagen, Gewerkschaften und Berufsverbände aufgelöst, Vereine verboten und Wahlen abgeschafft. An die Stelle der Willensbildung des Volkes trat nun der Wille des „Führers", der vorgab, im Sinne des „Volkes" zu entscheiden. Nationalsozialistische Großorganisationen wie die Hitler-Jugend sollten einen „funktionierenden" Staatsbürger formen, denn in der Homogenität des Volkes wurde die Voraussetzung für die Identität von Regierenden und Regierten gesehen. Im nationalsozialistischen Rassismus konnte überhaupt nur ein Mitglied der „Blutsgemeinschaft" ein menschenwürdiges Dasein fristen. Menschen, die dem Idealbild des „deutschen Übermenschen" nicht entsprachen, wie Juden, Sinti, Roma, Homosexuelle oder Behinderte, hatten mit Verfolgung und Vernichtung zu rechnen: Nicht nur wurden ihnen ihre Menschenrechte abgesprochen. Vielmehr wurden diese Menschenrechte – legitimiert durch das Ermächtigungsgesetz vom März 1933 – mit Füßen getreten.

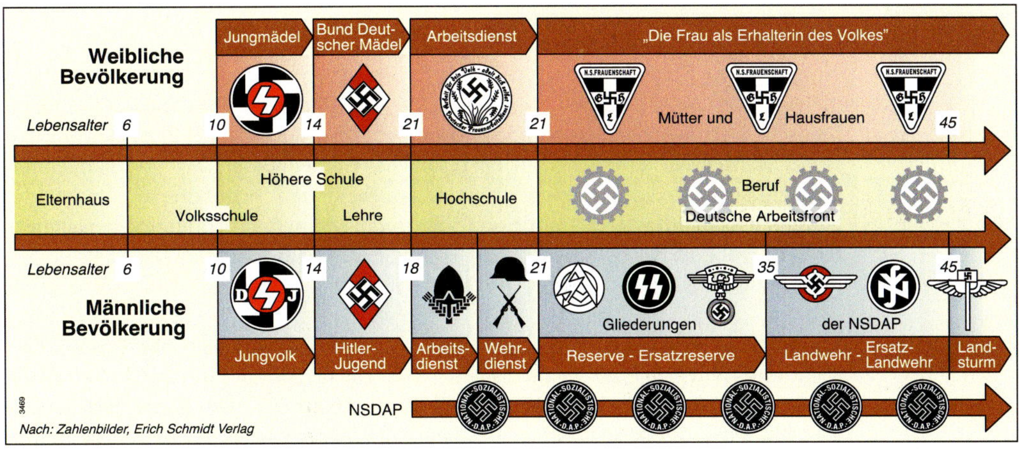

Der Weg des „gleichgeschalteten" Staatsbürgers

die Sowjetunion Josef Stalins

Bereits in den 1920er Jahren wurde das totalitäre Regime Lenins in der Sowjetunion unter Josef Stalin weiter ausgebaut. Jeder Bürger der Sowjetunion, vom einfachen Bauern bis zum hohen Parteifunktionär, war der Willkür des Staates und dem Terror der Geheimpolizei schutzlos ausgesetzt: Die Menschenrechte waren nicht garantiert und konnten nicht eingeklagt werden. In den berüchtigten Straflagern (Gulags) war Zwangsarbeit an der Tagesordnung. Von menschenwürdigen Bedingungen oder gar der Freiheit der Person konnte nicht gesprochen werden.

Menschenrechtsverletzungen in der DDR

Die 1949 aus der sowjetischen Besatzungszone entstandene DDR war nur auf dem Papier eine „Deutsche Demokratische Republik". In Wirklichkeit war sie eine Diktatur, in ihrer Anfangszeit nach stalinistischem Muster. Auch in der DDR waren die Menschenrechte dem sozialistischen Staatsziel untergeordnet. Freiheitsrechte bestanden zwar formal, konnten jedoch jederzeit per Gesetz eingeschränkt werden: Das Grundrecht der „Freiheit der Person" wurde durch die fehlende Reisefreiheit praktisch aufgehoben und durch den Bau der Mauer 1961 „zubetoniert". Für die Verfolgung politisch Andersdenkender schuf das SED-Regime eine politische Geheimpolizei, das Ministerium für Staatssicherheit („Stasi"), in dessen Amtstuben Briefe ohne rechtliche Genehmigung gelesen oder private Telefongespräche abgehört wurden.

Menschenrechtsverletzungen im 21. Jahrhundert

Zu Menschenrechtsverletzungen kommt es auch in der Gegenwart, etwa wenn – wie in der Russischen Föderation – Systemkritiker gezielt ermordet, oder – wie in der Volksrepublik China – Oppositionelle zu langjährigen Gefängnisstrafen oder zum Tode verurteilt werden.

1.2 Menschenrechte in der Demokratie

Menschenrechte als Freiheitsansprüche

Menschenrechte in der Demokratie sind Freiheitsansprüche, die der Einzelne aufgrund seines Menschseins erheben kann. Ein staatliches Gemeinwesen wird erst dann demokratisch, wenn es die „natürlichen", „vorstaatlichen" und „angeborenen" Rechte des Einzelnen nicht antastet. Garantie und Schutz von Menschenrechten sind die elementaren Aufgaben eines demokratischen Staates. Erst daraus leitet sich seine Existenzberechtigung ab.

Menschenrechte im Grundgesetz

Das 1949 verabschiedete Grundgesetz der Bundesrepublik Deutschland schützt als wichtigstes Gut gleich zu Beginn die Menschenwürde. „Sie zu achten und zu schützen ist Verpflichtung aller staatlichen Gewalt" (Art. 1 Abs. 1 GG). Ferner bekennt sich das deutsche Volk zu „unverletzlichen und unveräußerlichen Menschenrechten als Grundlage jeder menschlichen Gemeinschaft, des Friedens und der Gerechtigkeit in der Welt" (Art. 1 Abs. 2 GG). Der Grundgesetzentwurf von Herrenchiemsee bringt das demokratische Verständnis der Menschenrechtsidee auf den Punkt: „Der Staat ist um des Menschen willen da, nicht aber der Mensch um des Staates willen."

John Locke und der Gesellschaftsvertrag

Demokratische Ideen waren eigentlich schon weit ausgereift, als im 20. Jahrhundert Einzelgruppen ihren totalitären Gestaltungsanspruch durchsetzen konnten und damit eine ganze Epoche prägten. Der Engländer John Locke (1632 – 1704) etwa hatte bereits Jahrhunderte zuvor seine Theorie vom Naturzustand des Menschen formuliert, in dem Freiheit und Gleichheit herrschen. Die Freiheit verstand Locke dabei nicht als Zügellosigkeit, sondern sah sie stets eingebettet in das Naturgesetz, das dem Einzelnen die Achtung des Mitmenschen vorschreibt. Der Staat entsteht in der Naturrechtslehre erst durch einen Gesellschaftsvertrag, d. h. durch den freien Willen freier Menschen, sich zu einem politischen Gemeinwesen zu vereinigen.

amerikanische Unabhängigkeitserklärung

Das Unabhängigkeitsstreben der amerikanischen Kolonien vom englischen Mutterland brachte ein richtiges Manifest der Demokratie hervor. Die Grundrechteerklärung des Staates Virginia vom 12. Juni 1776, die in Artikel 1 die Grundrechte als angeboren definiert und dabei die Freiheit, das Recht auf Leben, die Mittel zum Erwerb und Besitz von Eigentum sowie das Streben nach Glück postuliert, hatte z. B. großen Einfluss auf die Ausformulierung der amerikanischen Unabhängigkeitserklärung vom 4. Juli 1776 und die amerikanische Bill of Rights vom 25. September 1789. Den endgültigen Durchbruch erlebten die Locke'schen Ideen von der Volkssouveränität, den Menschen- und Bürgerrechten, der Gewaltenteilung und der parlamentarisch kontrollierten Regierung mit der Kodifizierung seines Liberalismus in der Verfassung der Vereinigten Staaten von Amerika (1787 / 88).

Französische Revolution

Inspiriert von den Umwälzungen in der „neuen Welt" legte auch die Französische Revolution mit der Erklärung der Menschen- und Bürgerrechte vom 26. August 1789 ein beeindruckendes Bekenntnis zur Demokratie ab. Auch in Frankreich standen Freiheit und Gleichheit aller Menschen in Artikel 1 an erster Stelle.

Vereinte Nationen

Selbst nach dem Ersten Weltkrieg, der Urkatastrophe des 20. Jahrhunderts, war die Staatengemeinschaft noch nicht bereit, das Thema Menschenrechte in einen internationalen Rahmen zu stellen. Erst seit 1945, als unmittelbare Folge des Zweiten Weltkrieges, hat sich ein universaler Menschenrechtsschutz herausgebildet. Eine Vielzahl von Staaten schloss sich zu den Vereinten Nationen (UN) zusammen, einer Organisation, die vor allem die Einhaltung des Weltfriedens sichern und den Krieg als Mittel der Politik ächten soll. Die UN-Generalversammlung verabschiedete am 10. Dezember 1948 die Allgemeine Erklärung der Menschenrechte, einen Meilenstein in der Geschichte der Menschenrechte. Damit fand der Menschenrechtsgedanke erstmals Eingang in die internationale Staatenwelt.

Schutz der Menschenrechte durch Pluralismus

Geschichte und Gegenwart der Menschenrechte lehren, dass nur die Demokratie in der Lage ist, Menschenrechte wirksam zu schützen. In der deutschen Verfassungstradition wurde nach dem Zweiten Weltkrieg mit dem Grundgesetz neben der Erfordernis zur Partizipation der Bürger die Unterscheidung zwischen einem unstreitigen und einem streitigen Sektor vorgenommen. Der unstreitige Sektor betrifft den Bereich der anerkannten Grund- bzw. Menschenrechte (Wertekonsens) und der fundamentalen, rechtsstaatlich gesicherten Verfahrensregeln (Verfahrenskonsens). Dieser Sektor wird durch die Freiheitliche Demokratische Grundordnung beschrieben und vom Grundgesetz geschützt (Art. 79 Abs. 3 GG). Im streitigen Sektor hingegen geht es um die Anwendung und Umsetzung der Verfassung. Hier ist der politische Konflikt zugelassen, er ist sogar erwünscht – der Pluralismus der Meinungen nämlich ist gerade durch den Werte- und Verfahrenskonsens legitimiert. Auch die aufgeklärte Gesellschaft selbst muss Toleranz zeigen, beispielsweise Minderheiten akzeptieren. Pluralismus ist dafür eine wichtige Voraussetzung und darf erst dann staatliche Einschränkung erfahren, wenn der demokratische Grundkonsens verlassen wird. Wie das Ende der Weimarer Republik zeigt, muss der demokratische Staat als „wehrhafte Demokratie" stets wachsam gegenüber seinen Feinden sein, die heute Extremisten und Terroristen heißen.

Sicherheit vs. Freiheit

Welche Schwierigkeiten es den westlichen Demokratien seit dem 11. September 2001 bereitet, die Balance zwischen staatlich garantierter Sicherheit und bürgerlichen Freiheiten zu halten, zeigt die Diskussion um die Online-Durchsuchung privater Computer zum Zwecke der Terrorabwehr.

1.3 Gewaltenverschränkung in parlamentarischen Regierungssystemen: Großbritannien und Deutschland

Bill of Rights 1689

Menschen- und Bürgerrechte bleiben eine wertlose Hülle, wenn die Regierung nicht gezwungen werden kann, die Freiheitsrechte des Bürgers zu achten. Großbritannien wurde durch die *Glorious Revolution* von 1688 und die 1689 formulierte *Bill of Rights* zur „Wiege des Parlamentarismus", nicht jedoch zur „Wiege der Demokratie", denn eine Revolution, die Verfassungsrang für die Volkssouveränität erkämpft hätte, hat es nie gegeben. Überhaupt besitzt das Vereinigte Königreich kein kodifiziertes Verfassungsdokument vergleichbar dem deutschen Grundgesetz. Es existieren lediglich verfassungsrechtlich bedeutsame, teils jahrhundertealte Dokumente wie die Magna Charta Libertatum von 1215 sowie Parlamentsakte *(statute law)*, gewohnheitsrechtliche Regelungen *(common law)* und Konventionen *(conventions)*.

Gewaltenverschränkung im Westminster-Modell

In der parlamentarischen Demokratie wird die Regierung vom Parlament gewählt und ist in Amtsführung und Amtsdauer vom Vertrauen des Parlaments bzw. seiner Mehrheit abhängig. Das führt in der Regel zu einer engen Verbindung zwischen Regierung und Parlamentsmehrheit und damit zu einer Verschränkung zwischen exekutiver und legislativer Gewalt. Somit steht auf der einen Seite die Regierung mit der Parlamentsmehrheit, auf der anderen die parlamentarische Opposition bzw. Parlamentsminderheit, welche die eigentliche Kontrollfunktion ausübt. Im Westminster-Modell sind die Gewalten also weniger „geteilt" als vielmehr „verschränkt". Dies zeigt sich auch darin, dass sämtliche Regierungsmitglieder – anders als in Deutschland – dem Parlament zwingend angehören müssen.

konstitutionelle Monarchie

Deutschland ist im Gegensatz zu Großbritannien keine konstitutionelle Monarchie, sondern seit 1949 eine Republik. Die Exekutivmacht ist in beiden Systemen zweigeteilt: in einen „wirkungsmächtigen" Teil, den Premierminister bzw. den Bundeskanzler, und in einen „würdevollen" Teil, den Monarchen bzw. den Bundespräsidenten, die beide vornehmlich repräsentative und integrative Aufgaben wahrnehmen.

Macht des Premierministers

Die Machtbefugnis des Premierministers ist wesentlich größer als die des Bundeskanzlers: So ist der Premier nicht in Koalitionsverträge eingebunden; er bestimmt die Richtlinien der Politik und ernennt und entlässt die Kabinettsmitglieder; sein Patronagepotential zeigt sich zudem darin, dass er der Krone Personalvorschläge für die Besetzung von Richterämtern, Oberhaussitzen *(peers)* oder Ämtern in der zentralen Staatsverwaltung *(Civil Service)* vorschlagen kann; er besitzt die Möglichkeit, durch die Krone eine Parlamentsauflösung zu erwirken – etwa wenn seine Regierung einem Misstrauensvotum oder einer verlorenen Vertrauensfrage unterliegt. Vor allem die Fähigkeit zur exekutiven Parlamentsauflösung und der starke Fraktionszwang gegenüber der ihn tragenden Regierungsfraktion haben den Begriff des *„elective dictatorship"* geprägt.

Ober- und Unterhaus

Auch die Repräsentationskörperschaften haben sich verschieden ausgeprägt. In England hat in der legislativen Gewalt ein Zweikammersystem aus ständestaatlichen Zeiten überlebt: das Oberhaus (*House of Lords*) und das Unterhaus (*House of Commons*). Dem Unterhaus gehört heute je ein Abgeordneter aus den 659 britischen Einerwahlkreisen an, in denen das Mandat nach der relativen Mehrheitswahl vergeben wird. Die Mitglieder des Oberhauses werden hingegen nicht gewählt, verfügen daher aber auch nur über ein suspensives Vetorecht.

vertikale Gewaltenteilung?

In Deutschland gibt es keine „klassische" zweite Kammer. Der Bundesrat als zweite Repräsentationskörperschaft setzt sich aus Beauftragten der Landesregierungen zusammen. Seine ausdrückliche Aufgabe ist es, Länderinteressen im Bund zu vertreten. Die Parlamentssouveränität in England hingegen begründet gerade den Einheitsstaat – eine vertikale Gewaltenteilung, wie sie im deutschen Föderalismus im Sinne des Subsidiaritätsprinzips umgesetzt ist, ist in Großbritannien undenkbar.

Oberster Gerichtshof

Während in Deutschland das Bundesverfassungsgericht als „Hüter der Verfassung" in letzter Konsequenz über die Einhaltung des Grundgesetzes wacht, existiert in Großbritannien erst seit 2009 die Institution eines Obersten Gerichtshofs *(Supreme Court of the United Kingdom)*, der jedoch nur als letzte Instanz in Zivil- und Strafsachen urteilt, da es in Großbritannien keine geschriebene Verfassung gibt.

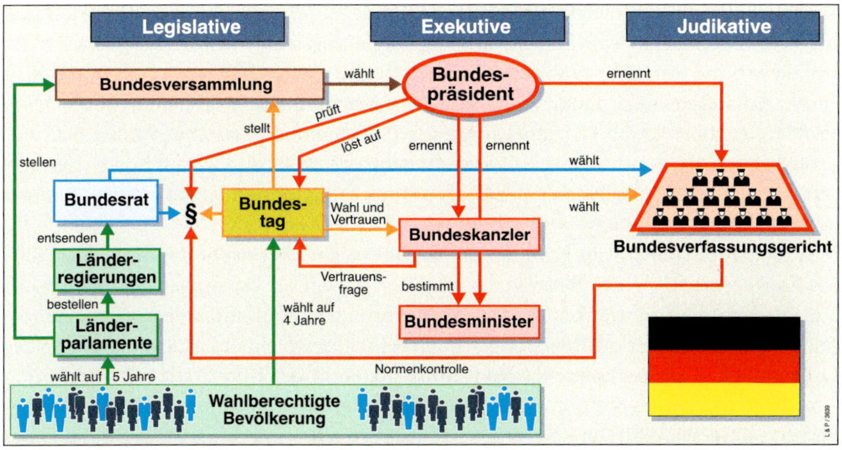

Die Verfassung der Bundesrepublik Deutschland

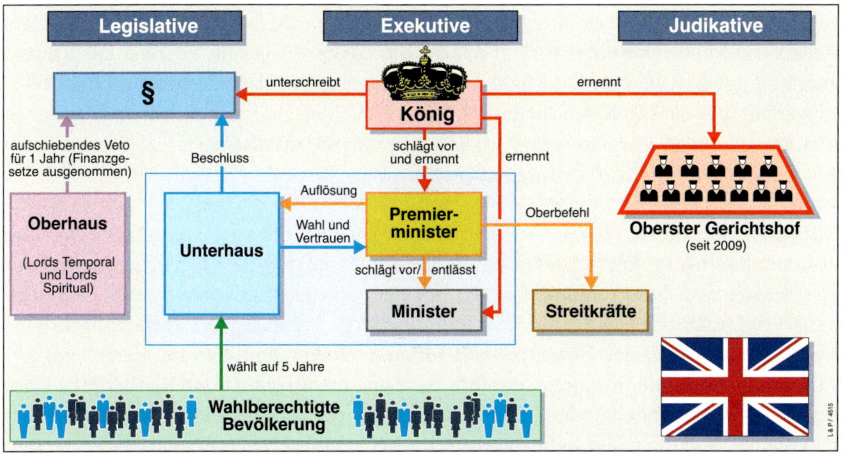

Die Verfassung des Vereinigten Königreichs von Großbritannien und Nordirland

1.4 Gewaltenverschränkung im präsidentiellen Regierungssystem: Die Vereinigten Staaten von Amerika

Grundlagen der US-Verfassung Als die Abgesandten der 13 unabhängigen amerikanischen Staaten 1787 im Verfassungskonvent von Philadelphia eine Verfassung verabschiedeten, war eine bundesstaatliche und präsidentielle, mit einer horizontalen und vertikalen Gewaltenteilung versehene, republikanische Ordnung entstanden. Auf die Frage, wie der Missbrauch von Macht verhindert und zugleich die bürgerlichen Freiheitsrechte wirkungsvoll gesichert werden können, wurde im folgenden Jahr in den sogenannten Federalist Papers eine dreifache Antwort gegeben:

- durch Beschränkung der Macht – auch der Macht des Volkes –,
- durch ein Gleichgewicht der Kräfte und
- durch die Bindung gegenstrebiger Kräfte aneinander.

Präsident Im präsidentiellen System der USA verfügt der Präsident (*President*) über eine Fülle persönlicher Macht. Er ist zugleich Staatsoberhaupt, Regierungschef und Oberbefehlshaber der Streitkräfte und wird über Wahlmänner, d. h. indirekt, für vier Jahre vom Volk gewählt. In Phasen der äußeren Bedrohung verstärkt sich die Machtfülle des Präsidenten noch: Der in direkter Reaktion auf die Terroranschläge des 11. September erlassene „Patriot Act" z. B. ermöglichte es dem damaligen US-Präsidenten George W. Bush, auch auf Kosten der bürgerlichen Freiheitsrechte einen Kampf gegen den internationalen Terrorismus zu führen.

Senat und Repräsentantenhaus Die dominante Stellung des Präsidenten darf aber nicht über die beständige Machtfülle des Kongresses (*Congress*) hinwegtäuschen. Ihm obliegt als klassischem Parlament das Budgetrecht, die Freiheit über die Haushaltsführung. In Großbritannien oder Deutschland hingegen hat hier die Regierung großen Handlungsspielraum. Auch im Bereich der Außenpolitik – aus europäischer Sicht unbestritten in der Kompetenz der Regierung – soll der Kongress teils entscheiden, teils kontrollieren, etwa wenn er völkerrechtliche Verträge unterschreibt. Der Kongress besteht aus zwei Kammern, Senat (*Senate*) und Repräsentantenhaus (*House of Representatives*). Im Senat sollen die Interessen der 50 Einzelstaaten berücksichtigt werden, die ungeachtet der Einwohnerzahl jeweils zwei Vertreter entsenden. Alle zwei Jahre müssen sich ein Drittel der 100 Senatoren zur Wiederwahl stellen. Das Repräsentantenhaus hat 435 Abgeordnete, die jeweils für zwei Jahre direkt vom Volk gewählt werden. Die Kürze der Amtsdauer soll im Sinne demokratischer Volkssouveränität einen ständigen Austausch mit der Wählerschaft ermöglichen. Die Einzelstaaten entsenden etwa so viele Mitglieder in das Repräsentantenhaus, wie es ihrem Anteil an der Gesamtbevölkerung entspricht.

checks and balances Das von Montesquieu (1689–1755) entwickelte Modell der strikten, funktionalen Gewaltenteilung in Legislative, Exekutive und Judikative wurde in der US-Verfassung auf den ersten Blick zwar besser verwirklicht als in einem parlamentarischen System. Dennoch basiert das politische System der USA mehr auf einer Trennung der Verfassungsorgane als auf einer Teilung der Gewalten. Mit anderen Worten amtieren die Verfassungsorgane des Bundes – der Kongress, der Präsident und das Oberste Bundesgericht (*Supreme Court*) – getrennt voneinander, haben jedoch an den Grundfunktionen der Staatsgewalt (Legislative, Exekutive und Judikative) wechselseitig und gemeinsam teil. Gemäß diesem

Mechanismus der *checks and balances* treten gegenseitige Hemmnisse bei gleichzeitigen Kooperationszwängen immer dort auf, wo Entscheidungen zu treffen sind. Zu echten Reibungsverlusten oder Blockaden führt dieser Mechanismus maximal dann, wenn Präsident und Kongressmehrheit nicht derselben Partei angehören (*divided government*).

geteilte politische Macht

Anhand der Gesetzgebung lässt sich das System der *checks and balances* veranschaulichen: Dem Kongress obliegt gemeinhin die Gesetzgebung. Der Präsident wirkt jedoch an der Gesetzgebung mit, indem er Gesetze unterzeichnet oder gegen sie ein suspensives Veto einlegt. Dieses wiederum kann aber mit einer Zwei-Drittel-Mehrheit in beiden Kongresskammern überwunden werden. Andererseits hat der Senat gewisse Befugnisse bei der Anwendung der Gesetze, die eigentlich im präsidentiellen Kompetenzbereich liegen, z. B. wenn er präsidentielle Personalentscheidungen bei der Bestellung der Obersten Bundesrichter bestätigt oder nicht. Die Gesetzgebung des Kongresses wiederum unterliegt der Normenkontrolle des *Supreme Court*, der Gesetzgebungsakte für nichtig erklären kann.

kontrollierte politische Macht

Kontrollierte politische Macht bedeutet auch, dass jedes Verfassungsorgan durch andere Organe zur Rechenschaft gezogen werden kann. Zwar ist im US-System ein parlamentarischer Regierungssturz nicht erlaubt; der Kongress kann den Präsidenten aber sehr wohl durch ein besonderes Disziplinarverfahren (*impeachment*) seines Amtes entheben, jedoch wiederum nur dann, wenn rechtliche – nicht politische – Gründe vorliegen. Einem solchen Amtsenthebungsverfahren sitzt der oberste Bundesrichter (*Chief Justice*) vor. Ebenfalls nicht vorgesehen ist eine Auflösung des Zweikammerparlaments durch den Präsidenten, denn beide Verfassungsorgane werden durch separate Wahlen bestellt. Das Regierungsamt ist anders als im parlamentarischen System also unvereinbar mit dem Parlamentsmandat.

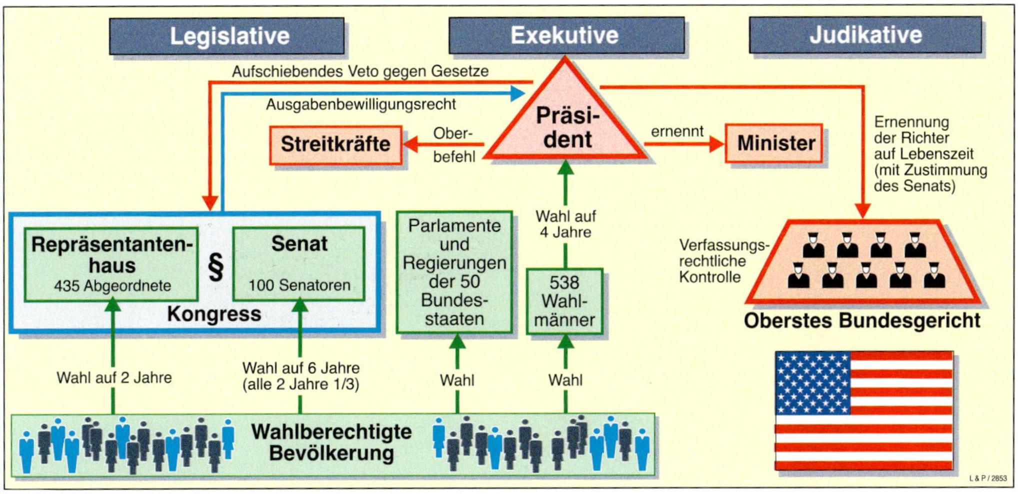

Die Verfassung der Vereinigten Staaten von Amerika

Merkmal	parlamentarisches Regierungssystem	präsidentielles Regierungssystem
Legitimationskette	Wahlvolk → Parlament → Regierung	Wahlvolk → Präsident Wahlvolk → Parlament
Exekutive	faktisch geteilt (in Deutschland: zentraler Bundeskanzler und Bundespräsident; in Großbritannien: zentraler Premierminister und Monarch)	zentriert (Präsident als Regierungschef und Staatsoberhaupt)
Kabinett	Kollegialorgan (Minister)	in erster Linie Beratungsgremium des Präsidenten (*Secretaries*)
Gegenseitige Abhängigkeit zwischen Parlament und Regierung **zeigt sich in . . .**	stark	schwach (aber: Zwang zur Kooperation)
. . . Bildung und Bestellung der Regierung durch das Parlament	gegeben	nicht gegeben
. . . Abberufbarkeit der Regierung aus politischen Gründen	gegeben (konstruktives Misstrauensvotum)	nicht gegeben (aber: *impeachment* aus rechtlichen Gründen)
. . . Parlamentsauflösung durch die Regierung	möglich (Vertrauensfrage)	untersagt
Vereinbarkeit von Regierungsamt und Parlamentsmandat	unterschiedlich geregelt (in Großbritannien zwingend, in Deutschland nicht)	untersagt
Gesetzesinitiativrecht der Regierung	gegeben	nicht gegeben
Vetorecht der Regierung	nur bei Ausgabengesetzen (in Deutschland und in Großbritannien)	gegeben
Fraktionsdisziplin	ausgeprägt	gering
Rolle der Parteien in der Verfassungswirklichkeit	ganz zentral; „Parteienstaat“	gering

L&P/ 4523

Nach: Bernhard Schreyer/ Manfred Schwarzmeier: Grundkurs Politikwissenschaft: Studium der politischen Systeme, 2. Auflage, Wiesbaden 2005, Seite 161; eigene Ergänzungen

Parlamentarisches und präsidentielles Regierungssystem im Vergleich

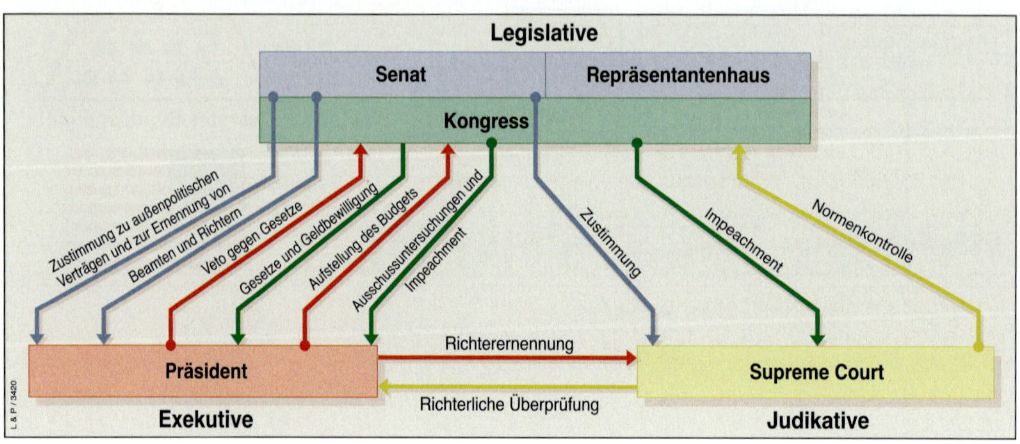

USA: *checks and balances*

1.5 Die Prinzipien des demokratischen Verfassungsstaats

Verfassung

Verfassungen sind rechtliche Grundordnungen eines Gemeinwesens, mit denen staatliche Gewalt konstituiert und zugleich begrenzt wird. Durch Verfassungen schaffen sich Menschen auf einem bestimmten Territorium staatliche Institutionen zur Erfüllung bestimmter gemeinsamer Zwecke. Damit konstituiert sich ein Gemeinwesen politisch und institutionell als Volk, wobei aus Untertanen Bürger werden. Die Legitimation der politischen Herrschaft speziell in den westlichen Staaten gründet gemäß ihren Verfassungen auf Demokratie und Volkssouveränität.

Nationalstaat

Gehören die Bürger eines Staates zum allergrößten Teil ein und derselben Nation an, stimmt also die ethnische Gemeinschaft – das Volk – mit der territorial-rechtlichen Herrschaft – dem Staat – weitestgehend überein, so spricht man von einem Nationalstaat. Diese idealistische Vorstellung existiert in etwa seit der Französischen Revolution und beschreibt, dass ein Staat von einer Nation getragen und durch ein Nationalgefühl (Patriotismus) zusammengehalten wird. Staat und Nation sind also getrennt voneinander zu betrachten. Es gibt Staaten, die keine Nation in sich tragen, z. B. Afghanistan. Und es gibt Nationen, die keine Staatlichkeit ausprägen (können), z. B. Schottland.

Verfassungsstaat

Die Qualität eines demokratischen Staates muss sich dabei unmittelbar an der Erfüllung der Bedürfnisse seiner Bürger messen lassen. Staatliche Grundaufgabe ist es zunächst, dem Staatsbürger das Überleben zu sichern und seine Sicherheit zu gewährleisten. Im Zuge der modernen Menschenrechtsentwicklung hat sich der Begriff der staatsfreien, unveräußerlichen Menschenrechte fest etabliert. Diese muss der demokratische Staat respektieren und garantieren. Der Staat wird mit der Garantie von grundlegenden Menschen- und Bürgerrechten, wie er sich im 18. und 19. Jahrhundert als Gegenbewegung zum monarchischen Absolutismus allmählich entwickelt hat, erst zum Verfassungsstaat. Zudem gewährleistet er eine pluralistische, freiheitliche Gesellschaft mit dem Prinzip der Gewaltenteilung und -kontrolle. In der Konsequenz entsteht anstelle von unbegrenzter Herrschaft eine Machtbalance. Der Staat muss sich aber auch selbst schützen, indem er Vorkehrungen gegen Extremisten und Terroristen trifft.

Partizipationsstaat

In der nächsten Stufe soll der Staatsbürger Souverän im Staat sein. Das Prinzip der Volkssouveränität lautet: „Alle Macht geht vom Volke aus!". Zum Erhalt der Demokratie wird die Partizipation also zum unabdingbaren Erfordernis. Um die Demokratie gestalten und erhalten zu können, benötigt der Staatsbürger aktive Teilhabe- und Mitwirkungsrechte. Allgemeines und gleiches Wahlrecht sollen jedem Bürger die Partizipation ermöglichen. In modernen Massendemokratien ist die völlige, unmittelbare Demokratie schon allein aus organisatorischen Gründen nicht umsetzbar. Vielmehr ist das Repräsentationsprinzip ausgeprägt. Repräsentationsorgane, insbesondere Parlamente, sorgen für die Umsetzung des Volkswillens; sie können durch direktdemokratische Elemente (Plebiszite) ergänzt werden. Die Parlamente selbst gehen aus der allgemeinen und gleichen Wahl hervor. Ihre Mitglieder können in der Regel frei entscheiden, sind jedoch ihrem Gewissen verantwortlich. Politische Parteien, Interessengruppen oder Medien wirken bei der Willensbildung des Volkes mit.

Wohlfahrtsstaat Da die Bürgerrechte auch eine soziale Dimension haben, hat sich die Staatstätigkeit Laufe der Zeit zunehmend ausgeweitet, aus dem „Nachtwächterstaat" ist ein moderner „Daseinsvorsorgestaat" geworden. Einen beträchtlichen Teil seiner Energie widmet der Staat daher der Erfüllung sozialpolitischer Ziele, um materielles Elend und soziale Benachteiligung abzumildern, um den sozialen Frieden im Lande zu wahren und um seine Gesellschaft für die Zukunft überlebensfähig zu machen. Der moderne „Wohlfahrtsstaat" schützt seine Bürger vor den Unbilden des Lebens, strebt soziale Gerechtigkeit an, will allgemeine Chancengleichheit garantieren. So setzt er sich aktiv für Beschäftigung und Wirtschaftswachstum ein und versucht, in Kooperation mit anderen Staaten die wirtschaftliche Globalisierung zu gestalten.

Kulturstaat Auch Kulturstaatlichkeit kann als Staatsziel gelten. In Kulturstaaten werden Kunst und Kultur nicht als „bloßer Luxus" betrachtet, sondern unter der sinn- und identitätsstiftenden Bedeutung schöpferischer Leistungen bewertet. Kulturstaaten schützen und fördern die Kunst an sich, aber auch die kulturellen Einrichtungen, die wissenschaftliche Forschung und Lehre, die Bildung und die künstlerische Betätigung.

Umweltschutzstaat Ende des 20. Jahrhunderts kam als weitere zentrale Staatsaufgabe der Umweltschutz hinzu – als eine Reaktion auf das verstärkte Umweltbewusstsein in der Bevölkerung und den drohenden Klimawandel. Die Angst vor einer ökologischen Katastrophe nimmt seither zu. Ethikkommissionen beschäftigen sich mit den Chancen und Risiken der Gentechnologie.

Friedensstaat Die internationalen Beziehungen sind nach dem Ende des Ost-West-Konflikts charakterisiert von einer eigentümlichen Gleichzeitigkeit von Krieg und Frieden. Regionale Konflikte, der transnationale Terrorismus, die Verbreitung von Massenvernichtungswaffen (Proliferation), der Zerfall von Staaten und nicht zuletzt das organisierte Verbrechen stellen die westlichen Staaten heute vor große sicherheitspolitische Herausforderungen. Sinn und Zweck kollektiver Sicherheitssysteme wie der Vereinten Nationen (UNO) bestehen entsprechend darin, Frieden und Sicherheit staatenübergreifend anzustreben, indem potenzielle Regelverletzer in völkerrechtliche Normen und Prinzipien eingebunden werden.

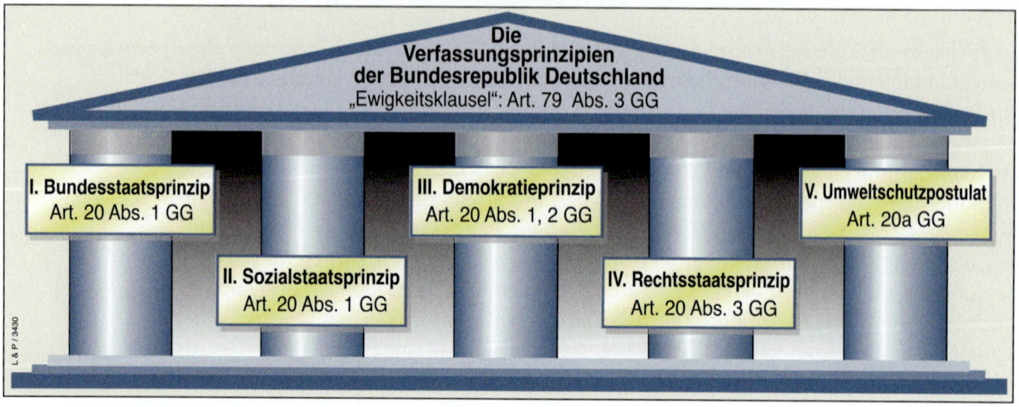

1.6 Diktaturen: Gegenpole zum demokratischen Verfassungsstaat

Gemeinwohl

Grundlegend ist die Unterscheidung von Demokratie und Diktatur. Moderne Demokratien gehen von einem gesellschaftlichen Pluralismus aus. So steht das Gemeinwohl in Demokratien nach der Lehre von Ernst Fraenkel (1898–1975) nicht von vornherein fest, sondern wird von den unterschiedlichen gesellschaftlichen Kräften immer wieder neu bestimmt. In Diktaturen maßt sich hingegen eine Person, eine Gruppe, Partei oder Regierung an, „von oben" bestimmen zu können, was dem allgemeinen Wohl der Bürgerinnen und Bürger dient.

Merkmale totalitärer Diktaturen

Im schärfsten Gegensatz zum demokratischen Verfassungsstaat stehen totalitäre Diktaturen. Ihr absoluter Herrschaftsanspruch soll den Einzelnen durchdringen. Fünf Merkmale kennzeichnen totalitäre Diktaturen:

Ideologie

Die Ideologie ist geschlossen; sie erhebt mit einem strikten Freund-Feind-Denken den Anspruch absoluter Erkenntnis.

Terror

Terror im eigenen Staat mit Geheimpolizei und rücksichtsloser Verfolgung Andersdenkender verhilft der Ideologie zur Durchsetzung.

Massenpartei

Die Macht im Staat obliegt einer einzigen, hierarchisch strukturierten Massenpartei. Sie durchdringt alle Bereiche des Staatsapparates, womit ein Gewaltmonopol entsteht.

Medienlenkung

Die Massenmedien werden zu Propagandazwecken monopolisiert und staatlich kontrolliert. Jede Kritik am System wird mit Zensurmaßnahmen im Keim erstickt.

Wirtschaftslenkung

Da es im totalitären System keine politikfreie Sphäre gibt, werden wirtschaftliches Leben und unternehmerisches Handeln von Partei und Staat zentral gesteuert.

Diese Merkmale zeigen sich sowohl in der kommunistischen Sowjetunion als auch im nationalsozialistischen Deutschland:

Element	Nationalsozialismus	Kommunismus
Herrschaftsanspruch	total	total
Ideologie	Hitlers „Mein Kampf" (1925)	Marxismus-Leninismus / Stalinismus
Terror	Staatspolizei Gestapo; KZ-System	Geheimpolizei Tscheka; Gulag-System
Massenpartei	Nationalsozialistische Deutsche Arbeiterpartei (NSDAP)	Kommunistische Partei der Sowjetunion (KPdSU)
Medienlenkung	Aufhebung der Pressefreiheit; Propagandaministerium	Aufhebung der Pressefreiheit
Wirtschaftslenkung	Kriegswirtschaft	Kollektivierung und Planwirtschaft

Elemente totalitärer Herrschaft

islamistischer Fundamentalismus

Auch der fundamentalistische Staat weist totalitäre Züge auf. Im letzten Drittel des 20. Jahrhunderts entstanden islamistisch-theokratische Systeme, bei denen die Staatsgewalt allein religiös im Sinne einer Statthalterschaft für Gott legitimiert wird. Im Iran beispielsweise entwickelte sich mit der Revolution von 1979 ein Regime, das mit einer Geheimpolizei und „Revolutionswächtern" brutal gegen Andersdenkende vorging. Der Revolutionsführer Ayatollah Khomeini (1902–1989) stand dabei unkontrolliert über der exekutiven, legislativen und judikativen Gewalt. Nach seinem Tod lockerten sich die Strukturen des de facto totalitären Regimes ein Stück weit, ohne dass der absolute Herrschaftsanspruch der Geistlichkeit jedoch aufgegeben wurde.

Diktaturen in Geschichte und Gegenwart

Die DDR, ein Kunstprodukt des Kalten Kriegs unter sowjetischem Deckmantel, wies insbesondere in der Anfangszeit totalitäre Elemente auf, wohingegen in den 1980er Jahren die autoritären Elemente überwogen. Autoritäre Regime haben sich in der zweiten Hälfte des 20. Jahrhunderts insbesondere in Lateinamerika entwickelt, konkret in Form von Militärregimen. Viele kommunistische Herrschaftsformen sind bis heute als autoritär zu bezeichnen, beispielsweise die politischen Systeme Kubas oder Chinas. Als totalitär gilt heute allein Nord-Korea.

Merkmale autoritärer Diktaturen

In autoritären Regimen sind die Intensität des Staatsterrors sowie der Gestaltungsanspruch der politischen Führung vergleichsweise schwächer ausgeprägt. Drei Merkmale sind charakteristisch:

- *Keine geschlossene Ideologie:* Die Ideologie steht nicht im Mittelpunkt des Staates; sie ist eher allgemein gehalten und hat keinen (über-)weltlichen Erkenntnisanspruch.
- *Eingeschränkter Pluralismus:* Anders als bei der Gleichschaltung in totalitären Regimen wird eine öffentliche Meinung und Meinungsbildung begrenzt gestattet.
- *Keine ständige Mobilisierung der Massen:* Zur Absicherung der Diktatur genügt eine passive oder duldende Einstellung der Bevölkerung.

	Totalitäres System	Autoritäres System	Demokratisches System
Herrschaftslegitimation	geschlossene Ideologie	keine geschlossene Ideologie, herrschaftspraktische Orientierung („Notstand")	Volkssouveränität („alle Gewalt geht vom Volke aus")
Herrschaftszugang	geschlossen (kein Wahlrecht)	limitiert (eingeschränktes Wahlrecht)	offen (unabhängig von Geschlecht oder Status)
Herrschaftsmonopol	beim Führer	bei Führern oder eingegrenztem Herrschaftskreis (z. B. Militär)	bei demokratisch legitimierten Institutionen
Herrschaftsstruktur	monistisch, ohne Gewaltenteilung und -kontrolle	eingeschränkte Gewaltenteilung und -kontrolle	Prinzip der Machtbalance mit gegenseitiger Kontrolle der Gewalten
Herrschaftsanspruch	unbegrenzt	umfangreich (Freiheitsräume im Bereich der Wirtschaft)	begrenzt (Freiheitsräume beim Individuum, aber auch bei Wirtschaft und Verbänden)
Herrschaftsweise	nicht rechtsstaatlich, terroristisch, repressiv	repressiv, nur teilweise rechtsstaatlich	rechtsstaatlich

Totalitäre, autoritäre und demokratische Systeme

1.7 Die Russische Föderation: Mischform zwischen Demokratie und Diktatur

Transformation und Privatisierung

Nach dem Untergang der Sowjetunion 1991 konnte in Russland, dem größten Staat des einstigen Sowjet-Imperiums, die Transformation hin zur Demokratie beginnen. Gerade die Privatisierung und die Schaffung eines liberalen Marktes taten nun ihre Wirkung. Unter dem neuen Präsidenten Boris Jelzin (1931 – 2007) wurde 1993 eine formal-demokratische Verfassung, ein semi-präsidentielles System installiert. Diese Verfassung garantiert beispielsweise ausdrücklich die Menschenrechte.

Präsident, Duma und Föderationsrat

Der russische Staatspräsident hat im politischen System der neuen Russischen Föderation die zentrale Machtposition inne: Er vertritt Russland nach innen und außen und ist Oberbefehlshaber der Streitkräfte. Das Parlament, die Duma, und der Föderationsrat haben hingegen nur beschränkte Möglichkeiten zur politischen Machtausübung und keine direkten Einflussmöglichkeiten auf die Exekutive.

Jelzin und Putin

Boris Jelzin baute das präsidiale Machtzentrum, den Kreml, schrittweise aus. Für die Bevölkerungsmehrheit war der Übergang zur Marktwirtschaft eine rein passive Erfahrung. Eine Zivilgesellschaft bildete sich kaum heraus. Hingegen gelangten unter Jelzin oftmals korrupte „Nutznießer" der Privatisierung, sogenannte Oligarchen, zu immensem Reichtum und damit zu Macht und Einfluss. Jelzin erklärte am 31. Dezember 1999 seinen Rücktritt. Die lange geplante Nachfolge fiel auf den bis dato unbekannten ehemaligen KGB-Offizier Wladimir Putin (*1952), der seinem Mentor Jelzin als eine der ersten Maßnahmen Freiheit vor Strafverfolgung zusicherte. Unter der Präsidentschaft Putins stützte sich das Regime auf feste Machtstrukturen, einen loyalen Beamtenapparat und immer stärker auch auf das Militär.

Putin und Medwedew

Nach der russischen Verfassung darf der Präsident nur zwei Amtszeiten von jeweils vier Jahren bekleiden. Putin löste diese Problematik, indem er kraft seiner eigenen Machtfülle mit Dimitri Medwedew (*1965) bei den Präsidentschaftswahlen 2008 einen Mann seines Vertrauens zu seinem Nachfolger wählen ließ. Putin selbst übernahm kurz danach den Vorsitz der Kremlpartei „Einiges Russland", ohne selbst Mitglied dieser Partei zu sein. Auf Vorschlag von Medwedew wurde Putin umgehend zum neuen Regierungschef gewählt. Zuvor hatte der neue Präsident die Kompetenzen des Regierungschefs aufwerten lassen, der fortan beispielsweise die Gouverneure des Landes kontrolliert. Die mediale Freiheit wird in Russland bis heute gerade in Wahlkampfzeiten eingeschränkt. Deutlich wurde dies bei der Parlamentswahl 2007 und der Präsidentschaftswahl 2008.

Demokratie und Diktatur

Russland ist eine Mischform aus Demokratie und Diktatur, angesiedelt im Graubereich. Die Verfassung trägt zwar demokratische Züge, in der Wirklichkeit aber gibt es zahlreiche Belege für demokratische Defekte bzw. für autoritäre Herrschaftsmechanismen. Viele Probleme werden auf die starke Stellung des Präsidenten zurückgeführt, der wie eine eigene, „vierte Gewalt", die den klassischen drei Gewalten übergeordnet ist, „herrscht". Seine Kompetenzen reichen in die Exekutive, Legislative und Judikative hinein und sind dabei verfassungsmäßig verankert. Der russische Präsident ist nicht nur Staatsoberhaupt und Garant der Verfassung sowie der „Rechte und Freiheiten des Menschen" – er gewährleistet auch „das koordinierte Funktionieren und Zusammenwirken der Organe der Staatsgewalt" und legt die „Hauptrichtung" der Außen- und Innenpolitik fest. Hinzu kommen Passivität und Entpolitisierung der Bevölkerung, wenig Partizipation am politischen Prozess, eine schwache Stellung des Parlaments sowie die Beschränkung der Medien- und Wahlfreiheit, die Verflechtung zwischen Staat und Wirtschaft und eine Politik „der starken Hand" nach innen und nach außen. So leitete Dimitri Medwedew als Reaktion auf einen Angriff Georgiens auf die autonome georgische Teilrepublik Südossetien Anfang August 2008 eine fünftägige Militäroperation im Kaukasus ein.

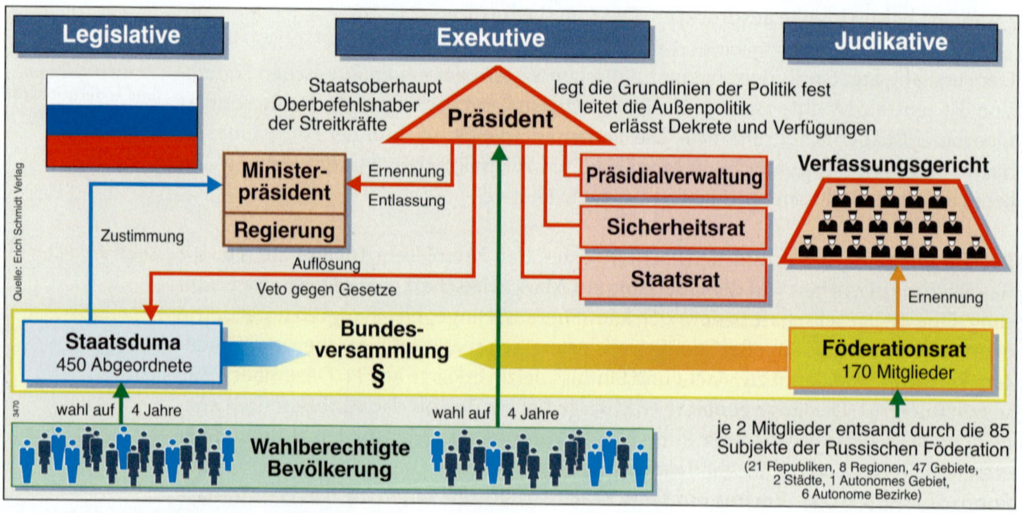

Die Verfassung der Russischen Föderation

Wahlen und Parteien

Die gesellschaftlich kaum verankerten Parteien werden von einer Partei des Kreml dominiert. Die Wahlen zur Duma unterliegen von der Parteienregistrierung bis zum Wahlgang selbst einer zentralen Steuerung. Hinzu kommt, dass das russische Wahlrecht keine verfassungsrechtliche Basis hat. Zwar gelten russische Wahlen als durchaus kompetitiv, doch müssen sie als defekt eingestuft werden, da die Kriterien einer demokratischen Wahl vor allem in punkto Fairness nicht erfüllt sind. Die öffentlichen Wahlkämpfe leisten insofern keinen Beitrag zur Wahlfairness, als über die Lenkung der Medien die Manipulation der öffentlichen Meinung oder die Verleumdung missliebiger Kandidaten möglich sind.

Weiterentwicklung des Systems?

Für die Zukunft bleibt mit der Doppelspitze Dimitri Medwedew und Wladimir Putin die Weiterentwicklung des Systems eine offene Frage. Inwieweit die Duma aus einer neuartigen Konkurrenz der Exekutivorgane – dem Präsidenten und dem Regierungschef – an Format gewinnen kann, bleibt abzuwarten.

2. Die Sicherung der Zukunftsfähigkeit der Demokratie

2.1 Herausforderungen und Problemlösungen im Politikfeld „Familie"

Schutz von Ehe und Familie

Familie ist allgegenwärtig in jeglicher Kultur. Dennoch existieren unterschiedliche Leitbilder und Ausprägungen. Lange galt eine geschlechtsspezifische Arbeitsteilung, d. h., die männliche Erwerbstätigkeit und die weibliche Haus- und Familienarbeit. Erst 1977 wurde in der Bundesrepublik das familienpolitische Leitbild der „Hausfrauenehe" aus dem Bürgerlichen Gesetzbuch (BGB) getilgt. Seither gilt das Gleichberechtigungsprinzip auch innerhalb der Familie. Der Schutz von Ehe und Familie ist durch das Grundgesetz verfassungsrechtlich sichergestellt. Aus Artikel 6 GG haben Familien Hilfs-, aber auch Abwehransprüche gegenüber dem Staat.

Familienpolitik als Querschnittsaufgabe

Die Familie, in welcher Definition auch immer, ist die Einrichtung, in der Kinder geboren und aufgezogen werden. Der Feststellung, die Bundesrepublik brauche mehr Kinder, wird kaum noch widersprochen. Tatsache ist, dass trotz aller Bekundungen zugunsten der Familie die Zahl der Singlehaushalte und Paarbeziehungen ohne Kinder zunimmt und die Geburtenrate bei 1,37 % liegt – deutlich unter der Rate, die für die Stabilisierung der Bevölkerungszahl erforderlich wäre. Familienpolitik muss daher als eine der wichtigsten Querschnittsaufgaben verstanden werden, die jedes Ressort und jedes Politikfeld angeht. Gezielte familienpolitische Maßnahmen müssen daher Eltern, die sich für ein Kind oder mehrere Kinder entschieden haben, unterstützen. Dabei dürfen freilich Kinderlose nicht benachteiligt werden. Zugleich hat der Staat die Aufgabe, die Vereinbarkeit von Beruf und Familie sicherzustellen.

Bund, Länder, Gemeinden

In der Tat wird auf unterschiedlichen Ebenen und von unterschiedlichen Akteuren Familienpolitik betrieben. Bund, Länder und Gemeinden fördern Familien mit Transferleistungen und Vergünstigungen. In lokalen Bündnissen für Familien arbeiten Kirchen, Gewerkschaften, Wohlfahrtsverbände und Partner aus der Wirtschaft zusammen. Es gibt einen Unternehmenswettbewerb „Erfolgsfaktor Familie" und die „Allianz für die Familie", eine breit angelegte Initiative von Entscheidungsträgern aus Politik, Wirtschaft und Kultur. Nach Berechnungen des Kieler Instituts für Weltwirtschaft (IfW) gaben Bund, Länder, Gemeinden und Sozialversicherungen im Jahr 2005 rund 240 Mrd. Euro zugunsten von Familien aus.

finanzielle und ideelle Anreize

Der Bund sorgt vor allem für finanzielle Anreize, damit aus dem elterlichen „Kinderwunsch" Wirklichkeit werden kann. Dazu zählen Kindergeld und Kinderfreibetrag, Erziehungs- und Elterngeld, steuerliche Hilfen für Ehegatten und Familien („Splitting"), BAföG als staatliche Ausbildungsförderung, Kündigungsschutz für werdende Mütter sowie Elternzeit oder Vätermonate. Verschiedene Angebote gibt es auch auf Länder-, Kreis- und Gemeindeebene. Vor allem die Möglichkeit zur Ganztagesbetreuung ist in den letzten Jahren ausgebaut worden. Daneben existieren „Begrüßungsgelder" für Neugeborene, Kindergärten, Kinderkrippen und anderweitige Betreuungsmöglichkeiten, Schulen und Ganztagesbetreuungsangebote, Öffentliche Spielplätze, Sportanlagen, Kinderferienaktionen und allgemein die Förderung des Breitensports.

Entwicklungen in der Familienpolitik

Familienpolitik steht immer wieder vor der Aufgabe, sich neuen gesellschaftlichen Entwicklungen anpassen zu müssen. So reagierte der Staat auf die Emanzipation und – damit einhergehend – auf die zunehmende Berufstätigkeit der Frau. Auch der in der Pluralisierung der Lebensformen wirksam werdende gesellschaftliche Wandel ist keineswegs nur eine Angelegenheit der privaten Lebensgestaltung. Ungewöhnlich oft griff das Bundesverfassungsgericht regelnd, sogar als „Ersatzgesetzgeber" in die Familienpolitik ein. Der Geburtenrückgang in Deutschland, wachsende Scheidungsraten sowie die Vielzahl nichtehelicher Lebensgemeinschaften zeigen, dass die gesellschaftliche Realität zunehmend in Spannung zu den Normen des Grundgesetzes geraten kann. Daraus können sich politische Konsequenzen ergeben, da der Staat nach Art. 6 GG zu Familienpolitik verpflichtet ist. Ein Beispiel liefert die konkrete politische Forderung nach der rechtlichen Aufwertung gleichgeschlechtlicher Lebensgemeinschaften bis hin zur vollen Gleichstellung mit der Familie im Sinne des Grundgesetzes: Nach dem traditionellen Verständnis zielen Ehe und Familie auf die Verwirklichung des „Kinderwunsches". Der Familienbegriff wurde hier aber geöffnet, beispielsweise durch Regelungen für die Gleichstellung nicht-ehelicher Kinder sowie das Gesetz zur Anerkennung gleichgeschlechtlicher Lebenspartnerschaften von 2001.

Herausforderungen im 21. Jahrhundert

Für die Familienpolitik im 21. Jahrhundert kristallisieren sich vier zentrale Aufgabenbereiche heraus:

- Die finanzielle Anerkennung von Familienleistungen: Die sogenannten „Verzichtskosten", die Eltern leisten, um Kinder zu betreuen, müssen kompensiert werden.
- Die Gewährleistung der Vereinbarkeit von Erwerbsleben und Elternschaft unter dem Primat der Wahlfreiheit ist ein zweiter zentraler Handlungsbereich.
- Vor dem Hintergrund der Tatsache, dass zunehmend Defizite in der Erziehung von Kindern beobachtet werden können, muss eine weitere Zielsetzung aktueller und zukünftiger Familienpolitik die breite Unterstützung und Entwicklung von Elternkompetenz betreffen.
- Zusammenhängend mit den beiden letzten Handlungsfeldern und darüber hinaus veranlasst durch die bildungspolitische Diskussion nach „PISA" besteht die Notwendigkeit, Betreuung, Erziehung und Bildung in einer Gesamtkonzeption aufeinander abzustimmen.

Text im letzten Absatz nach Irene Gerlach: Familienpolitik in Deutschland. Bilanz eines schwierigen Politikfeldes, in: Günther Heydemann/ Eckhard Jesse (Hrsg.): 15 Jahre Deutsche Einheit. Deutsch-deutsche Begegnungen, Berlin 2006, S. 201 f.

2.2 Herausforderungen und Problemlösungen im Politikfeld „Umwelt"

Umweltpolitik im 20. Jahrhundert

Die Umweltpolitik wurde erst in den 1960er Jahren zum Gegenstand deutscher Politik. Erst mit der Berichterstattung in den 1970er Jahren über Probleme, die infolge des Fischsterbens oder infolge von Chemieunfällen auftraten, änderte sich auch das Bewusstsein der Bevölkerung – umweltpolitische Sachverhalte erregten nun die Gemüter, wurden politisiert. Es entstanden nationale und internationale Vereinigungen wie Greenpeace oder der Bund für Umwelt und Naturschutz (BUND). Hervorgegangen aus Bürgerinitiativen und den „Neuen sozialen Bewegungen" gründete sich 1980 in Karlsruhe die Bundespartei „Die Grünen". In den 1980er Jahren waren vor allem das Waldsterben in den deutschen Mittelgebirgen oder die durch havarierte Öltanker ausgelösten Meeresverschmutzungen Spitzenthemen. Die Reaktorkatastrophe von Tschernobyl im Jahr 1986 sorgte schließlich für einen echten Wandel in der Umweltpolitik: Der von den Vereinten Nationen (UN) daraufhin geprägte Begriff der „nachhaltigen Entwicklung" steht seither für die Absicht, derartige Umweltschäden nie wieder zulassen zu wollen. In der Bundesrepublik entstand das Bundesministerium für Umwelt, Naturschutz und Reaktorsicherheit, dem im Zuge der deutschen Einheit eine besondere Rolle zukam.

Umweltschutz als Staatsziel

Die DDR hinterließ eine katastrophale Umweltverschmutzung, weshalb das westdeutsche Umweltrecht in besonderer Weise auf die „neuen" Bundesländer übertragen werden musste. Um dessen Bedeutung zu unterstreichen, wurde der Umweltschutz 1994 als Staatsziel mit dem neuen Artikel 20a in das Grundgesetz aufgenommen. Beim Weg in Richtung „Umweltstaat" hat Deutschland damit eine Vorreiterrolle in der internationalen Entwicklung eingeschlagen und setzt auch bei der Klimaschutzpolitik deutliche Akzente und immer wieder Maßstäbe.

deutscher „Atomausstieg"

Im internationalen Vergleich einzigartig war der unter der rot-grünen Bundesregierung im Dezember 2001 per Gesetz beschlossene „Ausstieg" Deutschlands aus der Kernenergiegewinnung. Auf der Basis einer Regellaufzeit von 32 Kalenderjahren wurde jedem Kernkraftwerk eine Höchstmenge an Strom zugeteilt, die es insgesamt hätte produzieren dürfen. Wäre die festgelegte Menge verbraucht gewesen, hätte automatisch die Betriebsgenehmigung geendet. Die Regierungskoalition aus CDU/ CSU und FDP steuert demgegenüber eine deutliche Verlängerung der Laufzeiten von Atomkraftwerken an. Ihr Plan, den „Ausstieg" um bis zu 15 Jahre und damit so lange zu verschieben, bis erneuerbare Energien den Bedarf befriedigend decken können, war im Jahr 2010 politisch hoch umstritten. Der ungelösten Frage nach der Endlagerung von radioaktivem Atommüll steht z. B. das Argument gegenüber, im Fall des Atomausstiegs verstärkt in energiepolitische Abhängigkeiten von den europäischen Nachbarländern zu geraten.

erneuerbare Energien

Um die Entwicklung erneuerbarer Energien voranzutreiben, wurden im Jahr 2000 die Energieversorgungsunternehmen im Erneuerbare-Energien-Gesetz (EEG) dazu verpflichtet, Strom aus erneuerbaren Energien wie Windkraft und Solarzellen von anderen Produzenten abzunehmen und mit staatlich festgesetzten Mindestpreisen zu vergüten. Deutschland hat mittlerweile einen im weltweiten Vergleich ernormen Markt für Windenergie, Solarthermie und Biodiesel sowie für Photovoltaikanlagen.

Agenda 21 Deutliche Anzeichen eines weltweiten Klimawandels machen die Umweltpolitik für Gegenwart und Zukunft zu einer globalen Herausforderung. Der Klimawandel war 1992 erstmals Gegenstand einer UNO-Konferenz. In der damals von „Weltkonferenz für Umwelt und Entwicklung" in Rio de Janeiro beschlossenen „Agenda 21" sind die Ziele einer gemeinsamen Politik formuliert, mit deren Hilfe globale umwelt- wie auch gesellschaftspolitische Probleme gelöst werden sollen. Zielsetzung der internationalen Staatengemeinschaft ist es beispielsweise, die Abholzung des Regenwaldes langfristig zu unterbinden oder durch Kontrollen beim Walfang oder bei der Jagd auf Elefanten den Verlust der Artenvielfalt deutlich zu verringern.

Umweltpolitik als globale Aufgabe Globale Umweltpolitik hängt aber maßgeblich von der Kompetenz und dem politischen Willen nationaler Regierungen und dem Problembewusstsein ihrer Staatsbürger ab. Im Jahre 1997 entstand mit dem Kyoto-Protokoll das erste völkerrechtlich verbindliche Abkommen mit konkretem Gestaltungsanspruch, das aber von wichtigen Industrienationen, z. B. von den USA, nicht unterzeichnet wurde. Auch bei der UN-Klimakonferenz in Kopenhagen 2009 blieben die Staaten aus nationalen Egoismen bei vagen Vereinbarungen statt verbindlicher Klimaschutzziele.

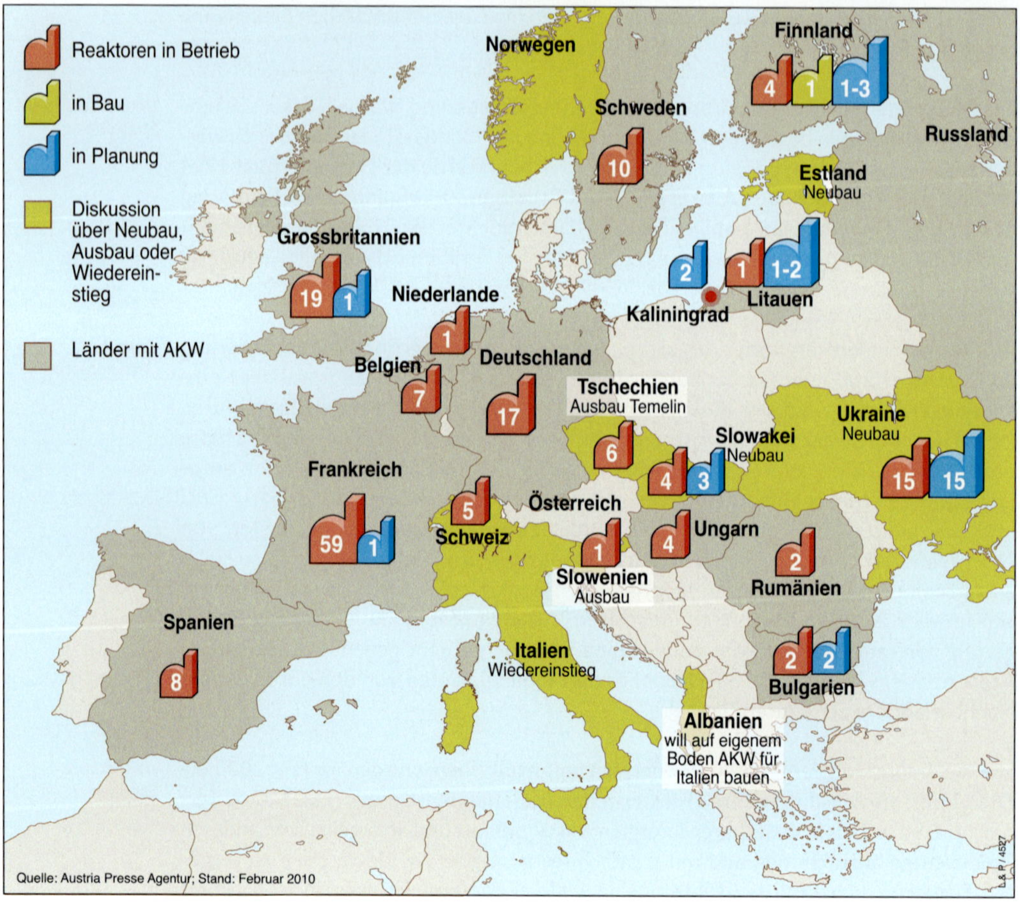

Atomkraftwerke in Europa

2.3 Herausforderungen und Problemlösungen im Politikfeld „Recht"

Strafrecht im Wandel der Zeit

Die Grundlage für die strafrechtliche Verfolgung von Verbrechen bildet auch heute noch das im Jahr 1871 veröffentlichte Reichsstrafgesetzbuch. Lange Zeit galten die Prinzipien des „alten" StGB als öffentlich anerkannt, weswegen es erst in den 1970er Jahren – also rund 100 Jahre nach der Veröffentlichung – zu tiefgreifenden Änderungen im Strafrecht und der Straftheorie kam. Nötig wurden die Veränderungen durch die gesellschaftlichen Umwälzungen in der Bundesrepublik infolge der Achtundsechziger-Bewegung und dem dadurch bedingten Wahlsieg der sozialliberalen Koalition 1969. Analog zu den Bereichen der Außen- oder Sozialpolitik sollte die Bevölkerung auch in der Rechtspolitik wieder für den Staat gewonnen werden. Der Regierungswechsel 1969 bewies so die Wandlungsfähigkeit des demokratischen Systems in Deutschland, denn der Wandel des Werte- und Normensystems wurde nun auf das kodifizierte Recht übertragen.

Straftheorien

Grundsätzlich werden zwei Formen von Straftheorien unterschieden:
- *die absolute Straftheorie:* Vergeltung und Sühne bilden die zentralen Strafzwecke. Die Strafe soll die Schuld, die ein Täter mit einer Tat auf sich geladen hat, durch ein ihm zugefügtes Übel ausgleichen. Ziel der Strafe ist es weiterhin, die durch eine Straftat verletzte Rechtsordnung wieder herzustellen. Die absolute Straftheorie bildete über Jahrhunderte hinweg die Grundlage für die Bestrafung von Missetätern. Sie wurde in den 1970er Jahren durch die Strafrechtsreform abgelöst von der
- *relativen Straftheorie:* Der zentrale Strafzweck ist die Vorbeugung. Dem Täter soll durch eine Strafe das von ihm begangene Unrecht bewusst gemacht werden. Dadurch soll er wieder in die Gesellschaft eingegliedert werden (Resozialisierung) und sich künftig rechtskonform verhalten können. Seit der Strafrechtsreform von 1975 bildet die relative Straftheorie die Grundlage für die Bestrafung von Kriminellen in der Bundesrepublik.

Reformen im Strafrecht

Das Strafrecht sollte ab den 1970er Jahren weniger dazu dienen, moralisch „richtiges" Verhalten durchzusetzen, sondern vielmehr sozialschädliches Verhalten zu ahnden bzw. diesem vorzubeugen. Deswegen wurde von 1969 an eine Reihe von Reformen auf den Weg gebracht:

Änderung des Sanktionssystems

Grundlegend war die Änderung des Sanktionssystems. Zugunsten einer einheitlichen „Freiheitsstrafe" wurde auf die Unterscheidung zwischen „Gefängnis", „Zuchthaus" und „Haft" verzichtet. Bei der Ahndung einer Straftat sollte die Wirkung der Strafe auf das künftige Leben des Täters berücksichtigt werden. In diesem Sinne werden kurze Haftstrafen (von unter einem halben Jahr) zugunsten von Geldstrafen nur noch in Ausnahmefällen verhängt. Die Möglichkeiten zur Aussetzung der Strafe auf Bewährung wurden ebenso erweitert wie die zu einer bedingten Entlassung. Geldstrafen wurden auf das Tagesbußensystem umgestellt, das es ermöglicht, die Strafe durch Tagessätze an die wirtschaftlichen Verhältnisse des Angeklagten anzupassen.

Familienrecht

Neben Reformen im Demonstrations- und Sexualstrafrecht wurde vor allem das Familienrecht dem Geist der Zeit angepasst. Bis 1977 war das Scheidungsrecht noch stark von der katholischen Eheethik beeinflusst. Entsprechend galt das *Schuldprinzip:* Wer für das Scheitern einer Ehe verantwortlich war und damit moralisch gefehlt hatte, wurde bestraft. Für die meist mit dem Haushalt und der Kindererziehung beschäftigte Frau konnte dies im Falle eines Nachweises ihrer schuldhaften Verfehlung in der Ehe den sozialen Absturz bedeuten, da sie dann nicht mehr unterhaltsberechtigt war. Im heutigen Scheidungsrecht gilt das *Zerrüttungsprinzip;* es wird nicht mehr nach einem „Schuldigen" gesucht. Damit wird dem Selbstbestimmungsrecht des Individuums Rechnung getragen. Der Staat hat bei einer Scheidung heute nur noch die Aufgabe, die Verantwortung des wirtschaftlich stärkeren Ehepartners für seinen geschiedenen Partner und die aus einer Ehe hervorgegangenen Kinder durch die Festsetzung der zu leistenden Unterstützung festzustellen, um so sozialschädlichem Verhalten vorzubeugen.

Sexualstrafrecht

Im Sexualstrafrecht wurde der Straftatbestand „Homosexualität" unter Erwachsenen 1969 abgeschafft. Besonders in diesem Bereich kann eine schrittweise Anpassung des Wertewandels an positives Recht nachvollzogen werden. 1973 wurde die Volljährigkeitsgrenze von 21 auf 18 Jahre herabgesetzt und damit auch die Strafbarkeit gleichgeschlechtlicher Partnerschaft. 1994 sank das so genannte Schutzalter auf 16 Jahre. 2001 schließlich wurde das „Gesetz über die eingetragene Lebenspartnerschaft" beschlossen, das homosexuellen Partnern in vielen Bereichen einen eheähnlichen Rechtsstatus garantiert, zum Beispiel die Verpflichtung zum lebenspartnerschaftlichen Unterhalt oder das Recht, einen gemeinsamen Familiennamen zu führen.

umstrittenes BKA-Gesetz 2008

Die Novelle des Scheidungsrechts oder die rechtliche Gleichstellung homosexueller Paare haben den Rechtsstatus der Bürger zweifellos verbessert. Mitunter aber muss die wehrhafte Demokratie auch Probleme lösen, die den bürgerlichen Rechtsstatus einschränken. Ein solches Beispiel liefert das BKA-Gesetz 2008. Dem Bundeskriminalamt wurden durch das Gesetz mehr Rechte und Möglichkeiten in der Terror-Abwehr eingeräumt: Bereits der Verdacht, einen terroristischen Anschlag oder Sabotageakt verüben zu wollen, genügt heute zur Überwachung durch das BKA, etwa in Form einer Online-Durchsuchung privater Computer. Dies stellt laut den Kritikern des Gesetzes einen Angriff auf etliche Grundrechte dar. Die Befürworter des Gesetzes argumentieren ebenfalls mit dem Grundgesetz, da die Wertordnung der Verfassung nach ihrer Auffassung nur durch präventive Maßnahmen wirksam geschützt werden kann.

2.4 Reformen im institutionellen Bereich

Begrifflichkeiten

Das Wort „Reform" ist seit einigen Jahren in aller Munde. Ursprünglich stand das lateinische „reformatio" („Erneuerung") für eine „Rückkehr und Rückführung zu vergangenen besseren Zeiten". Mit den Ereignissen der Französischen Revolution wurde „Reform" mehr und mehr als ein positiver Gegenbegriff zur „Revolution" gesehen. Die angestrebten Veränderungen sollten gerade nicht durch Revolution aus dem Volk heraus und damit gewaltsam, sondern durch Wandlungen im bestehenden politischen System erfolgen, herbeigeführt durch die Regierenden selbst. Bis heute meint Reform eine allmähliche Systemveränderung oder -anpassung, die Hoffnung auf Verbesserung bietet. Andererseits können Reformen auch negative Wirkungen erzielen; sie müssen daher in einer Demokratie mit Blick auf ihre Notwendigkeit, ihren Umfang und ihre reale Umsetzbarkeit regelmäßig kritisch hinterfragt, fortentwickelt und im Zweifel auch zurückgenommen werden.

Reformziele

Ziele von Reformen sind:
- Modernisierung, bedingt durch gesellschaftlichen, politischen oder wirtschaftlichen Wandel;
- Systemveränderung, notwendig durch bestehende Ungerechtigkeiten oder Defizite;
- Machtumverteilung, notwendig durch die Benachteiligung bestimmter Gruppen oder die unverhältnismäßig dominante Stellung einzelner Gruppen in Gesellschaft, Wirtschaft oder Politik.

„blockierte Demokratie"

Dem deutschen Regierungssystem wird immer wieder der Vorwurf gemacht, eine „blockierte Demokratie" zu sein. Kritiker argumentieren mit langen Entscheidungsprozessen im Gesetzgebungsbereich wie im institutionellen Gefüge. Die Bundesrepublik als parlamentarisches System legt es aber gerade auf die Beteiligung von mehreren Organen an, die eine kritische Prüfung von Gesetzesänderungen zur Aufgabe hat. Hintergrund ist: Politische Entscheidungen in der Bundesrepublik sollen auf Konsens beruhen und integrierend und stabilisierend auf Staat und Gesellschaft wirken. Nicht jeder Reformvorschlag macht daher Sinn: Grundvoraussetzung für Reformen ist nämlich ihre Systemverträglichkeit, also auch die Berücksichtigung der eigenen politischen Kultur und Tradition. So würde es keinen Sinn machen, in einer Republik die Einführung einer konstitutionellen Monarchie zu fordern, wie sie z. B. in Großbritannien existiert.

Bundesrat als Vetospieler

Insbesondere der Bundesrat kann den Gesetzgebungsprozess verzögern, mitunter auch blockieren. Seiner Aufgabe als Wahrer der Länderinteressen wird das Organ in der Tat nicht gerecht, wenn es von Oppositionsparteien destruktiv als „Vetospieler" eingesetzt wird. Zur Reformstaudiskussion trug die Blockade der Steuerreform der damaligen Regierung unter Bundeskanzler Helmut Kohl durch den SPD-dominierten Bundesrat bei. Gerade, wenn sich ein in etwa gleich starker Regierungs- und Oppositionsblock gegenüberstehen, kann es zu einer solchen Situation kommen. Wird eine Regierung unpopulär und gewinnt die Opposition dadurch zahlreiche Landtagswahlen in der Legislaturperiode, kann der Bundesrat bewusst als Vetospieler eingesetzt werden.

2.5 Weiterentwicklung des demokratischen Systems in Deutschland I: Die Föderalismusreform

„Staatsqualität" der Länder

Die Bundesrepublik hat eine feste bundesstaatliche Ordnung. Ein Zentralstaat wie im Nationalsozialismus sollte ausgeschlossen werden. Verfassungsrechtlich wird das Struktur- und Organisationsprinzip in Art. 20 Abs. 1 GG festgelegt und mit Art. 79 Abs. 3 GG für unantastbar erklärt. Die Länder besitzen „Staatsqualität" und sind keine reinen Verwaltungseinheiten oder Vollzugsorgane des Bundes. Sie sichern ihre Lebensfähigkeit durch einen festen Anteil am Gesamtsteueraufkommen des Bundes (Finanzautonomie). Seit den 1980er Jahren ist die Reform der föderalen Ordnung ein politisches Dauerthema und wird es aller Voraussicht nach auch bleiben.

Verflechtung zwischen Bund und Ländern

Die Verflechtung zwischen Bund und Ländern ist auf den ersten Blick schwer durchschaubar. Eine Föderalismusreform sollte daher das „verflochtene Mehrebenensystem" vereinfachen, Fehlentwicklungen korrigieren und die Länder gesetzgeberisch aufwerten. Einen ersten Versuch einer Föderalismusreform ließen die Länder jedoch im Dezember 2004 scheitern. Die Große Koalition unternahm dann einen neuen, erfolgreichen Reformversuch: In der so genannten Föderalismusreform I wurden insgesamt 25 der 183 Artikel im Grundgesetz geändert – die wohl umfassendste Änderung des Grundgesetzes seit 1949.

Föderalismusreform I

Diese erste Stufe der Reform des deutschen Föderalismus ist 2006 in Kraft getreten. Die Gesetzgebungskompetenzen zwischen Bund und Ländern wurden neu festgelegt und der Anteil der zustimmungspflichtigen Gesetze reduziert. Während die Länder also Gesetzgebungskompetenzen dazugewannen, etwa im Strafvollzug und in Teilen des öffentlichen Dienstrechts, kann der Bund künftig wieder deutlich mehr als die Hälfte seiner Gesetze ohne Zustimmung der Länder erlassen. Damit wurde die Handlungs- und Problemlösungsfähigkeit des politischen Systems erhöht und ebenso die Fähigkeit, sich neuen Entwicklungen anpassen zu können: Einem neuerlichen „Reformstau", wie er noch 2003 festgestellt wurde, wird vorzubeugen versucht.

Föderalismusreform II

Unberücksichtigt blieb bei dem ersten Reformschritt jedoch der Bereich der Finanzen. Die Finanzverfassung kann also als das neue Kernreformthema des Föderalismus gelten; sie soll in der so genannten Föderalismusreform II angegangen werden. Bislang sieht die Finanzverfassung des Grundgesetzes ein vierstufiges System für die Finanzausstattung von Bund und Ländern vor:

- *Stufe 1: Vertikale Verteilung:* Das gesamte Steueraufkommen wird zunächst auf die beiden staatlichen Ebenen (Bund und Ländergesamtheit) verteilt. Zugleich werden die Gemeinden durch eine ergänzende Ertragszuweisung berücksichtigt.
- *Stufe 2: Horizontale Verteilung:* Das Steueraufkommen aller Länder wird den einzelnen Ländern zugeordnet.
- *Stufe 3: Länderfinanzausgleich:* Mittels eines Länderfinanzausgleichs führt der Bundesgesetzgeber einen Ausgleich zwischen finanzschwachen und finanzstarken Ländern durch.
- *Stufe 4: Bundesergänzungszuweisungen:* Leistungsschwache Länder können ergänzend Mittel des Bundes erhalten.

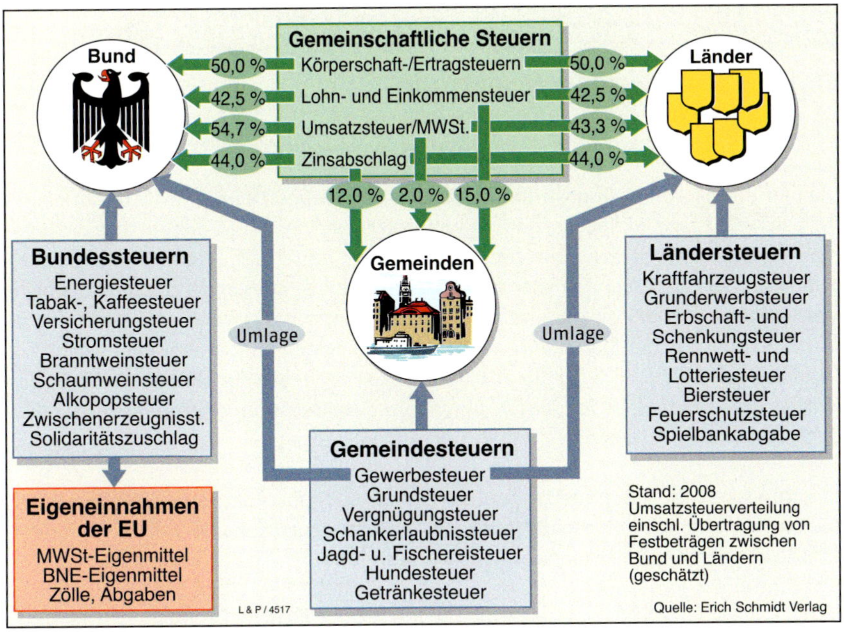

Die Aufteilung der Steuereinnahmen

Angesichts der hohen Verschuldung des Bundes und einiger Länder soll das System nun reformiert werden. Ziel der Föderalismusreform II ist es dabei, den Ländern eine größere finanzielle Gestaltungsfähigkeit zu geben. Allerdings besteht die Grundschwierigkeit bereits darin, dass im Finanzausgleich auf Länderseite zwei Lager bestehen – die Geber- und die Nehmerländer.

Verschuldung von Bund und Ländern

Bei der neuen Reform geht es um die Frage, wie die hohe Verschuldung der Bundesrepublik von ungefähr 1 700 Milliarden Euro (Stand: 2010), von denen über 900 Milliarden auf den Bund entfallen, vermindert werden kann. Vor allem die finanzschwachen Länder wie Berlin, Bremen oder das Saarland sollen verpflichtet werden, ihre Altschulden abzubauen. Dafür benötigen sie allerdings die Hilfe des Bundes. Die finanzstarken Länder hingegen, etwa Bayern oder Baden-Württemberg, zeigen sich zur Ausweitung von Unterstützungsleistungen prinzipiell bereit, aber nur dann, wenn der Bund die Kosten dafür übernimmt. Seit Ende 2008 hat die Finanzmarktkrise die Schuldenproblematik und die Frage der Tilgung der Schulden verstärkt.

Wer bezahlt die Schulden?

Als Folge der wirtschaftlich desaströsen Hinterlassenschaft der DDR mussten die neuen Bundesländer infrastrukturell „aufgebaut" werden. Die deutsche Einheit wirkte sich auf das föderale Gefüge insofern aus, als sich die neuen Bundesländer in ihren Lebensverhältnissen den alten Ländern angleichen sollten. Der 1993 beschlossene Solidarpakt I hatte vor, dieses Ziel umsetzen. Er lief allerdings 2004 aus, ohne dass es zur erhofften Angleichung der Lebensverhältnisse gekommen war. Bereits 2001 einigten sich die Regierungschefs von Bund und Ländern daher auf den Solidarpakt II. Darin gibt der Bund bis 2019 weitere Sonderergänzungszuweisungen für den Aufbau der neuen Länder.

Solidarpakt I und II

2.6 Weiterentwicklung des demokratischen Systems in Deutschland II: Repräsentative oder plebiszitäre Demokratie?

„Direkte Demokratie"

Die Einführung von Volksabstimmungen auf Bundesebene wird lebhaft diskutiert. Es stellt sich die Frage, ob die Einführung von Volksbegehren und Volksentscheid ein geeignetes Mittel gegen den deutschen „Reformstau" wäre. Auf Landesebene hingegen beinhalten die Verfassungen aller fünf ostdeutschen Bundesländer sowie die einiger westdeutscher Länder direktdemokratische Elemente. In Bayern war „Direkte Demokratie" schon mit der Verfassung von 1946 zum festen Bestandteil geworden. Auf Bundesebene hingegen liegt die direkte Demokratie trotz der seither einsetzenden Diskussion weiter auf Eis. Für die Einführung von Volksabstimmungen wäre eine Zwei-Drittel-Mehrheit in Bundestag und Bundesrat notwendig.

historische Befindlichkeiten

Das grundsätzliche Misstrauen gegenüber plebiszitären Elementen wird immer wieder, auch von politischen Entscheidungsträgern, mit der deutschen Geschichte begründet. Allerdings gab es in der Weimarer Republik lediglich zwei – jedoch erfolglose – Volksabstimmungen.

Herrschaft des Volkes?

Die Begriffe „direktdemokratisch" und „plebiszitär" meinen gleichermaßen Maßnahmen, die dem Volk unmittelbar zur Verfügung stehen. Innerhalb der Parteien kann es beispielsweise zu Vorwahlen oder Mitgliederentscheiden kommen, wie es das US-amerikanische Vorwahlsystem für die Präsidentschaft vorsieht. Direkte Demokratie im engeren Sinne meint das Vorhandensein plebiszitärer Entscheidungsrechte beim Wähler, sowohl in Sach- als auch in Personalfragen. Die Einführung direktdemokratischer Elemente wäre eine Ergänzung, keine Ersetzung der repräsentativen, parlamentarischen Demokratie. Eine wortwörtliche „Herrschaft des Volkes" ist in modernen Demokratien nicht praktikabel.

direkte Demokratie auf Bundesebene?

Für eine direkte Demokratie mit Sachplebisziten werden folgende Argumente angeführt:

- eine transparentere Politik mit einem stärkeren Willen zur Bürgerbeteiligung (über den Stimmzettel bei Bundestagswahlen hinaus),
- ein Recht auf Gehör für Minderheiten,
- das Einbringen von sonst überhörten Argumenten in den politischen Prozess („Tabuthemen"),
- eine offenere Demokratie („Durchbrechung des Parteienstaates", zumal in Zeiten der Parteienverdrossenheit).

Die Umsetzung direkter Demokratie im Bund wirft jedoch anders als in den Ländern oder Kommunen Probleme und Fragen auf.

- Ist die Kritik an der repräsentativen Demokratie berechtigt?
- Weisen Parlamente, Regierung und die mit ihnen eng verzahnten Parteien den Bürgern wirklich nur eine Zuschauerrolle zu?
- Wären die Bürger bei zahlreichen Entscheidungen nicht überfordert?
- Wie steht es mit der Verantwortung für getroffene Entscheidungen?
- Entspricht die Vorstellung vom Bürger als einem aktiven, an der Politik interessierten und urteilsfähigen Staatsbürger überhaupt der Wirklichkeit?

- Welche Themen sollten dem Volk zur Entscheidung vorgelegt werden? Entscheidungsgegenstände im Bund würden z. B. die Europa- und Außenpolitik umfassen. Auf die Bundesebene lassen sich daher die Erfahrungen in den Ländern nicht einfach übertragen.

Direktwahl des Bundespräsidenten?

Ob die Aufnahme der direkten Gesetzgebung durch Volksbegehren und Volksentscheid in das Grundgesetz zu einem Abbau der vielbeschworenen „Politik-" oder „Parteienverdrossenheit" beiträgt, bleibt Spekulation. Auch die Parteien selbst könnten ihren Einfluss geltend machen und neben mächtigen Interessengruppen Plebiszite nutzen. In unseren Nachbarländern Frankreich oder Polen sind Plebiszite bzw. Referenden gang und gäbe, ohne dass der Staat jemals dadurch gefährdet worden wäre. Plebiszitären Elementen kommt nämlich eher eine symbolische Bedeutung zu. So steht beispielsweise als Personalplebiszit auch die Direktwahl des Bundespräsidenten immer wieder zur Debatte. Die Vorteile einer Direktwahl wären:

- Möglichkeit einer längeren Amtsperiode und damit mehr Kontinuität im Bundespräsidialamt,
- Erhöhung des Interesses für die Politik,
- Stärkung der Demokratie durch stärkere Partizipation der Bürger.

Dem stehen aber gewichtige Argumente entgegen:

- Wahlkampf und Parteipolitisierung bei Direktwahl,
- Bruch mit der Verfassungstradition der repräsentativen Demokratie,
- unterschiedliche Legitimation des direkt gewählten Bundespräsidenten und eines vom Bundestag gewählten Bundeskanzlers und damit problematische Konkurrenzsituation in einer dann exekutiven Doppelspitze,
- Veränderung der gewaltenteiligen Balance zwischen den Verfassungsorganen aufgrund einer mit der stärkeren Legitimation des Bundespräsidenten einhergehenden Ausweitung seiner politischen Macht.

2.7 Weiterentwicklung des demokratischen Systems in Deutschland III: Reform des Wahlrechts?

Vor- und Nachteile der reinen Verhältniswahl

Bei einer reinen Verhältniswahl werden die Stimmen der Wähler möglichst genau in Parlamentsmandate der Parteien umgerechnet. Im Parlament soll damit eine gerechte Repräsentation sowohl der Parteien als auch des Volkes erreicht werden. Die Bevölkerung wählt daher nur Parteilisten. Als Vorteil der Verhältniswahl gilt auch, dass der regelmäßige Koalitionszwang zur Regierungsbildung sowie die Notwendigkeit der Rücksichtnahme auf einen Koalitionspartner in der Regierung die Machtkonzentration in den Händen einer einzigen Partei verhindern. Der größte Nachteil der reinen Verhältniswahl besteht in der übermäßigen Auffächerung der Parteien im Parlament – im Extremfall werden dadurch die Koalitionsbildung und das Regieren selbst unmöglich.

Vor- und Nachteile der relativen Mehrheitswahl

Beim System der relativen Mehrheitswahl wird das Land in Einerwahlkreise aufgeteilt. Pro Wahlkreis zieht jeweils nur der Wahlsieger in das Parlament ein. Die Vorteile dieses Systems liegen darin, dass im Parlament klare Mehrheiten entstehen, denn meist setzen sich nur die Kandidaten der großen Parteien durch. Dies führt im Regelfall zu stabilen Einparteienregierungen, die, ohne auf Koalitionspartner Rücksicht nehmen zu müssen, ihre politischen Vorstellungen effektiv umsetzen können. Die Gefahr der Beeinflussung der Politik durch extremistische Parteien ist gebannt. Zugleich müssen sich die Abgeordneten in und für ihre Wahlkreise stärker engagieren. Die Nachteile der relativen Mehrheitswahl spiegeln sich in den Vorteilen der reinen Verhältniswahl: Kleine Parteien finden kein Gehör, während die Machtkonzentration in den Händen einer einzigen Partei nur schwer zu kontrollieren ist.

die personalisierte Verhältniswahl in der Bundesrepublik

Aufgrund schlechter Erfahrungen mit der Mehrheitswahl im Kaiserreich (1871–1918) sowie mit der reinen Verhältniswahl in der Weimarer Republik (1919–1933) entschied man sich in der Bundesrepublik für ein Verhältniswahlrecht und kombinierte es mit den Vorteilen der Mehrheitswahl. So wurde das personalisierte Verhältniswahlsystem konzipiert, in dem der Wähler über eine Erst- und eine Zweitstimme verfügt. Die Hälfte der Bundestagsmandate wird dabei in Einerwahlkreisen ermittelt (Direktmandate), die andere Hälfte gemäß der Verhältniswahl über die Landeslisten der Parteien. Um die in Weimar erlebten Schwierigkeiten der Zersplitterung des Parteienwesens zu verhindern, schränkt die so genannte 5 %-Hürde das Verhältniswahlprinzip ein. Sie sollte stets die Bildung funktionsfähiger Regierungen garantieren.

Mehrheitswahl im Fünfparteiensystem?

Bis 2005 hatte sich das deutsche Wahlsystem bewährt, und seine Effektivität wurde lediglich von einer Minderheit angezweifelt. Im Juni 2007 jedoch sorgte der bundesweite Zusammenschluss der gewerkschaftlich orientierten Kleinpartei WASG (Wahlalternative Arbeit und Soziale Gerechtigkeit) und der SED-Nachfolgepartei PDS zu der in Teilen linksextremistischen Partei „Die Linke“ für Turbulenzen in der Regierungspolitik. Durch die Etablierung der Linkspartei auch im Westen ist nämlich die Bildung stabiler Zweiparteienkoalitionen nicht nur in den ostdeutschen, sondern auch in manchen westdeutschen Ländern sowie auf Bundesebene unsicher geworden. Vor diesem Hintergrund des neuen Fünfparteiensystems werden immer wieder Stimmen laut, die die Einführung der Mehrheitswahl in der Bundesrepublik fordern.

Abschaffung der Überhangmandate?

Andere Stimmen fordern die Abschaffung der Überhangmandate. Diese entstehen, wenn eine Partei in einem Bundesland mehr Direktmandate errungen hat, als ihr gemäß dem Zweitstimmenanteil zustehen. Hierin wird eine Verletzung des Gleichheitsgrundsatzes der Wahl gesehen, da die Zahl der Abgeordneten erhöht und der Proporz im Parlament verändert wird. Ein zweiter Kritikpunkt richtet sich gegen das „negative Stimmgewicht" der Überhangmandate. Es kann dazu führen, dass eine Partei Mandatsgewinne trotz Stimmenverlusten verzeichnet. Das Problem wurde vom Bundesverfassungsgericht 2008 beanstandet und muss bis 2011 vom Gesetzgeber gelöst werden.

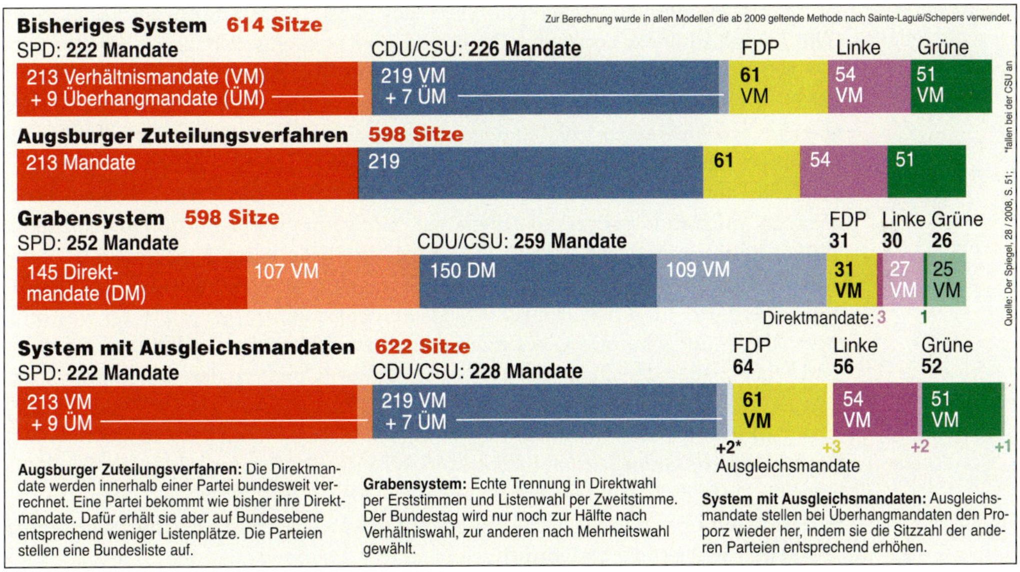

Alternativen des Wahlsystems am Beispiel der Bundestagswahl 2005

Vorwahlen nach amerikanischem Vorbild?

Die Bereitschaft zur politischen Partizipation ist in Deutschland in den letzten 30 Jahren kontinuierlich gesunken. Um den Tendenzen von Politik- und Parteienverdrossenheit zu begegnen und den Einfluss der Wähler auf die Kandidatenauswahl zu erhöhen, wurde bereits gefordert, die Kandidaten in Anlehnung an das US-amerikanische Modell im Rahmen von Vorwahlen zu bestimmen. Bisher werden die Spitzenkandidaten hier zu Lande gewöhnlich in den oberen Parteigremien, d. h. unter Ausschluss von Bürgerschaft und Parteibasis, bestimmt. In den USA hingegen stellen sich die Aspiranten für das Amt des Präsidenten grundsätzlich zwei Arten von Vorwahlen: Bei der *closed primary* können diejenigen, die sich zuvor als Anhänger einer Partei haben registrieren lassen, ihre Stimme für einen Kandidaten abgeben. Bei der *open primary* können alle Wahlberechtigten für oder gegen den Kandidaten dieser Partei stimmen.

Wahlrecht ab 16?

Ein weiterer Reformpunkt betrifft das Wahlalter. Insbesondere Parteien, die vielfach von jungen Menschen gewählt werden, fordern immer wieder, das Wahlalter wie in Österreich auf 16 Jahre zu senken. Das Wahlrecht für Sechzehnjährige brächte zahlreiche Vorteile mit sich: Politisches Interesse würde früher geweckt, den jüngeren Bundesbürgern früher politische Verantwortung übertragen und die Politiklandschaft in Deutschland insgesamt verjüngt. Ein gravierender Nachteil jedoch besteht darin, dass derart junge Menschen – wenn sie politisch ungeschult sind – leichter auf den Populismus und die Stammtischparolen extremer Parteien „hereinfallen" können.

2.8 Chancen für Demokratisierungsprozesse in der Welt: Die Visegrád-Staaten

Zur Visegrád-Gruppe gehören vier Staaten aus dem ostmitteleuropäischen Raum: Polen, Ungarn sowie die Tschechische und die Slowakische Republik. Ihnen allen gelang nach dem Zusammenbruch des von der Sowjetunion beherrschten Ostblocks der Weg von der Diktatur zur Demokratie nach westlichem Muster.

Demokratisierung als Lernprozess

Demokratisierungsprozesse sind im Sinne des Subsidiaritätsprinzips immer auch als Hilfe zur Selbsthilfe zu verstehen. Die betroffenen Staaten sollen lernen, eigenverantwortlich zu handeln, um Demokratien aus „innerer Überzeugung" zu werden. Unmittelbar nach dem Systemwechsel unterzeichneten die Staats- und Regierungschefs der oben genannten Staaten 1991 im ungarischen Visegrád eine „Deklaration der Zusammenarbeit". Ziel des regionalen Kooperationsprojekts war es – neben der Überwindung der Diktatur – Demokratie und Marktwirtschaft zu installieren sowie am europäischen Integrationsprozess teilzunehmen. Motivation war der schon in den frühen 1990er Jahren in Aussicht gestellte EU-Beitritt. Im Lernprozess der Demokratisierung orientieren sich die Visegrád-Staaten an der westlichen Demokratie- und Werteordnung. Die mittel- und osteuropäischen Staaten entschieden sich rasch, das westliche Demokratie- und Institutionenverständnis in ihren Verfassungen zu fixieren. Deutschland gehört neben den USA, Frankreich und Großbritannien zu den „Beschützern" der Gruppe, und projiziert Stabilität in die Region.

EU-Beitritt

Die Europäische Gemeinschaft machte den vier Visegrád-Staaten schon sehr früh Auflagen für einen Beitritt zur Europäischen Union:

- Die Institutionen der Regierung müssen mit gewählten Amtsträgern besetzt werden und den Wählern verantwortlich sein.
- Es müssen in regelmäßigen Abständen freie und gleiche Wahlen stattfinden.
- Das Recht zu wählen und gewählt zu werden muss für alle erwachsenen Staatsbürger gewährleistet sein.
- Die Meinungsfreiheit muss auch die straflose Kritik an staatlichen Instanzen einschließen.
- Der Zugang zu pluralistischen Informationsquellen muss gesichert sein.
- Die Vereinigungsfreiheit gilt als Garantie für Parteien und Interessengruppen.
- Das Wirtschaftssystem muss auf die Grundsätze der freien Marktwirtschaft umgestellt werden.

2004 wurden die Visegrád-Staaten schließlich volle und gleichberechtigte Mitglieder der EU. Mit dieser Vorgehensweise sollen auch künftig Staaten an das System der westlichen Demokratien herangeführt werden.

Beitritt der NATO

Die sicherheitspolitische Anbindung war mit Unterstützung der USA schon früher erfolgt: Polen, Tschechien und Ungarn wurden 1999 in die NATO (North Atlantic Treaty Organization) aufgenommen, die Slowakei im März 2004. Demokratie und Rechtsstaatlichkeit haben in der Region ihren Siegeszug angetreten, der europäische Kontinent ist im Zeichen von Freiheit, Demokratie und Marktwirtschaft wieder zusammengewachsen. Die sozial-ökonomische Umgestaltung hat zwar eindeutige Gewinner und Verlierer des Systemwechsels erzeugt. Dennoch hat sich die Demokratie im östlichen Europa des 21. Jahrhunderts nach der zweimaligen Diktaturerfahrung dauerhaft etablieren können.

2.9 Hemmnisse für Demokratisierungsprozesse in der Welt: Der Iran

Theokratie Iran

Die Islamische Republik Iran zählt zu den 20 bevölkerungsreichsten und größten Staaten der Welt. Bis heute ist nahezu die gesamte Bevölkerung des Iran muslimisch. Mit der Islamischen Revolution 1979, angeführt von dem schiitischen Geistlichen Ayatollah Khomeini, entstanden eine „Islamische Republik" und damit ein theokratischer Staat. Eine Theokratie (griechisch: „Gottesherrschaft") ist eine diktatorische Herrschaftsform, bei der die staatlichen Machthaber ihre Herrschaft und alle Gesetze allein religiös begründen, sich einzig auf das Wort oder die Autorität eines Gottes stützen und nur ihre Interpretation des Gotteswillens gelten lassen. In Theokratien unterwerfen sich die weltlichen Herrscher den religiösen Führern oder sind in Personalunion religiöser Führer und weltlicher Herrscher zugleich.

Hemmnisse für die Demokratisierung

Durch die Islamische Revolution traten Hemmnisse für eine Demokratisierung des Landes hervor: das theokratische System an sich, totalitäre Elemente (Aufhebung der Pressefreiheit), fehlende Aufklärung und ein vom Westen differierendes, kulturell bedingtes Staatsverständnis sowie Werte- und Normensystem.

Folgen der Revolution

Unmittelbar nach der Revolution wurde eine intellektuelle Säuberungsaktion eingeleitet: Zahlreiche Zeitungen und Zeitschriften wurden verboten, ebenso sämtliche Universitäten des Landes. Als der englisch-indische Schriftsteller Sir Ahmed Salman Rushdie im Jahr 1988 sein Buch „Die satanischen Verse" veröffentlichte, verurteilte ihn Khomeini wegen Blasphemie zum Tode und rief Muslime weltweit zur Vollstreckung auf. Nach dem Tod Khomeinis 1989 übernahm dessen Schüler Seyyed Ali Chamenei das Amt des Staatsoberhaupts und damit die uneingeschränkte Macht im Staat. In allen Fragen hat der Revolutionsführer das letzte Wort. Von dem aus 86 Geistlichen bestehenden Expertenrat auf Lebenszeit gewählt, ist er es, der die obersten Richter ernennt. Er kann Regierungsentscheidungen und Parlamentsbeschlüsse verwerfen und ist überdies Oberbefehlshaber der Streitkräfte.

Besonderheiten der Verfassung

Eine zentrale Bedeutung kommt dem Wächterrat zu, dem insgesamt 12 Personen angehören. Die eine Hälfte, bestehend aus Religionsgelehrten (Mullahs), wird vom Revolutionsführer ernannt. Für die andere Hälfte – aus weltlichen Juristen bestehend – hat das Parlament ein Vorschlagsrecht. Der Wächterrat handelt als Verfassungsgericht und bestimmt letztlich die Politik des Landes: Er muss den vom Parlament verabschiedeten Gesetzen zustimmen, prüft jedes Gesetz auf seine Vereinbarkeit mit den islamischen Prinzipien und entscheidet über die Zulassung von Kandidaten zum Parlament wie auch zur Präsidentenwahl. Der Wächterrat selbst ist dabei der religiösen Führung unterstellt. Daneben existieren der Schlichtungsrat, der bei Konflikten zwischen Parlament und Wächterrat vermitteln soll, sowie der Nationale Sicherheitsrat, der sich für alle Fragen, die die „elementaren Interessen Irans" betreffen, für zuständig erklären kann.

Präsident Ahmadinedschad

Präsident und damit Regierungschef des Iran ist seit 2005 Mahmud Ahmadinedschad, ein populistischer Fundamentalist in politischen wie religiösen Angelegenheiten, der in Habitus und Lebenswandel als Mann des Volkes gilt und der sich ganz der Tradition des verstorbenen, aber noch immer allgegenwärtigen Ayatollah Khomeini verpflichtet fühlt. In Interviews hat Ahmadinedschad wiederholt das Existenzrecht Israels in Frage gestellt.

Er beendete den Reformkurs seines gemäßigten Amtsvorgängers Mohammed Chatami, der zwischen 1997 und 2005 eine zeitweise Liberalisierung der Presse hatte durchsetzen können. Bereits bei den Parlamentswahlen 2004 hatten die konservativen Kräfte einen fulminanten Wahlsieg eingefahren – auch, weil der Wächterrat im Vorfeld viele reformorientierte Bewerber von der Wahl ausgeschlossen hatte. 2009 konnte sich der Präsident nur durch Wahlmanipulation gegen seinen reformorientierten Mitbewerber Mir Hossein Mussawi durchsetzen.

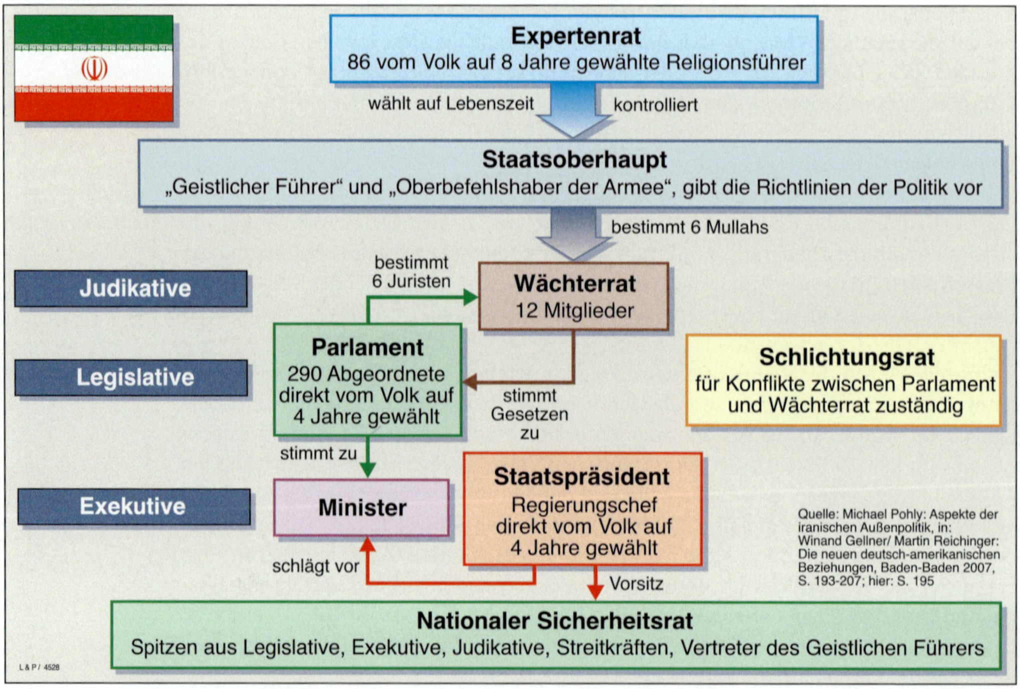

Staatsaufbau der Islamischen Republik Iran

Menschen- und Bürgerrechte im Iran

Immer noch sind viele Menschen- und Bürgerrechte im Iran nicht garantiert – im Gegenteil. Nichtmuslimische religiöse Minderheiten wie Juden und Christen werden systematisch diskriminiert. Das gleiche gilt für Homosexuelle, die offiziell gar nicht existieren. Keine Frau in der Islamischen Republik darf ohne Mantel und Kopftuch in die Öffentlichkeit oder ohne bodenlangen Schador in die Moschee. Flughäfen haben einen Eingang nur für Frauen; in Bussen sitzen sie hinten, von den Männern durch eine Barriere getrennt. Gemischte Schulen sind ebenso undenkbar wie männliche und weibliche Kommilitonen gemeinsam auf einer Hörsaalbank. Trotz der strengen Religiosität sind zwei Drittel der Studierenden an iranischen Universitäten Frauen. Sie belegen vorzugsweise Mathematik und Informatik.

das iranische Atomprogramm

Das Verhältnis zwischen den westlichen Demokratien und der Islamischen Republik Iran ist gegenwärtig angespannt. Insgesamt sieht sich der Westen seit 2003 durch das iranische Atomprogramm herausgefordert. In Teheran wiederum nimmt man die US-amerikanische Militärpräsenz in der Region, insbesondere im Irak und in Afghanistan als Zeichen imperialer Bedrohung wahr.

IV. Aspekte der europäischen Einigung

n in der Europäische
men Ideale: Für uns s
elpunkt. Seine Würde
ne Rechte sind unverä
ner sind gleichberech
n Frieden und Freihei
Rechtsstaatlichkeit, r
espekt und Verantwor
Sicherheit, nach Toler
solidarisch
en Ausgleich der Interessen
der Eu
Union die Eigenständigkeit und die vi
Traditionen ihrer Mitglieder. Die offe

EGKS Eu-Gemeinschaft für Kohle + Stahl
1957/58 Röm. Vertr. = EG so ungefähr
(1979 1. Direktwahl,
1991/92 Maastricht: EG → EU
2004 Osterweiterung
2009 Lissabonvertrag

1. Der europäische Integrationsprozess – von Maastricht nach Nizza

von der EG zur EU

Mit dem Fall der Mauer und dem Niedergang des Warschauer Paktes war zum ersten Mal seit der Gründung der Europäischen Gemeinschaften 1957 die Möglichkeit in greifbare Nähe gerückt, den gesamten europäischen Kontinent nicht nur wirtschaftlich zusammenzuführen, sondern auch politisch zu einen. Die deutsche Wiedervereinigung wirkte als Katalysator des europäischen Integrationsprozesses und öffnete den Weg zu den Verträgen von Maastricht und Amsterdam. Deren Vertragstexte bilden bis heute das Fundament der Europäischen Union (EU).

Vertrag von Maastricht

Gegründet wurde die Europäische Union 1993 durch Inkrafttreten des 1992 unterzeichneten Vertrags von Maastricht. Die zwölf Gründungsnationen verzichteten darin freiwillig auf Teile ihrer staatlichen Souveränität, indem sie der EU eine Vielzahl von Zuständigkeiten im wirtschaftlichen *und* politischen Bereich übertrugen. Nachstehend die wichtigsten Bestimmungen des Vertrags von Maastricht:

- *Säulenstruktur:* Die EU ersetzt nicht die Europäischen Gemeinschaften (EGKS, EAG, EG), sondern fasst diese in ihrer ersten, supranationalen Säule zusammen. Die zweite, rein zwischenstaatliche Säule besteht aus der neu geschaffenen Gemeinsamen Außen- und Sicherheitspolitik (GASP). Die dritte, ebenfalls zwischenstaatliche Säule beinhaltet die Zusammenarbeit in den Bereichen Justiz und Inneres (JI).
- *Währungsunion:* Bis 1999 sollte eine gemeinsame Währung, der „Euro", geschaffen werden (vorerst als „Buchgeld"); am 1. Januar 2002 wurde der Euro als Zahlungsmittel in zwölf EU-Staaten („Eurozone") eingeführt. Sitz der neuen Europäischen Zentralbank (EZB) wurde auf deutsches Betreiben hin Frankfurt am Main.
- *Demokratisierung:* Die Kompetenzen des Europäischen Parlaments (EP) wurden erweitert. Insbesondere bei der Gesetzgebung in bürgernahen Politikfeldern wie Gesundheit, Bildung oder Verbraucherschutz wurde dem EP ein Mitentscheidungsrecht gegenüber dem Rat der EU, d. h. gegenüber den Mitgliedstaaten, eingeräumt.
- *Unionsbürgerschaft:* Mit der Einführung einer Unionsbürgerschaft erhielten alle Einwohner der EU-Länder das aktive und passive Wahlrecht bei Kommunalwahlen und der Europawahl sowie das Petitionsrecht.
- *Subsidiaritätsprinzip:* Um zu verhindern, dass die EU die Politik in Lebensbereichen regelt, die bereits auf lokaler, regionaler oder nationaler Ebene gestaltet werden können, wurde das Subsidiaritätsprinzip für alle Politikbereiche festgeschrieben.

Vertrag von Amsterdam

Nach der Aufnahme der neuen EU-Mitglieder Schweden, Finnland und Österreich 1995 drängten die bereits Anfang der 1990er Jahre durch Assoziierungs- und Stabilisierungsverträge an die EU gebundenen mittel- und osteuropäischen Staaten zur EU-Vollmitgliedschaft. Damit erhielt der europäische Integrationsprozess eine neue Dynamik, für die mit dem 1999 in Kraft getretenen Vertrag von Amsterdam die Weichen gestellt werden sollten. Mit diesem Vertrag wurde der Maastrichter Vertrag ergänzt. Im Vergleich zu 1993 waren die Amsterdamer Ergebnisse aber nur ein Kompromiss auf dem kleinsten gemeinsamen Nenner und zeigten eher eine Zurückhaltung beim Vorantreiben des Einigungsprozesses. Nachstehend die wichtigsten Bestimmungen des Vertrags von Amsterdam:

- *Stabilitäts- und Wachstumspakt:* Die Mitgliedstaaten beschlossen die Einhaltung fiskalischer Disziplin. Der Pakt verpflichtet alle Mitglieder, mittelfristig einen zumindest ausgeglichenen Haushalt anzustreben. Dabei soll – unabhängig von der konjunkturellen Lage (Ausnahme: eine tiefgreifende Rezession) – ein Haushaltsdefizit von 3 Prozent des Bruttoinlandsprodukts (BIP) nicht überschritten werden.
- *Europol:* Stärkung der „Polizeilichen und Justiziellen Zusammenarbeit in Strafsachen" (PJZS) sowie Errichtung der Polizeibehörde „Europol" mit Sitz in Den Haag.
- *„Mr. GASP":* Weiterentwicklung der Gemeinsamen Außen- und Sicherheitspolitik durch die Schaffung des Amtes eines „Hohen Vertreters für die GASP".
- *Sicherheit und Verteidigung:* Schaffung einer Grundlage für die „Europäische Sicherheits- und Verteidigungspolitik" (ESVP).
- *Parlament:* Erweiterung der Mitspracherechte.

Vertrag von Nizza

Die Themengebiete, die die Vertreter der Mitgliedstaaten während der Vertragsverhandlungen von Amsterdam aufgrund von Differenzen ausgeklammert hatten, sollten in einem weiteren EU-Reformvertrag, dem Vertrag von Nizza, beschlossen werden. In Nizza ging es konkret um die Handlungsfähigkeit der EU angesichts der „Osterweiterung" 2004. Nachstehend die wichtigsten Bestimmungen des im Jahr 2001 unterzeichneten und 2003 in Kraft getretenen Vertrags von Nizza:

- *Ratsstimmen:* Die Stimmgewichtung im Rat der EU orientierte sich stärker an der Einwohnerzahl der Mitgliedstaaten: So hatten z. B. Deutschland, Frankreich, Großbritannien und Italien je 29 Stimmen, Luxemburg hingegen vier, Malta drei.
- *EU-Kommissare:* Entgegen der Amsterdamer Beschlüsse, die die Größe der EU-Kommission auf 20 Mitglieder beschränkt hatten, wurde die Behörde nun vergrößert und strukturell verändert; so z. B. durfte jedes Land einen Kommissar stellen. Die Kommission hatte daher 25 Mitglieder im Jahr 2005 bzw. 27 im Jahr 2007.
- *Parlament:* Die Sitze im EU-Parlament wurden auf 732 beschränkt (EU 25). Die Verteilung orientierte sich fortan stärker an der Einwohnerzahl: Während Frankreich, Großbritannien und Italien je neun ihrer bisher 87 Sitze verloren, behielt Deutschland alle seine 99 Sitze. Das EP erhielt weitere Kompetenzen.

Die drei Säulen der Europäischen Union nach dem Vertrag von Nizza

2. Der europäische Integrationsprozess – von der gescheiterten Verfassung zum Vertrag von Lissabon

Folgen der Osterweiterung

Wie schon nach Amsterdam, so war auch nach Nizza die nächste Reformrunde der Europäischen Union bereits absehbar. Erneut nämlich hatten die Staats- und Regierungschefs nur Kompromisslösungen aushandeln können, und es blieb fraglich, ob die EU für die Bewältigung der 2004 anstehenden Erweiterung um zehn mittel- und osteuropäische Staaten wirklich bereit war. Mit der wachsenden Vielfalt im supranationalen Staatenverbund stand zu befürchten, dass die Entscheidungsfindung nun viel komplizierter werden würde. Um die Handlungsfähigkeit der EU auch bei 25 Mitgliedstaaten zu gewährleisten, entschied sich der Europäische Rat mit der Ausarbeitung einer Europäischen Verfassung zu einer wirklich grundlegenden Reform der EU.

Europäische Verfassung

Zu den zentralen Inhalten der 2003 vorgestellten Verfassung zählte neben der Reform von Kommission, Parlament und Rat die Charta der Grundrechte. Die darin garantierten Rechte und Freiheiten sollten nun für alle EU-Bürger vor dem Europäischen Gerichtshof (EuGH) einklagbar werden. Die seit langem verwendeten staatsanalogen Symbole wie die Europaflagge, die Europahymne („Ode an die Freude"), der Europatag (9. Mai) und der Euro wurden erstmals in einem Gründungsvertrag genannt. In der Präambel wurde bewusst auf das kulturelle, religiöse und humanistische Erbe Europas hingewiesen. Doch Europa war noch nicht so weit. Die 2005 per Volksabstimmung befragten Bürger Frankreichs und der Niederlande lehnten die Verfassung ab. Diese Ablehnung bedeutete das „Aus" für die EU-Verfassung.

Berliner Erklärung

Nach einer von den Regierungschefs selbst verordneten „Denkpause" wurde unter deutscher Ratspräsidentschaft 2007 ein erneuter Versuch unternommen, die EU zu reformieren. In einem überarbeiteten Vertrag sollten dabei die wesentlichen Elemente der gescheiterten Europäischen Verfassung „gerettet" werden, insbesondere die Abschnitte zu den institutionellen Reformen. Anlässlich des 50. Jahrestages der Unterzeichnung der Römischen Verträge appellierte Bundeskanzlerin Angela Merkel in ihrer Berliner Erklärung an den Willen der Staats- und Regierungschefs zu weiterer Integration. Unter der nachfolgenden portugiesischen EU-Ratspräsidentschaft war es daraufhin möglich, im Dezember 2007 den Vertrag von Lissabon zu unterzeichnen. Im Gegensatz zum Verfassungsentwurf baut dieser auf den bestehenden Verträgen auf – er ersetzt sie nicht. Nachstehend die zentralen Bestimmungen des Lissabon-Vertrags, der am 1. Dezember 2009 in Kraft trat:

Vertrag von Lissabon

- *EU-Ratspräsident:* Ein hauptamtlicher Präsident übernimmt jeweils für zweieinhalb Jahre die Leitung des Europäischen Rates und sorgt damit für Kontinuität.
- *EU-Außenbeauftragter:* Die Funktionen des EU-Außenkommissars und des Hohen Vertreters für die GASP werden im Amt eines „Hohen Vertreters der Union für Außen- und Sicherheitspolitik" vereint.

- *EU-Parlament:* Die Zahl der Abgeordneten wird von 785 (EU 27) auf 751 (2014) reduziert. Deutschland erhält mit 96 Sitzen am meisten, Malta mit sechs am wenigsten. Das Mitentscheidungsverfahren wird zur Regel, d. h. Parlament und Rat entscheiden gemeinsam.

- *EU-Kommission:* Der Kommissionspräsident wird auf Vorschlag des Europäischen Rates vom EU-Parlament gewählt. Jedes Land stellt einen Kommissar.

- *„Doppelte Mehrheit“:* Ab 2014 gilt ein Beschluss im Rat als angenommen, wenn ihm 55 % der Staaten zustimmen und diese zugleich 65 % der EU-Bevölkerung repräsentieren.

- *Kompetenzen/Subsidiarität:* Die Zuständigkeiten der EU werden klar festgelegt in ausschließliche, geteilte und unterstützende. Eine Mehrheit der nationalen Parlamente kann binnen acht Wochen Einspruch gegen beabsichtigte Rechtsakte (Verordnungen, Richtlinien, Beschlüsse) erheben, wenn sie nationale Kompetenzen verletzt sieht. Vom kleinsten zum größten.

- *Innen- und Rechtspolitik:* Die EU betreibt eine gemeinsame Politik auf den Gebieten Asyl, Einwanderung und Kontrolle der Außengrenzen und weitet die Justiz- und Polizeizusammenarbeit aus. Einzelne Staaten können dieser Zusammenarbeit fernbleiben.

- *Verteidigung:* Die EU betreibt eine „Gemeinsame Europäische Verteidigungspolitik“ (GSVP); hierbei ist eine verstärkte Zusammenarbeit möglich, an der nur ein Teil der Staaten teilnimmt.

- *Charta der Grundrechte:* Sie wird vom Lissabon-Vertrag losgelöst, unabhängig davon jedoch verbindlich, allerdings nicht in Großbritannien und Polen.

- *Säulenstruktur:* Aufhebung der bisherigen Säulenstruktur des Maastrichter Vertrags.

- *Bürgerbegehren:* Wenn mindestens eine Million EU-Bürger ein Gesetz zu einem bestimmten Sachverhalt wünschen, muss die EU-Kommission tätig werden.

3. Die Organe der EU im Überblick

Die EU – ein Staatenverbund

Das politische System der Europäischen Union hat weltweit kein Vorbild. Kein Mitgliedstaat findet das Abbild seines eigenen institutionellen Gefüges in der EU wieder. Dies liegt vor allem daran, dass die EU weder ein zentralistischer Staat wie etwa Frankreich noch ein föderalistisch aufgebauter Bundesstaat wie z. B. die Vereinigten Staaten von Amerika ist. Sie ist aber auch kein Staatenbund, d. h. keine Konföderation wie etwa die „Südstaaten" der USA von 1861–1865, und auch keine Allianz wie die NATO, denn ihre Eingriffsmöglichkeiten in die Souveränität ihrer Mitglieder sind weitaus stärker. Das Bundesverfassungsgericht hat die EU 1993 als einen „supranationalen Staatenverbund" klassifiziert und damit für ein neuartiges politisches Gebilde einen neuen Begriff geschaffen. Seit ihrer Gründung wurden der EU stetig neue Zuständigkeiten und Kompetenzen übertragen, die Befugnisse ihrer Organe (vgl. S. 85) dabei kontinuierlich erweitert.

Der Europäische Rat – Weichensteller Europas

Der Europäische Rat setzt sich aus den Regierungschefs der Mitgliedstaaten zusammen. Er übt in der EU die politische Führung aus und hat die Richtlinienkompetenz. Seit Inkrafttreten des Vertrags von Lissabon sitzt dem Europäischen Rat ein hauptamtlicher Präsident mit einer Amtsdauer von zweieinhalb Jahren vor, der die regelmäßigen Ratstreffen koordiniert und leitet und somit die Effizienz des Organs erhöht. Im Europäischen Rat werden die politischen Leitlinien und grundsätzlichen Ziele der EU festgelegt sowie Entscheidungen in politisch sensiblen Bereichen wie der Aufnahme neuer Staaten oder der Änderung der Verträge einstimmig getroffen.

Der Rat der EU bzw. Ministerrat – „Länderkammer" und Gesetzgeber

Im Rat der Europäischen Union bzw. Ministerrat sitzt je ein Minister pro Mitgliedstaat. Je nach anstehendem Sachgebiet tagt der Rat in unterschiedlicher Zusammensetzung, u. a. als Rat der Außen-, Landwirtschafts-, Wirtschafts- oder Finanzminister, die dann jeweils verbindlich für ihre Regierungen handeln. Als Kammer der Mitgliedstaaten fungiert der Rat dabei als Gesetzgeber, d. h. er verabschiedet die von der Kommission vorgeschlagenen Richtlinien und Verordnungen. Rund 95 Prozent der EU-Gesetze werden gemäß dem Vertrag von Lissabon gemeinsam mit dem Europäischen Parlament beschlossen. Je nach Politikfeld entscheidet der Rat einstimmig oder mit einfacher, meist jedoch mit qualifizierter Mehrheit, die ab 2014 eine „doppelte Mehrheit" sein wird. Der Ratsvorsitz rotiert halbjährlich zwischen den Mitgliedstaaten.

Die EU-Kommission – Europas Motor und „Regierung"

Die Europäische Kommission ist das supranationale Exekutivorgan der EU. Sie hat das alleinige Initiativrecht bei der Gesetzgebung, trägt die Alleinverantwortung für den Vollzug der Richtlinien und Verordnungen und vertritt die EU in Wirtschaftsfragen auf internationaler Ebene. Die Kommission wacht als „Hüterin der Verträge" außerdem über die Einhaltung des Gemeinschaftsrechts und verwaltet den EU-Haushalt. Die EU-Kommissare werden von den nationalen Regierungen nominiert und vom Europäischen Parlament bestätigt. Jedes Land stellt einen Kommissar. Der Kommissionspräsident fungiert als Bindeglied zwischen Ministerrat und Parlament, denn er nimmt an deren wichtigen Sitzungen ebenso teil wie an den Tagungen des Europäischen Rates.

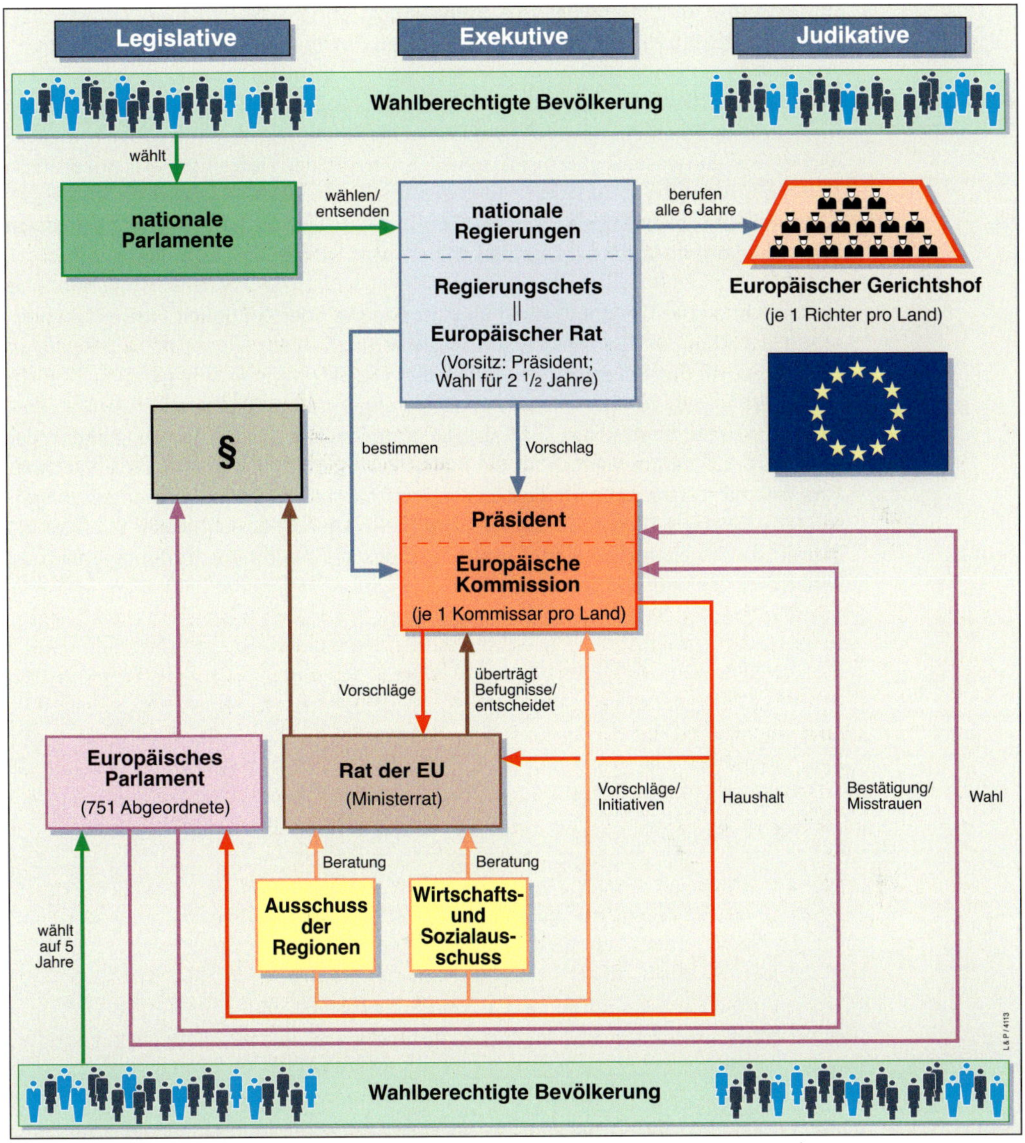

Die Organe der EU *nach dem Vertrag von* Lissabon

Das EU-Parlament – „Bürgerkammer" und Gesetzgeber

Das Europäische Parlament ist die Vertretung der rund 500 Mio. EU-Bürger und das einzige direkt gewählte Organ. Die Legislaturperiode beträgt fünf Jahre. Gemäß dem Lissabon-Vertrag sitzen (ab 2014) 751 Abgeordnete im EP; die Plenarsitzungen finden in Straßburg statt, die Ausschüsse tagen in Brüssel. Die Abgeordneten bilden staatenübergreifende Fraktionen: Es stimmen also nicht die deutschen Abgeordneten geschlossen, sondern in der Regel die Delegierten einer Fraktion – unabhängig ihrer Herkunft – gemeinsam ab. Das Parlament ist neben dem Ministerrat das zweite Legislativorgan der EU; wie in demokratischen Staaten ist es mitverantwortlich für den Haushalt und wählt den „Regierungschef", in der EU also den Kommissionspräsidenten. Es stimmt ferner der Einsetzung der Kommission zu. Spricht das Parlament der Kommission mit Zweidrittelmehrheit das Misstrauen aus, so zwingt es diese zum Rücktritt.

Der Hohe Vertreter – Außenbeauftragter der EU

Zwischen dem Ministerrat und der EU-Kommission steht der Hohe Vertreter der Union für Außen- und Sicherheitspolitik. Obgleich seine Befugnisse nicht mit denen eines klassischen Außenministers gleichzusetzen sind, vereint der Hohe Vertreter theoretisch eine große Machtfülle auf sich: Er führt den Vorsitz im Rat für Auswärtige Angelegenheiten und übt als Vizepräsident der Kommission zugleich die Funktion des ehemaligen EU-Außenkommissars aus („Doppelhut"); ernannt wird er vom Europäischen Rat.

EuGH, EZB und EuRH

Hat ein nationales Gericht Zweifel über Auslegung oder Gültigkeit einer Rechtsvorschrift der EU bzw. über die Vereinbarkeit von nationalem Recht mit EU-Recht, so kann es sich an den Europäischen Gerichtshof (EuGH) wenden. Ihm gehören 27 Richter an, die jeweils von den nationalen Regierungen für sechs Jahre berufen werden. Die Europäische Zentralbank (EZB) ist die Notenbank in der EU und als „Hüterin der Währung" u. a. verantwortlich für die Preisstabilität, die Geldpolitik und die Wechselkurs-Geschäfte. Geleitet wird die EZB von sechs Direktoren aus verschiedenen „Euro"-Ländern. Dem Europäischen Rechnungshof (EuRH) gehört ein Mitglied je EU-Staat an. Er prüft, inwieweit die Einnahmen und Ausgaben der EU wirksam, ordnungsgemäß und wirtschaftlich eingesetzt werden.

4. Das Zusammenwirken der EU-Organe im europäischen Gesetzgebungsprozess

Gesetzgebungsakte

Gesetze in der EU heißen „Gesetzgebungsakte". Dazu zählen *Verordnungen, Richtlinien und Beschlüsse:*

- *Verordnungen* sind in allen ihren Teilen verbindlich und treten unmittelbar nach ihrer Veröffentlichung in sämtlichen EU-Staaten in Kraft. In seltenen Fällen können Verordnungen nationales Recht sogar außer Kraft setzen. Umgekehrt können die nationalen Parlamente Verordnungen nicht modifizieren.
- *Richtlinien* hingegen verpflichten die EU-Staaten dazu, meist innerhalb einer Frist ein vereinbartes Ziel durch ein Gesetz des nationalen Parlaments in positives Recht umzusetzen. Hält ein Mitgliedstaat sich nicht an die vorgesehene Frist, kann ihn die Kommission vor dem Europäischen Gerichtshof verklagen.
- Ein *Beschluss* der EU-Kommission ist in allen ihren Teilen für diejenigen verbindlich, die sie bezeichnet. Dies können einzelne EU-Mitgliedstaaten oder auch Unternehmen sein. Im Wettbewerbsrecht der EU werden Beschlüsse z. B. im Zusammenhang mit Genehmigungen oder Verboten von Unternehmensfusionen getroffen.

Subsidiaritätsprinzip

Vorschläge für Gesetzgebungsakte gehen von der EU-Kommission aus. Als Gesetzgeber kann die EU aber nur nach dem Subsidiaritätsprinzip tätig werden: Nur die Angelegenheiten, die die Mitgliedstaaten nicht selbst besser regeln können, fallen in den legislativen Zuständigkeitsbereich der Europäischen Union.

vom Grünbuch zum Weißbuch der EU-Kommission

Wie kommen Gesetzgebungsakte in der EU zustande? Zuerst beschreibt die EU-Kommission eine ihr bekannte Problematik in einem „Grünbuch", einer Art Diskussionspapier. Zu den in einem Grünbuch gesammelten Problemfeldern werden stets Meinungen und Stellungnahmen externer Experten, z. B. von Verbänden oder Interessengruppen, eingeholt und diskutiert. Im Anschluss daran erfolgt eine Umformulierung in konkrete Vorschläge für Richtlinien. Diese werden in einem „Weißbuch" sowohl dem Europäischen Parlament als auch dem Ministerrat zur Beratung vorgelegt.

Gesetzgebungsverfahren ...

Das Thema eines Gesetzesvorhabens bestimmt das *Verfahren* der Beschlussfassung: Der Lissabon-Vertrag unterscheidet hierbei das „Ordentliche" und das „Besondere" Gesetzgebungsverfahren. Unter Letzterem werden neben dem Verfahren der Zusammenarbeit das Anhörungs- und das Zustimmungsverfahren zusammengefasst.

- Im *Anhörungsverfahren* gibt das EP nur eine unverbindliche Stellungnahme zum Kommissionsentwurf ab, auf die Kommission und Rat keine Rücksicht nehmen müssen.
- Im *Zustimmungsverfahren* kann das Parlament den Kommissionsvorschlag entweder annehmen oder ablehnen. Der Rat ist allerdings verpflichtet, vor der Entscheidung die Zustimmung des Parlaments einzuholen.
- Unter das *Ordentliche Gesetzgebungsverfahren* fallen 95 % aller Beschlussverfahren. Hierbei beraten die Abgeordneten in den zuständigen Parlamentsausschüssen über die von der Kommission formulierte Richtlinie und bringen Änderungen in den Kom-

... und 1. Lesung

missionsentwurf ein. Nach dieser *ersten Lesung* übermittelt das EP dem Rat seine Stellungnahme. Der Rat entscheidet dann mit „doppelter Mehrheit". Stimmt er mit dem Votum des Parlaments vollständig überein, so erlässt er den Rechtsakt in Übereinstimmung mit dem Parlament. In diesem Fall ist das Gesetzgebungsverfahren beendet.

2. Lesung

Meist jedoch modifiziert der Ministerrat – beeinflusst von den nationalen Regierungen – den Vorschlag des Parlaments und sendet ihn nach erneuten Beratungen dorthin zurück. Dieses kann den Entwurf entweder mit absoluter Mehrheit annehmen oder ihn ablehnen. Im zweiten Fall gilt der Entwurf als gescheitert. Das Parlament kann die Richtlinie aber auch in *zweiter Lesung* erneut ändern. Die Änderungswünsche können von der Kommission eingearbeitet und dann wiederum dem Ministerrat zugesandt werden. Nimmt dieser den Entwurf jetzt an, tritt die Richtlinie in Kraft.

Vermittlungsausschuss und 3. Lesung

Lehnt der Ministerrat den Entwurf ab, so versucht ein aus Mitgliedern des Parlaments und des Ministerrats besetzter Vermittlungsausschuss zu schlichten. Einigt sich der Ausschuss auf eine gemeinsame Formulierung, so wird in der *dritten Lesung* die Richtlinie entweder vom Parlament angenommen oder abgewiesen.

Umsetzung in nationales Recht

Nun haben die nationalen Parlamente die Aufgabe, binnen einer festgesetzten Frist die Richtlinie in nationales Recht umzusetzen. Dazu muss die Richtlinie in Deutschland den vollständigen Gesetzgebungsprozess durchlaufen, bevor sie als nationales Gesetz im Bundesgesetzblatt verkündet werden kann.

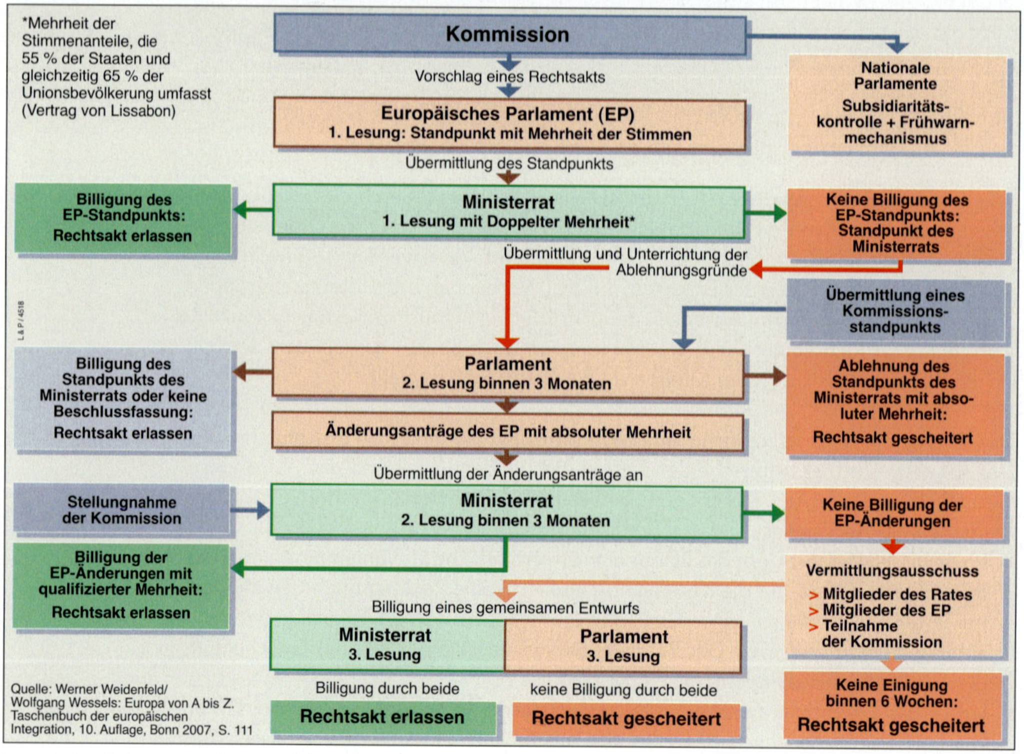

Das Ordentliche Gesetzgebungsverfahren der EU

5. Die EU auf dem Weg zu einem einheitlichen Rechtsraum

Freiheit, Sicherheit und Recht

Das Vorhaben, in der Europäischen Union einen einheitlichen Raum der Freiheit, der Sicherheit und des Rechts zu schaffen, scheint ähnlich Erfolg versprechend zu sein wie die Entwicklung der gemeinsamen Wirtschafts- und Währungsunion. Seit dem Vertrag von Amsterdam verfügt die EU über weitreichende Rechtsetzungskompetenzen in der Justiz- und Innenpolitik, die durch die Verträge von Nizza und Lissabon erneut erweitert wurden. Die Gestaltung der Justiz- und Innenpolitik gehört damit zu den vergemeinschafteten Politikbereichen, die sich besonders dynamisch entwickeln.

Haager Programm

In dem 2004 beschlossenen Haager Programm einigten sich die EU-Staaten auf den weiteren Ausbau der gemeinsamen Asyl- und Einwanderungspolitik, die vollständige Harmonisierung der Grenzkontrollen und die Vertiefung der polizeilichen und justiziellen Zusammenarbeit. Diese Ziele wurden bis 2009 verwirklicht.

Schengener Abkommen

Der erste Schritt zur Harmonisierung der Grenzkontrollen war 1985 von fünf EG-Mitgliedstaaten mit der Unterzeichnung des Schengener Abkommens getan worden. Man verpflichtete sich dazu, die innerstaatlichen Grenzkontrollen abzuschaffen, um einen freien Reiseverkehr zu ermöglichen. Inzwischen gehören 28 Staaten dem „Schengen-Raum" an (Stand: 2010), davon 25 EU-Mitglieder. Die Personenkontrollen zwischen den Teilnehmer-Staaten wurden durch Kontrollen an den Außengrenzen des Schengen-Raums ersetzt: Für die Einreise wird ein Visum benötigt, das dann für alle Staaten gilt. Der Wegfall der zwischenstaatlichen Personenkontrollen wurde kompensiert durch eine Ausweitung der polizeilichen Kontrollbefugnisse und der grenzüberschreitenden polizeilichen Zusammenarbeit, etwa bei der Verfolgung von Straftätern. Insgesamt dient die Verschärfung der Grenzüberwachung vor allem dem Kampf gegen die organisierte Kriminalität wie dem Drogenschmuggel und Menschenhandel. Kritik am Schengener Abkommen richtet sich gegen die Verschärfung der Grenzüberwachung an den Außengrenzen, die die Armuts- und Wirtschaftsflüchtlinge in die Arme von Schleusern treibt. Andererseits wird das Verhalten mancher Schengen-Staaten kritisiert, die ihre Grenzen nur ungenügend vor illegaler Einwanderung schützen.

Asyl- und Einwanderungspolitik

Um den Druck auf ihre Außengrenzen zu verringern, haben die Europäer eine gemeinsame Asyl- und Einwanderungspolitik entwickelt und im Vertrag von Lissabon festgeschrieben. Die Asylpolitik umfasst die Einführung eines gemeinsamen Asylverfahrens und die Schaffung eines unionsweit einheitlichen Status für diejenigen, denen Asyl gewährt wird. Daneben betreiben die Europäer eine aktive Entwicklungs- und Menschenrechtspolitik in den Herkunftsländern der illegalen Einwanderer, die die Fluchtursachen, z. B. durch finanzielle Unterstützung, mindern sollen.

justizielle Zusammenarbeit

Die Koordinierungsstelle „Eurojust" in Den Haag unterstützt in Strafsachen seit 2003 die nationalen Staatsanwaltschaften bei EU-weiten Ermittlungsverfahren im Rahmen der justiziellen Zusammenarbeit. Parallel dazu existieren Austauschprogramme für Richter und Staatsanwälte. Insgesamt bleiben die Fortschritte im strafrechtlichen Sek-

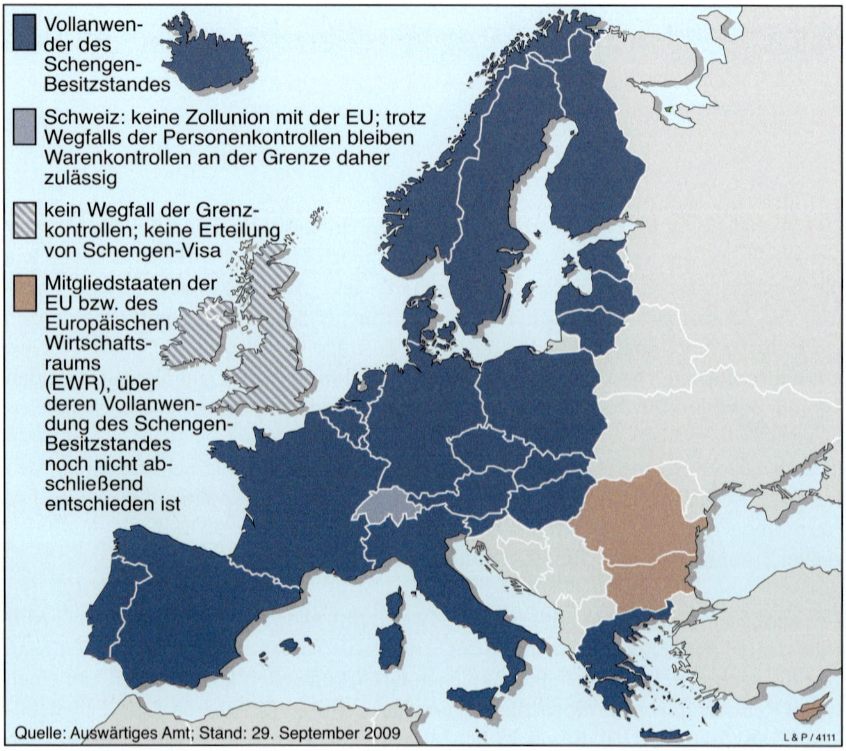

Der Schengen-Raum

tor jedoch hinter den zeitlichen Planungen zurück: So etwa konnte ein bereits 2005 gefasster Beschluss zur grenzüberschreitenden Verfolgung von Verkehrsdelikten bislang nicht umgesetzt werden (Stand: 2010). Fortschritte bei der Harmonisierung des Rechts lassen sich hingegen im zivilrechtlichen Bereich feststellen, etwa bei der juristischen Behandlung des elektronischen Zahlungsverkehrs.

polizeiliche Zusammenarbeit

Spätestens seit den Terroranschlägen von Madrid 2004 und London 2005 steigt die Bedeutung einer EU-weiten Zusammenarbeit auch im polizeilichen Bereich. Neben der Terrorbekämpfung stehen die Verhinderung illegaler Einwanderung und der Kampf gegen das organisierte Verbrechen im Fokus der grenzüberschreitenden polizeilichen Zusammenarbeit. Hierzu wurde „Europol" als Europäisches Polizeiamt in Den Haag ins Leben gerufen und 1999 für voll einsatzfähig erklärt. Die Aufgaben der europäischen Polizeibehörde bestehen in der Verarbeitung und Analyse von Informationen, die im Bedarfsfall an die nationalen Polizeidienststellen weitergeleitet werden. Außerdem kann sich Europol an gemeinsamen Ermittlungsgruppen der Mitgliedstaaten beteiligen bzw. einzelne Mitglieder auffordern, Ermittlungen aufzunehmen. Von dem Ziel, ein europäisches Pendant zur US-Bundespolizei FBI (Federal Bureau of Investigation) zu schaffen, ist man allerdings noch weit entfernt. Die Oberhoheit über die Polizei fällt nämlich traditionell in den nationalen Aufgabenbereich, und von vielen Staaten wird das Subsidiaritätsprinzip hier sehr eng ausgelegt.

6. Reformen und Perspektiven der EU: Erweiterungspolitik

vom Europa der 6 zur Osterweiterung

Die Geschichte der EU ist auch die Geschichte ihrer stetigen Erweiterung. Nach der Norderweiterung 1995 stand der gewaltigste Kraftakt in der Geschichte der europäischen Integration bevor: die Erweiterung um zwölf mittel- und osteuropäische Staaten. Im Vorfeld mussten die ehemals kommunistischen Staaten Mittel- und Osteuropas, deren Beitritt 2004 bzw. 2007 erfolgte, zuerst die „Kopenhagener Kriterien" erfüllen, die die Regierungschefs der EU schon 1993 festgelegt hatten:

Kopenhagener Kriterien

Allgemeine Kriterien	Prüfungskatalog für Beitrittsreife
Demokratisches System	• Stand des politischen Reformprozesses in Bezug auf: – Institutionen – Medien – Verbände – Parteien – Rechtspflege • Verwaltungssystem • Orientierung in der Außen- und Sicherheitspolitik • Verfassungsrechtliche Mindeststandards, insb.: – Grundrechtsschutz – Rechtsstaatlichkeit – Minderheitsrechte
Wirtschaftliche Leistungsfähigkeit	• Stand der Reformen zur Schaffung einer Marktwirtschaft, insb.: – Agrarpolitik – Wettbewerbspolitik – Außenhandel – Geldpolitik • Stand des Strukturwandels besonders in Bezug auf Privatisierung
Acquis communautaire (Besitzstand der Gemeinschaft)	• Stand des rechtlichen Harmonisierungsprozesses, insb. in – Wirtschaftsrecht – Handelsrecht – Zivilrecht • Bereitschaft zur Aufgabe eigener Kompetenzen und staatlicher Souveränität • Einstellung der Bevölkerung; Grad der Identifikation mit der EU

Tabelle aus Michael Piazolo: Das integrierte Deutschland. Europäische und internationale Verflechtungen, München 2006, S. 145

beitrittsfähige Kandidaten? – aufnahmefähige EU?

Mitglied können also nur Staaten werden, die eine stabile Demokratie und eine funktionierende Marktwirtschaft aufweisen und die bereit sind, sich in den europäischen Binnenmarkt einzugliedern und die Verordnungen und Richtlinien der EU vollständig zu übernehmen. Zudem sind die „Neuankömmlinge" verpflichtet, den Euro als Währung zu übernehmen, sofern sie die Stabilitätskriterien der Währungsunion erfüllen. Während die ehemaligen Ostblockstaaten große Schwierigkeiten vor allem beim Umbau ihrer sozialistischen Plan- zu einer freien Marktwirtschaft hatten, befürchteten die bisherigen Mitgliedstaaten eine finanzielle Mehrbelastung und höheren Konkurrenzdruck. Das Hauptproblem der EU bestand lange Zeit in der Anpassung ihrer Verträge und Organe an die gestiegene Mitgliederzahl, um ihre Handlungsfähigkeit auch nach der Osterweiterung zu gewährleisten. Nach dem Scheitern der Verfassung sollte der Reformvertrag von Lissabon die EU institutionell verschlanken. Allerdings darf auch weiterhin jeder Mitgliedstaat einen Kommissar stellen, eine Regelung, die die Handlungsfähigkeit der Kommission künftig einschränken kann.

neue Beitrittskandidaten

Derweil stehen bereits neue Beitrittskandidaten „vor der Tür": So wurde 2004 von der EU-Kommission festgestellt, dass die Türkei die politischen Beitrittskriterien erfülle. Seit 1963 ist die Republik Türkei mit der EWG assoziiert, 1987 wurde das offizielle Beitrittsgesuch eingereicht, und seit 2005 laufen die Beitrittsverhandlungen. Kroatien liegt bei den Beitrittsverhandlungen gleichauf, obwohl es erst 2003 um eine Aufnahme in die EU ersucht hatte. Mazedonien wurde 2005 der Status eines „Kandidatenlandes" zugesprochen – zu Verhandlungen kann es jedoch erst nach weiteren Reformen und Maßnahmen im Justizwesen und bei der Korruptionsbekämpfung kommen. In der von den EU-Staaten und den Ländern des westlichen Balkans 2003 abgegebenen „Erklärung von Thessaloniki" kam zum Ausdruck, dass sich Bosnien-Herzegowina, Serbien, Montenegro, Albanien und der (seit 2008 unabhängige) Kosovo fortan um Beitritt bemühen würden. Ebenso streben die ehemaligen Sowjetrepubliken Ukraine, Weißrussland und Moldawien zumindest eine engere Anbindung an die EU an. Island hat 2009 um EU-Beitritt ersucht; die Kommission hat 2010 offiziell die Verhandlungen aufgenommen.

neue Beitrittshürden

Seit der Osterweiterung sind die Hürden für den Beitritt erhöht worden. Neben dem geographischen Aspekt, der z. B. 1987 zur Abweisung Marokkos führte, und den Kopenhagener Kriterien kommen bei den Verhandlungen mit der Türkei und Kroatien neue Verfahrenselemente zum Tragen, die einen Beitrittsautomatismus vermeiden und den Mitgliedstaaten mehr Kontrollrechte einräumen sollen. So etwa kann die Aussetzung der Verhandlungen beschlossen werden, sollte ein Kandidat schwerwiegend und dauerhaft gegen die Grundwerte der EU verstoßen. Alle Kapitel des Kriterienkatalogs, über die sich das Bewerberland und die EU geeinigt haben, werden stets nur vorläufig angenommen und erst am Ende der Verhandlungen als Gesamtpaket verabschiedet.

EU-Beitritt der Türkei?

Kein Beitrittskandidat ist in der Geschichte der EU so umstritten wie die Türkei. Kritisch werden immer wieder die Schwäche der demokratischen Institutionen, der politische Einfluss des Militärs, die Diskriminierung der Volksgruppe der Kurden sowie Menschenrechtsverletzungen, z. B. beim Strafvollzug, angeführt. Auch die wirtschaftlichen Rückstände sind oft bemängelt worden, vor allem mit Blick auf das politische Gewicht, das die Türkei mit ihren rund 73 Millionen Einwohnern in den europäischen Institutionen in die Waagschale werfen könnte. Der Aufwendung von EU-Subventionen für die türkische Landwirtschaft und der islamischen Prägung des Landes stehen viele Europäer skeptisch gegenüber. Zudem spielen sicherheitspolitische Überlegungen eine Rolle, denn mit einem Beitritt der Türkei läge die Außengrenze der EU mit einem Mal am Irak und dem Iran – und damit an zentralen Krisengebieten des 21. Jahrhunderts. Andererseits nimmt die Türkei mit ihrem demokratisch-laizistischen Staatsaufbau innerhalb der islamischen Welt eine Sonder- und Vorbildrolle ein, die sich bei einem EU-Beitritt positiv auf die angrenzenden Staaten im Nahen und Mittleren Osten auswirken könnte. Angesichts der weltweiten Terrorgefahr wäre das NATO-Mitglied Türkei für die EU außerdem ein schlagkräftiger Partner an einer geopolitisch wichtigen Schnittstelle zwischen Europa und Asien.

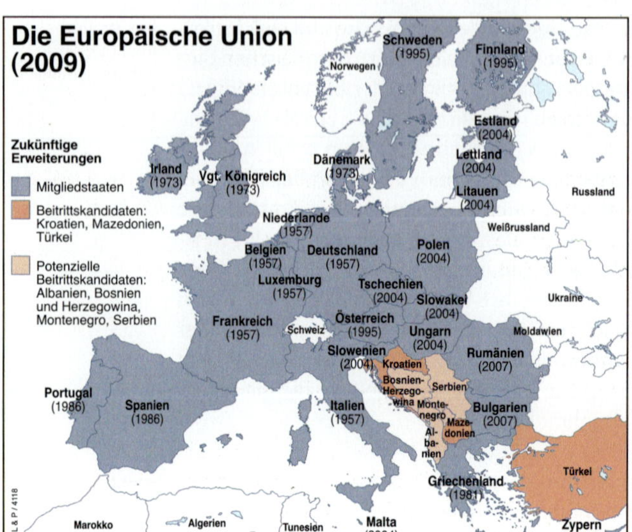

7. Ein europäisches Bewusstsein?

Europa der Regionen

Da die Zukunft eines demokratischen Staatswesens nicht nur auf seiner Legitimität, sondern auch auf der Identifikation seiner Bürgerinnen und Bürger mit diesem beruht, ist man in Brüssel bemüht, die Union erlebbarer und transparenter zu machen, so z. B. auf regionaler Ebene: 1985 schlossen sich die europäischen Regionen freiwillig in der „Versammlung der Regionen Europas" (VRE) zusammen, der heute mehr als 300 Regionen angehören. 1994 wurde mit dem Maastrichter Vertrag der Ausschuss der Regionen (AdR) gegründet, der regionalen und lokalen Gebietskörperschaften im Sinne des Subsidiaritätsprinzips eine eigenständige Mitarbeit in der EU garantiert und so dem Ziel dient, den Zustimmungsgrad der Bevölkerung zu den in Brüssel getroffenen Entscheidungen zu erhöhen:

- Der AdR ist ein beratendes Gremium, das in einzelnen Politikfeldern (z. B. in der Gesundheits- oder Verkehrspolitik) vom Ministerrat und vom Parlament gehört werden muss; in anderen Politikfeldern kann er angehört werden.
- Der AdR kann eigeninitiativ Stellungnahmen und Entschließungen abgeben und damit seinen Standpunkt zu allen Fragen der europäischen Integration kundtun.
- Seit 2010 kann der AdR zur Wahrung seiner Rechte sowie der regionalen und lokalen Zuständigkeit vor dem Europäischen Gerichtshof klagen.

Europa der Bürger

Für den Bürger selbst ist Europa erfahrbar durch die Unionsbürgerschaft, die die jeweils nationale Staatsbürgerschaft ergänzt, sie aber nicht ersetzt. Die Unionsbürgerschaft schließt verschiedene Rechte ein: private und berufliche Freizügigkeit im Gebiet der EU, gegenseitige Anerkennung von Universitäts- und Berufsabschlüssen, Niederlassungs- und Dienstleistungsfreiheit, diplomatischer Schutz durch Auslandsvertretungen anderer Mitgliedstaaten in Drittländern, aktives und passives Wahlrecht bei Kommunal- und Europawahlen sowie Petitionsrechte beim Parlament. Seit 2010 steht jedem EU-Bürger die Klage am EuGH frei, sollte man sich in seinen in der Europäischen Grundrechtscharta verbrieften Rechten verletzt sehen. Ebenso wurde im Lissabon-Vertrag die Möglichkeit eines europäischen Bürgerbegehrens geschaffen, mit dem die Kommission zu einem Gesetzesvorschlag aufgefordert werden kann.

Identitätsbildung in der EU?

Die Rechte der Regionen und der Bürger formell zu erweitern, ist mittels Beratungen und Verträgen relativ leicht zu bewerkstelligen. Zu einer europäischen Identitätsbildung jedoch könnte es nur kommen, wenn sich die Menschen vorrangig als europäische Bürger verstünden und es folglich einen europäischen politischen Diskurs gäbe.

- Aber weder gibt es das Bewusstsein, Angehöriger eines europäischen Staatsvolkes zu sein, noch eine europaweite politische Kommunikation auf der Basis einer einheitlichen Sprache. Abgesehen vom Fernsehsender „Euronews" existieren keine gesamteuropäischen Medien.
- Die politischen Parteien präsentieren sich bei europäischen Wahlen nach wie vor als nationale Parteien; meist führen sie keinen europaspezifischen Wahlkampf, sondern greifen Themen von nationalem Belang auf. Dies führt häufig dazu, dass die Spitzen-

kandidaten zur Europawahl im Gegensatz zu den Spitzenkandidaten nationaler Wahlen kaum bekannt sind und im Wahlkampf daher kaum wahrgenommen werden.

- Zudem fehlen der EU identitätsstiftende Ressourcen. Trotz des gemeinsamen christlichen Erbes und der zivilisatorischen Wurzeln in der griechischen Philosophie und dem römischen Recht existieren erhebliche Unterschiede in den politischen Kulturen der Mitgliedgesellschaften: libertär in Großbritannien, republikanisch in Frankreich, föderalistisch in Deutschland, wohlfahrtsstaatlich in den skandinavischen Ländern. Europa lässt sich auch nicht über eine gemeinsame ethnische Zugehörigkeit, territoriale Grenzen und eine gemeinsame Sprache definieren. Es gibt keinen Gründungsmythos, keine personelle Klammer und auch keinen auswärtigen Feind, der die Union zusammenschweißen würde.

Mitunter werden Ängste auf die EU projiziert: die Furcht vor Arbeitslosigkeit, vor dem Wegfall von Sozialleistungen, vor organisierter Kriminalität, dem Verlust regionaler Eigenheiten oder dem EU-Beitritt der Türkei. Andererseits gelingt eine echte Identifikation der Bürger mit der EU häufig über den grenzfreien Schengen-Raum, Pässe, Führerscheine oder das Zahlungsmittel Euro.

Sokrates, Erasmus, Comenius und da Vinci

Die europäische Idee ist allerdings nicht nur ein Projekt von Eliten und Politik-Technokraten aus Brüssel, sondern lebt vom Austausch der Europäer untereinander. Die selbstverständlich gewordene Reisefreiheit bietet die Möglichkeit zum Abbau von Vorurteilen und Stereotypen, zur Schaffung von internationalen Kontakten und zum Kennenlernen anderer Mentalitäten. Ein erfolgreicher Ansatz zur Förderung des europäischen Bewusstseins besteht in der Europäisierung der Bildungs- und Jugendpolitik. „Sokrates" z. B. ist das Aktionsprogramm der EU für die grenzüberschreitende Zusammenarbeit in Bereichen der allgemeinen Bildung. Mit dem Teilprogramm „Erasmus" werden insbesondere Auslandsaufenthalte von Studierenden und Dozenten gefördert. Das „Comenius" Programm hat zum Ziel, das kulturelle und interkulturelle Verständnis durch Schüleraustausche und die Zusammenarbeit zwischen Schulen in EU-Ländern zu entwickeln. Im Teilprogramm „Leonardo da Vinci" sammeln u. a. Auszubildende und Arbeitnehmer Berufserfahrung in europäischen Unternehmen und verbessern ihre Fremdsprachenkenntnisse, um die Chancen am europäischen Arbeitsmarkt zu erhöhen.

V. Frieden und Sicherheit als Aufgabe der internationalen Politik

1. Gefahren für Frieden und Sicherheit

klassischer und erweiterter Sicherheitsbegriff

Während des Ost-West-Konflikts stand von 1947 bis 1989/90 die Abschreckung insbesondere vor nuklearen Angriffen im Vordergrund. Abrüstung und Rüstungskontrolle sollten dazu beitragen, die Beziehungen zwischen den Staaten in Ost und West vertraglich zu regeln und Spannungen abzubauen. Heute sind Frieden und Sicherheit jedoch nicht mehr nur mit der klassischen militärischen Bedrohungsabwehr gleichzusetzen. Da Frieden und Sicherheit im 21. Jahrhundert nicht allein durch Staaten bedroht werden, wird auch Sicherheits- und Friedenspolitik als Querschnittsaufgabe verstanden, die wirtschaftliche, gesellschaftliche und politische Formen der Entwicklungshilfe ebenso kennt wie zivile und militärische Instrumente des Krisenmanagements.

Negativer und Positiver Frieden

Man unterscheidet zwischen „Negativem" und „Positivem" Frieden: Während der Negative Frieden die bloße Abwesenheit von Krieg oder kollektiver Gewaltanwendung bezeichnet, meint der Positive Frieden die Abwesenheit von struktureller Gewalt und damit die Abwesenheit all der Faktoren, die Menschen daran hindern, ihre Anlagen und Möglichkeiten voll zu entfalten. Diskriminierung, ungleiche Bildungschancen oder das Wohlstandsgefälle zwischen Industrie- und Entwicklungsländern wären in diesem Sinne Merkmale struktureller Gewalt, die nur durch einen Positiven Frieden behoben werden können, der nicht nur formell Ordnung und Sicherheit anstrebt, sondern diese materiell mit Inhalten füllt, indem er z. B. Menschen- und Bürgerrechte durchsetzt.

klassische und „neue" Kriege

Die Logik der gegenseitigen Abschreckung während des Kalten Krieges hatte paradoxerweise eine stark stabilisierende Funktion. Mit dem Zusammenbruch der Sowjetunion 1991 konnten jedoch bislang unterdrückte Regionalkonflikte neu ausbrechen, wie z. B. im früheren Jugoslawien. Damit standen sich nicht mehr die zwei verfeindeten Blöcke NATO und Warschauer Pakt gegenüber, sondern eine Vielzahl an Akteuren – Warlords, Rebellengruppen, Kindersoldaten und Söldnerarmeen – bekämpften und bekämpfen sich in „neuen Kriegen". Im Unterschied zu klassischen Kriegen verschwinden damit die Trennlinien zwischen Staat, Armee und Zivilbevölkerung. Die internationale Politik im 21. Jahrhundert birgt daher unterschiedlichste Gefahren:

globale Gefahren

- *Politisch-militärische Gefahren:* Die Zahl der Staaten, die in den vergangenen Jahren nach Massenvernichtungswaffen (MVW) strebten, ist zurückgegangen. Dennoch existieren in vielen Ländern Programme zur Herstellung von atomaren, biologischen und chemischen (ABC-)Waffen. Nuklearmächte wie Indien, Pakistan, Israel und Nordkorea sowie das Nuklearprogramm des Iran spielen durch ihr Bedrohungspotential eine wichtige Rolle für die künftige atomare Ordnung. Im Rahmen der „neuen Kriege" führen Bürgerkriege und der transnationale Terrorismus zu neuen Gefährdungen, insbesondere das Terrornetzwerk Al Qaida um Osama bin Laden. Ein Sicherheitsrisiko gigantischen Ausmaßes stellen in der Tat Massenvernichtungswaffen in den Händen von Terroristen dar; die Staatengemeinschaft sieht sich nicht nur gezwungen, die Kernwaffenrüstung zu kontrollieren, sondern sie auch vor dem Zugriff von Extremisten zu schützen.

- *Ökonomische Gefahren:* Angesichts immer knapper werdender Ressourcen wächst die Gefahr der Verteilungskämpfe um Wasser, Energie und Rohstoffe. Globale Wirtschafts- und Finanzkrisen haben an Umfang und Bedeutung zugenommen. So führte die US-amerikanische Immobilienkrise vom Herbst 2008 zu einem drastischen Einbruch der Weltwirtschaft.

- *Ökologische Gefahren:* Klimawandel, Wasserknappheit, Abholzung, Erdrutsche, Überschwemmungen und Wüstenbildung verändern die Lebensbedingungen von Millionen Menschen. Armut, Hungersnot und ein hohes Bevölkerungswachstum hängen in Entwicklungsländern oft eng zusammen und vergrößern so das Flüchtlingsproblem für die westlichen Industrieländer.

- *Soziale Gefahren:* In Mittel- und Osteuropa, in Asien, vor allem aber in Afrika südlich der Sahara und in Lateinamerika ist die Lebenssituation vieler Menschen von Armut, Hunger, Krankheit und fehlender Bildung gekennzeichnet. Das Gefühl der Ungleichbehandlung und Ausweglosigkeit fördert Unruhen, soziale Spannungen und Kriminalität. Das Gewaltmonopol des Staates kann dadurch destabilisiert werden, Staaten können zerfallen oder scheitern (failing states) und damit den regionalen Frieden gefährden. Religiöse und kulturelle Konflikte – angefacht von fundamentalistischem Denken – verschärfen diese Spannungen.

- *Rechtliche Gefahren:* Die Verletzung der Menschenrechte, Völkermord, Folter und die Diskriminierung von benachteiligten Gruppen – etwa von Kindern, Frauen und Ureinwohnern – sind in einigen Teilen der Welt noch immer besorgniserregend. So greift die internationale Staatengemeinschaft bei offensichtlichen Verbrechen gegen die Menschlichkeit im Rahmen von sogenannten humanitären Interventionen auch militärisch ein, wie z. B. im Kosovo 1999.

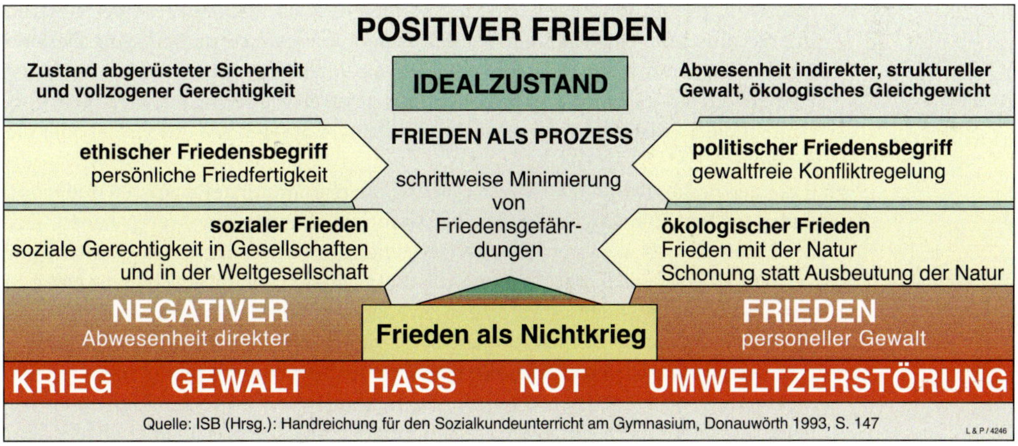

Friedensbegriffe

2. Zentrale Begriffe der internationalen Beziehungen

Internationale Politik

Internationale Politik hat als eine wesentliche Aufgabe, Frieden zu schaffen und Gegensätze, die in ihrer schärfsten Form zum Krieg führen können, zu überwinden. Das Hauptproblem besteht dabei darin, dass im Gegensatz zum Herrschafts- und Gewaltmonopol der Staaten, die für ihr Staatsgebiet und die darauf lebenden Staatsbürger verbindliche Regeln und Entscheidungen treffen und diese – notfalls auch mit Zwang – durchsetzen können *(innere Souveränität)*, es in der internationalen Politik keine Weltregierung gibt, die den Staaten vorschreiben könnte, wie sie ihre Politik und Staatsgewalt nach innen oder außen auszuüben hätten *(äußere Souveränität)*. Mit den Staaten als den bedeutendsten Akteuren findet internationale Politik also noch immer unter den Bedingungen von Anarchie und Selbsthilfe in einem dezentral organisierten Staatensystem statt. Man spricht in diesem Zusammenhang auch von der „westfälischen Ordnung" des Staatensystems, da die mit dem Westfälischen Frieden von Münster und Osnabrück 1648 europaweit vereinbarten Prinzipien der inneren und äußeren Souveränität bis in die Gegenwart fortwirken.

neue Differenzierung des Staatensystems

Die Staaten lassen sich im 21. Jahrhundert nach drei Kategorien differenzieren:

- *Moderne Staaten* sind die klassischen Nationalstaaten, die auf ihrer Souveränität nach innen und außen bestehen. Das heißt, dass sie die Unterordnung unter eine andere Macht grundsätzlich ablehnen und die Übertragung von Souveränität an internationale Organisationen nur in sehr begrenztem Umfang akzeptabel ist. Souveränität nach innen heißt, dass die Einmischung in die inneren Angelegenheiten eines Staates abgelehnt wird. Diese Staaten können deshalb niemals Ziel einer äußeren Intervention sein, egal wie sie motiviert ist und von wem sie initiiert wird. Deshalb sind diese Staaten auch reserviert bei Interventionen gegenüber Dritten, um keine Präzedenzfälle zu schaffen. Zu dieser Gruppe gehören große Staaten wie China, Russland, Indien, Brasilien oder Iran, aber auch kleinere Staaten wie etwa Israel oder die Schweiz.
- *Postmoderne Staaten* sind die EU-Mitglieder, die eher multilateral agieren und einen Teil ihrer Souveränität an die europäischen Institutionen abgetreten haben. Der Multilateralismus wird von den EWG-Gründungsstaaten allerdings bereitwilliger verfolgt als etwa von Großbritannien, das trotz seiner EU-Mitgliedschaft die Nähe zu den USA sucht, oder den osteuropäischen Neumitgliedern, denen es schwerfällt, die gerade der Sowjetunion abgerungene Souveränität nun an „Brüssel" abzugeben.
- *Prämoderne Staaten* sind solche, die Einbußen an Souveränität hinnehmen müssen, nicht jedoch als Folge freiwilligen Verzichts, sondern als Folge der Aktivitäten der neuen Gewaltakteure, des daraus resultierenden Staatszerfalls und der gegebenenfalls darauf reagierenden Intervention von außen. Die Rückkehr der Piraterie am Horn von Afrika zeigt, was passieren kann, wenn ein Staat zerfällt und sein Gewaltmonopol verschwindet. Zu dieser Gruppe gehören die fragilen Staaten in Afrika südlich der Sahara, in Zentralasien und im Andenbereich Lateinamerikas.

Text im zweiten Absatz nach Ulrich Menzel: Nach den „neuen Kriegen", in: Praxis Politik 2/2009, S. 4–9; hier S. 6f.

internationale, supranationale und transnationale Organisationen

Neben den Staaten, die die internationalen Beziehungen mithilfe ihrer *nationalen* Außenpolitik gestalten, nimmt eine Vielzahl nichtstaatlicher Akteure Einfluss. Dazu gehören nicht nur *Allianzen* wie die NATO oder *supranationale* Organisationen wie die EU, sondern vor allem die rund 250 weltweit tätigen *internationalen* Organisationen (IOs), etwa die UNO, die OSZE, die ASEAN, der Mercosur oder die OPEC. International aktive Nicht-Regierungsorganisationen (INGOs), deren Zahl auf mehr als 40 000 geschätzt wird, haben ebenso an Bedeutung gewonnen. Solche Organisationen, etwa das Rote Kreuz oder der Rote Halbmond, Amnesty International, Greenpeace oder „Ärzte ohne Grenzen", handeln in der Regel nicht-profitorientiert und sozial, humanitär oder kirchlich. Hinzu kommen *transnationale* Konzerne und Großbanken als „Global Player", zivilgesellschaftliche Gruppen und Verbände, Medien, aber auch Rebellen- oder Befreiungsbewegungen sowie terroristische Vereinigungen wie Al Qaida.

Strukturen und Prozesse der Politik im internationalen Rahmen

Macht ist ein zentraler Aspekt der internationalen Politik. Je nachdem wie die Macht zwischen den Staaten verteilt ist, wandelt sich die Gestalt des internationalen Systems: Verfügt *ein* Staat über so viele Machtressourcen, dass er die internationale Politik weitgehend ohne eine ernst zu nehmende Gegenmacht dominieren kann, spricht man von Unipolarität. Existiert – wie im Kalten Krieg – ein Machtgleichgewicht zwischen *zwei* Staaten, so ist die Struktur des internationalen Systems bipolar. Die Struktur ist multipolar, wenn ein Machtgleichgewicht zwischen *mehr als zwei* Staaten besteht. Zeitgleich ablaufende Prozesse wirken dabei auf das System der internationalen Politik ein:

- Globalisierung versus Regionalisierung,
- Integration versus Staatszerfall,
- Zivilisierung versus „neue Kriege",
- Demokratisierung versus autoritäre Herrschaftssicherung sowie
- transnationale Prozesse der Gemeinschaftsbildung versus kulturell-religiöse Konflikte.

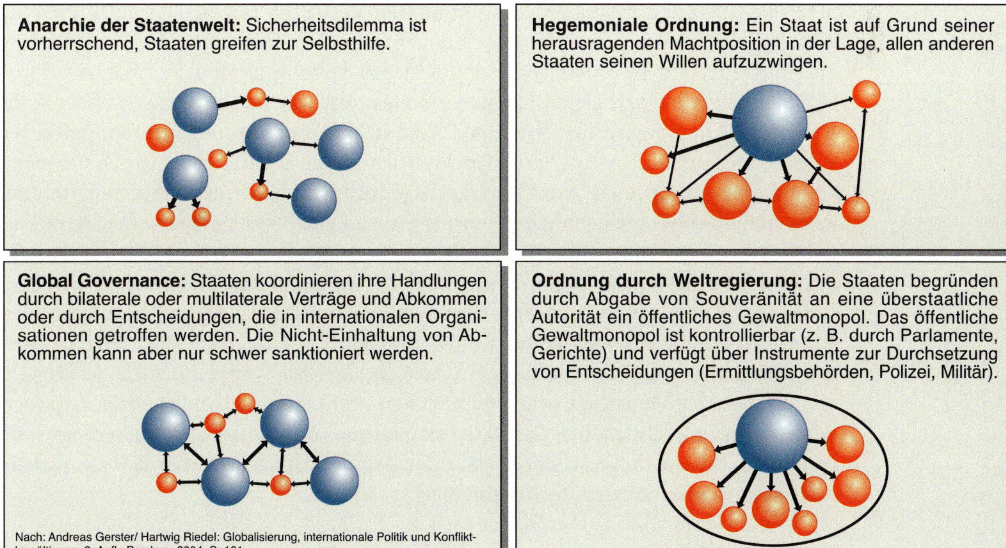

Weltordnungsmodelle

3. Handlungsfelder internationaler Politik

Werte

In der internationalen Politik geht es – wie in der Innenpolitik – um die gerechte Verteilung der Werte „Sicherheit", „Wohlfahrt" und „Freiheit". Die modernen Weltprobleme jedoch machen eine angemessene Verteilung dieser Werte äußerst schwierig.

Frieden und Sicherheit

Frieden und Sicherheit wurden durch die Terrorangriffe auf das New Yorker World Trade Center am 11. September 2001 sowie durch eine Vielzahl von Anschlägen in den darauffolgenden Jahren, in Bali, Madrid oder London, schwer erschüttert. Die Erfahrung der eigenen Verwundbarkeit durch militärisch weit unterlegene Gegner führte in der westlichen Welt der OECD-Staaten zu einer Vertrauenskrise in die äußere Schutzfunktion des souveränen Staates und zu einer Debatte über das künftige Verhältnis von Sicherheit und Freiheit im Inneren. Asymmetrische Bedrohungen, also Bedrohungen zwischen unterschiedlich starken Akteuren, existieren auch dort, wo Bürgerkriege stattfinden, staatliche Ordnungen zerfallen und rivalisierende Kriegsherren ihr Unwesen treiben. Ein kriegsauslösender oder -verlängernder Faktor ist dabei neben ethnischen, religiösen oder politischen Ursachen häufig der Kampf um Rohstoffe (Öl, Diamanten, Wasser, Gas oder Gold). Vor dem Hintergrund der vor allem innerstaatlich ausgetragenen Gewaltkonflikte haben sich die Anforderungen an eine wirksame und langfristige Friedenssicherung daher enorm erhöht: Nicht die Sicherheit des einzelnen Staates vor militärischen Angriffen, sondern das Sicherheitsbedürfnis der Zivilbevölkerung steht heute im Vordergrund westlicher Bemühungen.

Demokratie und Menschenrechte

Gerade von Demokratien wird angenommen, dass sie eine Tendenz zum friedlichen, regelgeleiteten und multilateral abgestimmten Verhalten zeigen. Das auf Immanuel Kant (1724–1804) zurückzuführende Konzept des „Demokratischen Friedens" vertritt die Annahme, eine Demokratisierung des Staatensystems erhöhe die Chance auf Kooperationsbereitschaft, gegenseitiges Vertrauen und letztlich auf einen stabilen Frieden in vielen Regionen dieser Welt. Aus Sicht etlicher, noch immer autoritär geführter Staaten im Nahen und Mittleren Osten, in Afrika oder in Zentralasien werden Versuche eines derartigen „Exports" von Demokratie jedoch häufig als unerlaubte Einmischung in innerstaatliche Angelegenheiten betrachtet; dies auch, weil das westliche Demokratiemodell und seine liberalen Wirtschaftssysteme gegenüber autokratischen Systemen, insbesondere der Volksrepublik China und deren immer leistungsfähigerer Ökonomie, weltweit an Einfluss verloren haben. Gleichwohl zeugen die UN-Menschenrechtscharta von 1948 oder die UN-Anti-Folter-Konvention von 1984 und nicht zuletzt die Einrichtung eines Internationalen Strafgerichtshofs (IStGH) zur strafrechtlichen Verfolgung von schwersten Menschenrechtsverletzungen von einem allmählichen Durchbruch beim Menschenrechtsschutz. Gesetzte Normen auch durchzusetzen ist allerdings stets vom politischen Willen oder der Willkür der Verantwortlichen bei der Einhaltung verbindlichen internationalen Rechts abhängig.

Bildung und Entwicklung

Nach wie vor lebt ein Fünftel der Weltbevölkerung – mehr als 1 Milliarde Menschen – unterhalb der Armutsgrenze und muss mit weniger als einem US-Dollar pro Tag auskommen. Obwohl der weltweite Anteil an extremer Armut aufgrund des wirtschaftlichen Wachstums in China und Ostasien deutlich zurückgegangen ist, gelingt es der Menschheit vor allem in Afrika südlich der Sahara und in Südasien noch immer nicht, Armut und Mangelernährung Herr zu werden. Die landwirtschaftlichen Produktionsmöglichkeiten haben sich dort klimatisch bedingt verschlechtert. Hungersnöte und Flüchtlingsströme sind die Folgen. Der fehlende Zugang zu schulischer und beruflicher Bildung wiederum lässt Hunderttausende wie in einem Teufelskreis immer tiefer in die Armutsfalle gleiten. Auf dem UN-Millenniumsgipfel im Jahr 2000 hatten sich die Staats- und Regierungschefs daher auf einen bisher nicht erfüllten Katalog von Entwicklungszielen verständigt, der u. a. den Hunger, die Kinder- und Müttersterblichkeit sowie die Ungleichbehandlung der Geschlechter lindern, die Chancen bei der Schulbildung erhöhen, ökologische Gefahren reduzieren und die Lebensbedingungen von 100 Millionen Slumbewohnern bis zum Jahr 2015 nachhaltig verbessern sollte.

Energie und Umwelt

Weltweit steigen die Rohstoffpreise und zeugen damit von einer Rohstoffknappheit, die unter Staaten und global agierenden Konzernen die Furcht schürt, mittelfristig vom Zugang zu Energieressourcen ausgeschlossen zu werden. Die meisten Staaten betrachten die eigene Versorgung mit endlichen, fossilen Energieträgern wie Erdöl, Erdgas, Braun- oder Steinkohle daher als Bestandteil ihrer Sicherheitspolitik und überlassen diese nicht mehr allein dem globalen Marktmechanismus. Bereits heute kommt es daher zu Konflikten um Ressourcen, wie z. B. im Kongo. Zugleich gefährden auch der Klimawandel und die zunehmende Umweltbelastung die Lebenschancen der Menschen und den internationalen Frieden. Nicht alle Teile der Welt sind davon in gleicher Weise betroffen: Der Zugang zu den existenziellen Grundgütern Wasser, Nahrung und Sicherheit ist für einige schwierig, anderen können ihn abmildern, und manche zählen zu den Profiteuren dieser Veränderungen. Vor allem gilt dies im Verhältnis zwischen den Industriestaaten auf der Nordhalbkugel und den wenig entwickelten Ländern des Südens. Die Zunahme globaler Verflechtungen und globaler Risikolagen zwingt uns, gemeinsam Wege zur Herstellung von „menschlicher Sicherheit" zu finden. Ein regulierendes Eingreifen zur Lösung von Ursachen und Folgen, wie es z. B. das Kyoto-Protokoll von 1997 vorsieht, wird jedoch durch die unterschiedlichen Interessen der staatlichen und nichtstaatlichen Akteure immer wieder erschwert.

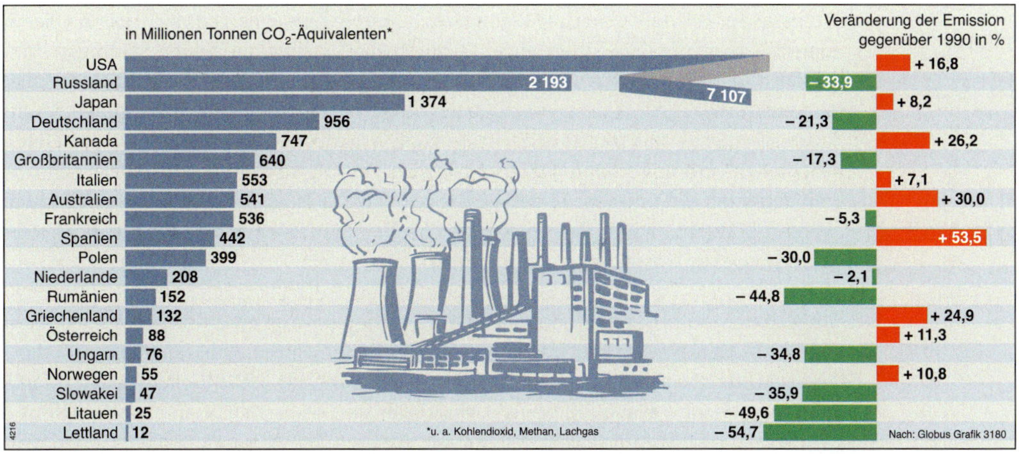

Die Klimabilanz ausgewählter Länder des Kyoto-Protokolls und der USA (2007)

4. Sichert die UNO den Weltfrieden?

Aufgaben der UNO

Zu den Hauptaufgaben der United Nations Organization (UNO) zählen seit der Unterzeichnung der Charta der Vereinten Nationen 1945:

- die Sicherung des Friedens und die Garantie der internationalen Sicherheit,
- der Schutz der Menschenrechte und die Fortentwicklung des Völkerrechts angesichts des Völkermords und der Verbrechen gegen die Menschlichkeit des Hitler-Regimes sowie
- die weltweite ökonomische und soziale Entwicklung, erweitert in jüngster Zeit um
- den Umwelt- und Naturschutz vor dem Hintergrund des globalen Klimawandels.

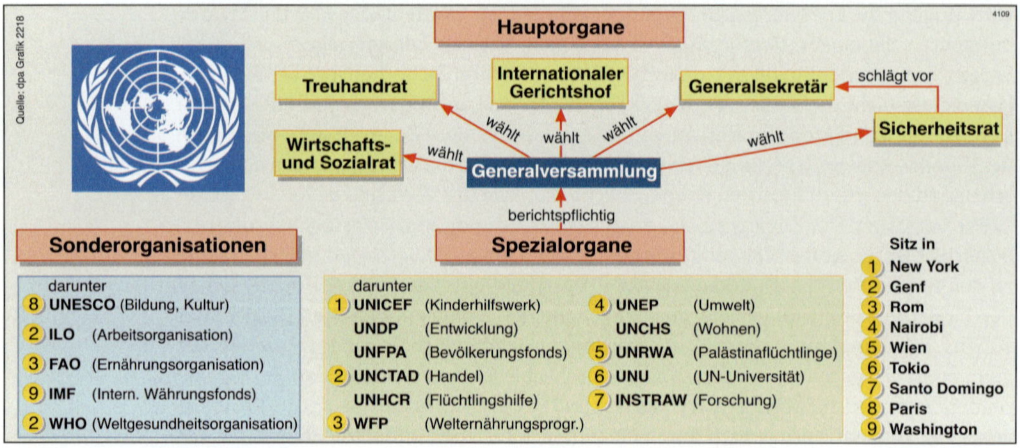

Das System der Vereinten Nationen

UN-Sicherheitsrat

Während des Ost-West-Konflikts konnten die Vereinten Nationen ihre wesentliche Aufgabe der Friedenssicherung kaum wahrnehmen: Zum einen nämlich war die Handlungsfähigkeit des UN-Sicherheitsrats durch die Uneinigkeit seiner Ständigen Mitglieder (USA, Sowjetunion, China, Großbritannien, Frankreich) häufig blockiert oder eingeschränkt. Zum anderen verfügt die UNO bis heute über keine eigenen Streitkräfte. Der Sicherheitsrat ist dabei das einzige Organ, dessen Beschlüsse für alle UNO-Mitglieder verbindlich sind. Da grundsätzliche Resolutionen nur mit einer Mehrheit von neun der 15 Stimmen, einschließlich der fünf Ständigen Mitglieder, angenommen werden können, genügt das Veto eines einzigen Ständigen Mitglieds, um die Verabschiedung einer Resolution zu verhindern.

UN-Generalversammlung

Ungeachtet der prominenten Stellung der Ständigen Mitglieder des Sicherheitsrats ist die UNO insgesamt vor allem durch die Prinzipien der Universalität und Kollegialität gekennzeichnet. So sind in der UN-Generalversammlung alle 192 Mitgliedstaaten (Stand: 2010) unabhängig von Größe, Bevölkerungszahl und Wirtschaftskraft nach dem Prinzip „ein Staat – eine Stimme" gleichberechtigt vertreten. Die Resolutionen der Generalversammlung haben zwar nur empfehlenden Charakter. Häufig aber haben der Druck von

Handelssanktionen, Waffenembargos oder der Abbruch diplomatischer Beziehungen zahlreichen Empfehlungen und Erklärungen der Generalversammlung zu universeller Akzeptanz verholfen.

UN-Peacekeeping

Das Ende des Ost-West-Konflikts befreite die UNO aus ihrer jahrzehntelangen Lähmung und konfrontierte sie sogleich mit neuen Herausforderungen, denn mit dem Aufbrechen regionaler Krisenherde wurden friedenserhaltende Maßnahmen und humanitäre Interventionen notwendig. Neben Stabilisierungserfolgen in Haiti oder Ost-Timor führte eine Reihe fehlgeschlagener Missionen in Somalia, Ruanda und Jugoslawien zu einer immer robusteren Friedenssicherung (*Peacekeeping*) mit der Verknüpfung von Friedenserhaltung und Friedenserzwingung. Das Massaker in Srebrenica – damals UN-Schutzzone –, bei dem im Juli 1995 mehr als 8 000 bosnische Muslime von serbischen Freischärlern ermordet wurden, sowie der von der NATO geführte Kosovo-Krieg 1999 waren entscheidende Wendepunkte. Ein robustes militärisches Mandat sollte künftig auch den (Wieder-)Aufbau der staatlichen Ordnung einschließen. Die Übernahme ziviler Verwaltungsaufgaben stellt eine weitere Ergänzung der UN-Einsätze dar, die seit 1960 von den berühmten „Blauhelm"-Soldaten durchgeführt werden.

UN-Reform

Da die Zahlen der bewaffneten Konflikte und Menschenrechtsverletzungen weltweit auf einem hohen Niveau stagnieren, ist nicht nur die Frage der finanziellen und militärischen Unterstützung der Blauhelme, sondern auch die Frage nach einer institutionellen UN-Reform zu einem Dauerbrenner in politischen Debatten avanciert. Insbesondere der UN-Sicherheitsrat gilt seit langem als antiquiert, da er die Machtverhältnisse aus der Zeit des Kalten Krieges widerspiegelt. Durch die Dominanz der fünf Vetomächte fühlen sich vor allem afrikanische, insgesamt aber auch viele muslimische Länder unterrepräsentiert. Angesichts ihrer weltweit stärkeren Verantwortungsübernahme bemüht sich auch die Bundesrepublik Deutschland um einen ständigen Sitz.

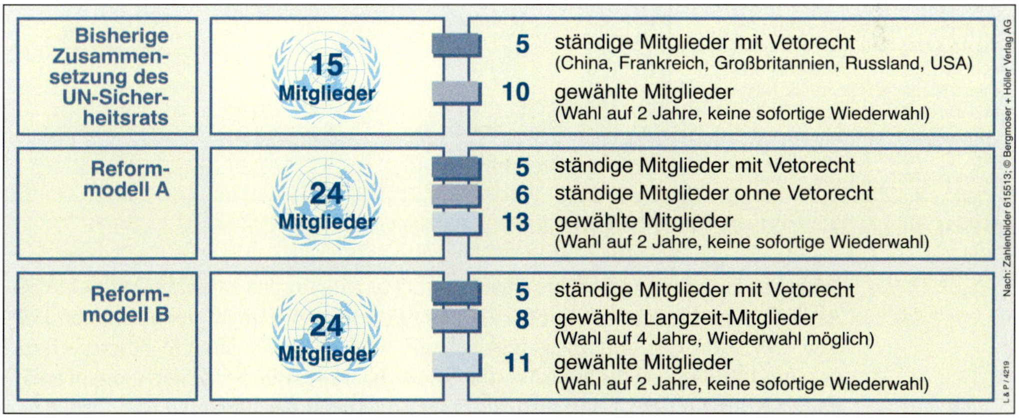

UNO und OSZE – Akteure kollektiver Sicherheit

Die Organisation für Sicherheit und Zusammenarbeit in Europa (OSZE) ist noch vor der UNO der erste internationale Ansprechpartner bei Konflikten innerhalb Europas. Die OSZE wird wie die UNO als System kollektiver Sicherheit angesehen. Neben der Sicherung des Friedens strebt sie die Achtung der Menschenrechte sowie der Demokratie und der Rechtsstaatlichkeit an. Darüber hinaus versucht die OSZE durch ein politisches Frühwarnsystem Konfliktprävention und Krisenmanagement zu erreichen.

5. Die NATO – neue Aufgaben für ein altes Bündnis

Die NATO – „Kind" des Kalten Krieges …

Durch den heraufziehenden Kalten Krieg und das atomare Wettrüsten zwischen den USA und der UdSSR wurde die 1949 gegründete NATO (North Atlantic Treaty Organization) frühzeitig die zentrale militärische und politische Allianz zwischen Westeuropa und den USA.

… und Verteidigungsbündnis

Wie andere Regionalpakte besitzt auch die NATO das Recht zur kollektiven Selbstverteidigung nach Art. 51 UN-Charta. Mit dem Auseinanderbrechen der Sowjetunion 1991 verlor sie allerdings zunächst diese ursprüngliche Rechtfertigung. Dennoch löste sich die Allianz nicht auf – vielmehr passte sie sich ihrem gewandelten sicherheitspolitischen Umfeld an. Hatte die NATO während des Kalten Kriegs vor allem zur Aufrechterhaltung des strategischen Gleichgewichts in Europa, d. h. zum Erhalt des Friedens durch Abschreckung, Verteidigungsfähigkeit und die Unterstützung glaubwürdiger Entspannungspolitik, gedient, so traten mit der Deutschen Einheit und dem Zerfall des Warschauer Paktes neue Aufgaben neben die verteidigungspolitische Kernfunktion.

„Who strikes first, dies second" – dieser Grundsatz kennzeichnete das Verhältnis zwischen den USA und der UdSSR sowohl zu Zeiten der NATO-Strategie der „Massiven Vergeltung" (Massive Retaliation; 1957 bis 1967) als auch der „Flexiblen Antwort" (Flexible Response; 1967 bis 1991). Letztere ging zurück auf einen Bericht des belgischen Außenministers Pierre Harmel aus dem Jahr 1967 und seine „Zweisäulentheorie" aus „Verteidigung und Entspannung". Seit 1991 beruht die Sicherheitspolitik der NATO auf drei Säulen.

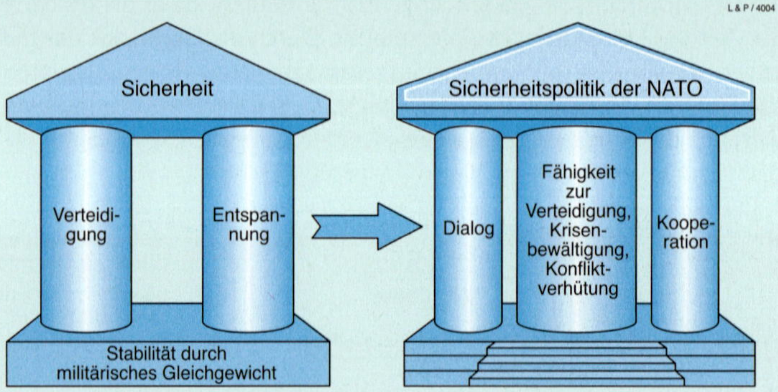

Von der gesicherten Zweitschlagsfähigkeit zur Fähigkeit der Krisenbewältigung

… und Krisenmanagerin

Krisenbewältigung und Friedenserhaltung rückten nun in den Mittelpunkt der NATO-Aktivitäten und fanden Ausdruck in den „Strategischen Konzepten" der Allianz von 1991 bzw. 1999. Mit den Luftschlägen gegen serbische Militäreinheiten in Bosnien-Herzegowina (1995) agierte die NATO erstmals außerhalb ihres Bündnisgebiets („out of area") und im Kosovo-Krieg (1999) erstmals ohne ein Mandat der Vereinten Nationen. Beide Einsätze waren als „humanitäre Interventionen" erfolgt, um schwersten Menschenrechtsverletzungen Einhalt zu gebieten und die Expansionspolitik des serbischen Staatspräsidenten Slobodan Milošević zu beenden. Die Stabilization Force (SFOR) und die Kosovo Force (KFOR) der NATO überwachten in den Jahren nach dem Bürgerkrieg die Waffenstillstände, demobilisierten die Kriegsgegner, ermöglichten die Repatriierung von Flüchtlingen und schützten den von UNO, EU und OSZE vorangebrachten Staatsaufbau.

... und globale Sicherheitsagentur

Insbesondere auf Initiativen des mächtigsten Bündnispartners, der USA, wandelte sich der Charakter der NATO nach dem Kosovo-Krieg 1999 allmählich vom rein defensiven Verteidigungsbündnis hin zu einer auch offensiv agierenden, globalen Sicherheitsagentur. Nach der Ausrufung des ersten Bündnisfalls in der Geschichte der NATO gegen Afghanistan am 12. September 2001 wurden schließlich auf dem NATO-Gipfel in Prag 2002 Beschlüsse gefasst, um auf die neuen Herausforderungen des 21. Jahrhunderts besser reagieren zu können. Dazu gehörten: die Errichtung einer „Schnellen Eingreiftruppe" für weltweite Interventionen, Vorgaben für eine neue und flexiblere Kommandostruktur, die Verpflichtung zu einer Stärkung der Verteidigungsfähigkeit und zur effektiveren Terrorismusbekämpfung sowie Initiativen zur Verteidigung gegen ABC-Waffen. Vor allem seit dem Irak-Krieg 2003 gingen die Auffassungen über die Rolle des Bündnisses aber zum Teil weit auseinander: Während die USA immer wieder die mangelnde Fähigkeit und Bereitschaft der Europäer zu Militäreinsätzen kritisieren, zweifeln europäische Regierungen oft an der Wirksamkeit rein militärischer Maßnahmen zur internationalen Konfliktlösung.

... und Wertegemeinschaft

Für die atlantische Allianz war seit ihrer Gründung allerdings nicht nur die militärische Zusammenarbeit von Bedeutung. Im Unterschied zu früheren Bündnissystemen sieht der NATO-Vertrag auch eine politische, soziale, wirtschaftliche und kulturelle Zusammenarbeit und damit die Verteidigung der „Lebensform" vor, die sich speziell in den freiheitlichen Demokratien der USA und Westeuropas ausgebildet hat. Der Aufbau einer militärischen Organisation mit einem engen politisch-institutionellen Geflecht führte zur Erweiterung der NATO von anfänglich 12 auf heute 28 Mitgliedstaaten (Stand: 2010). Nach dem Zusammenbruch der UdSSR hat sich die NATO dabei um die meisten Staaten des ehemaligen Warschauer Paktes und um zahlreiche Staaten des ehemaligen Jugoslawien erweitert. Im Rahmen etwa der Partnerschaft für den Frieden oder des NATO-Russland-Rats pflegt die Allianz heute den Dialog und die Zusammenarbeit mit dem ehemaligen Gegner im Kalten Krieg.

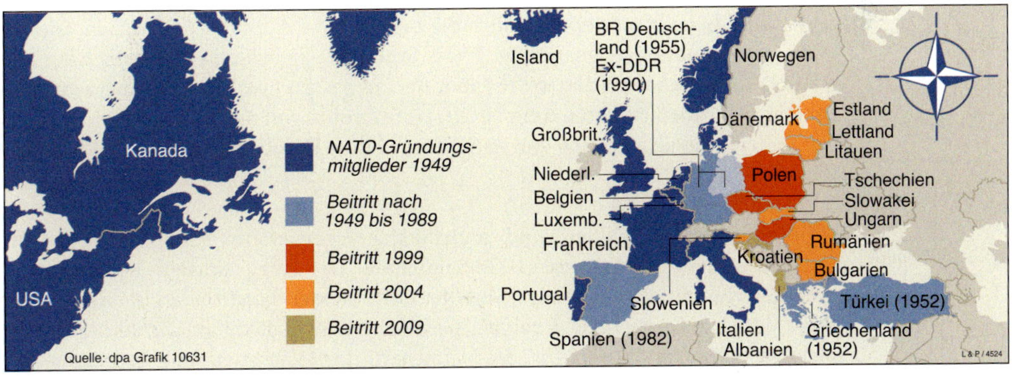

... und Zukunftsprojekt

Die NATO als bedeutendste Sicherheitsorganisation der Weltpolitik steht mit Blick auf altbekannte und gänzlich neue Gefahren vor großen Herausforderungen. Die transatlantischen Bündnispartner haben sich daher zur Erarbeitung eines neuen „Strategischen Konzepts" entschlossen, in dem neben Fragen der Erweiterung bzw. geostrategischen Ausdehnung nach Mittel- und Osteuropa insbesondere auch die Probleme der Energiesicherheit sowie der Krisenbewältigung innerhalb wie außerhalb des traditionellen euro-atlantischen Verteidigungsgebiets behandelt werden.

6. Afghanistan – bringt der Westen den Frieden?

Konfliktherd Afghanistan

Die Islamische Republik Afghanistan vereint als einer der zentralen Konfliktherde des 21. Jahrhunderts die Strukturen sowohl eines klassischen Krieges als auch eines Bürgerkrieges in sich. Beide behindern die Entwicklung eines funktionsfähigen Staates. Die Anwesenheit westlicher Nationen im Land wird dabei zweifach begründet: mit dem Kampf gegen den Terror der Al Qaida sowie mit den Gefahren, die sich aus einer erneuten Machtübernahme der Taliban für die internationale Sicherheit ergäben.

ISAF und OEF

Mit dem im Oktober 2001 von den USA geführten Angriff auf das von Taliban regierte Afghanistan sollte die dortige Basis für Al Qaida und den von ihr verantworteten Terroranschlag vom 11. September zerschlagen werden. Ausgehend von der Hauptstadt Kabul wurden in den Folgejahren unter der Führung der Vereinten Nationen zahlreiche multilaterale Stabilisierungsversuche unternommen. Abgesichert und unterstützt werden diese Bemühungen durch eine NATO-geführte Schutztruppe, die International Security Assistance Force (ISAF). Parallel dazu betreibt eine multinationale Koalition unter Führung der USA die Anti-Terror-Operation „Enduring Freedom" (OEF).

Warlords, Drogenbarone und Mujaheddin

Besonders prekär sind die Defizite, aber auch die Erfolge beim Aufbau eines „Hauses Afghanistan", denn bis heute schwächen und sabotieren Kriegsherren (Warlords), Drogenprofiteure und Widerstandskämpfer („Mujaheddin") aus der Zeit der sowjetischen Invasion die Zentralregierung in Kabul. Afghanistan ist der größte Heroinlieferant der Welt, und jedes Jahr wandert ein großer Teil des Opiumerlöses in die Kriegskasse der Taliban. Durch ein Zusammenspiel aus Al Qaida-Terroristen, Taliban und paschtunischen Stammesfürsten hat sich die Gefahrenlage in Afghanistan somit dramatisch erhöht und betrifft mittlerweile auch die benachbarte Atommacht Pakistan. Gleichwohl ist im Sinne der „Afghanisierung" des Landes die Zivilgesellschaft unter der autokratischen Herrschaftsordnung Präsident Karzais gestärkt worden. Die überwiegende Zahl der Afghanen ist heute dazu bereit, trotz Drohungen und Repressalien der Taliban zu den Wahlen zu gehen und so für eine weitere Demokratisierung des Landes zu stimmen.

„Good Governance"

Legitimität durch Wahlen und afghanische Eigenverantwortung sind vorrangige Ziele der internationalen Gemeinschaft. Der Weg dorthin allerdings erwies sich bisher als schwierig. Mithilfe umfassender Finanzhilfen in den Bereichen der Landwirtschaft, Energie, Gesundheit und Bildung wurden zunächst wichtige Voraussetzungen für das wirtschaftliche Wachstum, die Erhöhung der Beschäftigungsmöglichkeiten und die Beseitigung der Lasten früherer Kriegsökonomien geschaffen. Die internationalen Hilfen zur Verbesserung der Verwaltungspraxis und zur Stärkung der Rechtsstaatlichkeit schufen parallel dazu die Voraussetzungen für einen stabilen Staatsaufbau. Sämtliche Unterstützungsleistungen dienen dem Ziel einer „Guten Regierungsführung" (*Good Governance*) und werden von den großen Mächten und internationalen Organisationen UNO, NATO und EU sowie von einer Vielzahl an Nichtregierungsorganisationen getragen.

Bundeswehr zwischen „erweiterter" und „vernetzter" Sicherheit

Der Einsatz deutscher Truppen in Afghanistan lässt sich nur im Rahmen des „erweiterten Sicherheitsbegriffs" nachvollziehen und rechtfertigen. Zusätzlich zur klassischen Aufgabe jeder demokratischen Armee, nämlich der Sicherung der Souveränität und Unversehrtheit des eigenen Staatsgebiets und damit der Grundrechte seiner Einwohner, hat sich das Einsatzgebiet der Bundeswehr auf regionale Krisen und Konflikte erweitert, die weltweit stattfinden und Deutschlands Sicherheit oder die Grundrechte des deutschen Volkes gefährden können. Dazu zählen etwa Aktionen international agierender Terrornetzwerke, Menschenrechtsverletzungen und Behinderungen des freien Welthandels. Die Bundeswehr hat sich in den letzten Jahren im Sinne eines erweiterten Sicherheitsbegriffs auf neue friedenssichernde Aufgaben eingestellt. Im Vordergrund stehen neben Unterstützungsleistungen für die Zivilbevölkerung und infrastrukturellen Maßnahmen (Straßen- und Brunnenbau, Errichtung von Schulen etc.) vermehrt Kampfeinsätze. Die Bundeswehr trägt zur Konfliktbewältigung heute also mit zivilen *und* militärischen Mitteln bei. Diese Leistungen sollen dem afghanischen Volk zu Gute kommen und werden von der NATO eingefordert. Darüber hinaus folgt die Bundesregierung dem Prinzip der „vernetzten Sicherheit" und wendet dieses insbesondere beim Aufbau der afghanischen Polizei an. Im Sinne der vernetzten Sicherheit arbeiten hier mehrere Bundesministerien – u. a. das Verteidigungsministerium, das Auswärtige Amt und das Innenministerium – ressortübergreifend zusammen.

Lastenteilung und Truppenabzug

Die Diskussion um die geeignete NATO-Strategie bei der politischen und militärischen Konfliktlösung hat die westlichen Friedensbemühungen bislang erschwert. Zahlreiche Aufstände nicht nur im Osten und Süden Afghanistans, sondern auch im nördlichen Teil des Landes haben die Einsatzrealität für die intervenierenden Streitkräfte stark verändert und – auch für die Bundeswehr – die Gefahren enorm erhöht. Die Frage der militärischen Lastenteilung (*burden-sharing*) in Afghanistan hat hierzulande eine Kontroverse über die Dauer des Afghanistaneinsatzes entfacht. Die Debatte reicht von der grundsätzlichen Frage einer Verteidigung deutscher Sicherheit „am Hindukusch" und der Frage der Notwendigkeit deutscher Bündnissolidarität mit den USA bis hin zu Überlegungen zu einem Abzug von Bundeswehr und NATO.

zivil-militärische Zusammenarbeit

Stabile Staatlichkeit herzustellen ist in Nachkriegsgesellschaften zu einer zentralen Aufgabe geworden und wird in der Regel über eine zivil-militärische Zusammenarbeit entwickelt. Grundsätzlich hat diese zum Ziel, alle friedenssichernden Maßnahmen vor Ort aufeinander abzustimmen. Die Akzeptanz dieser Friedensbemühungen erfordert integrative Bedachtsamkeit gegenüber der einheimischen Bevölkerung und hängt nicht selten von der erfolgreichen Zusammenarbeit mit den lokalen Machthabern und der Regierung des Landes ab. Bei Korruption oder Fehlschlägen droht die Sicherheitslage vor Ort jedoch brüchig zu werden, und es leidet die Glaubwürdigkeit des internationalen Krisenmanagements.

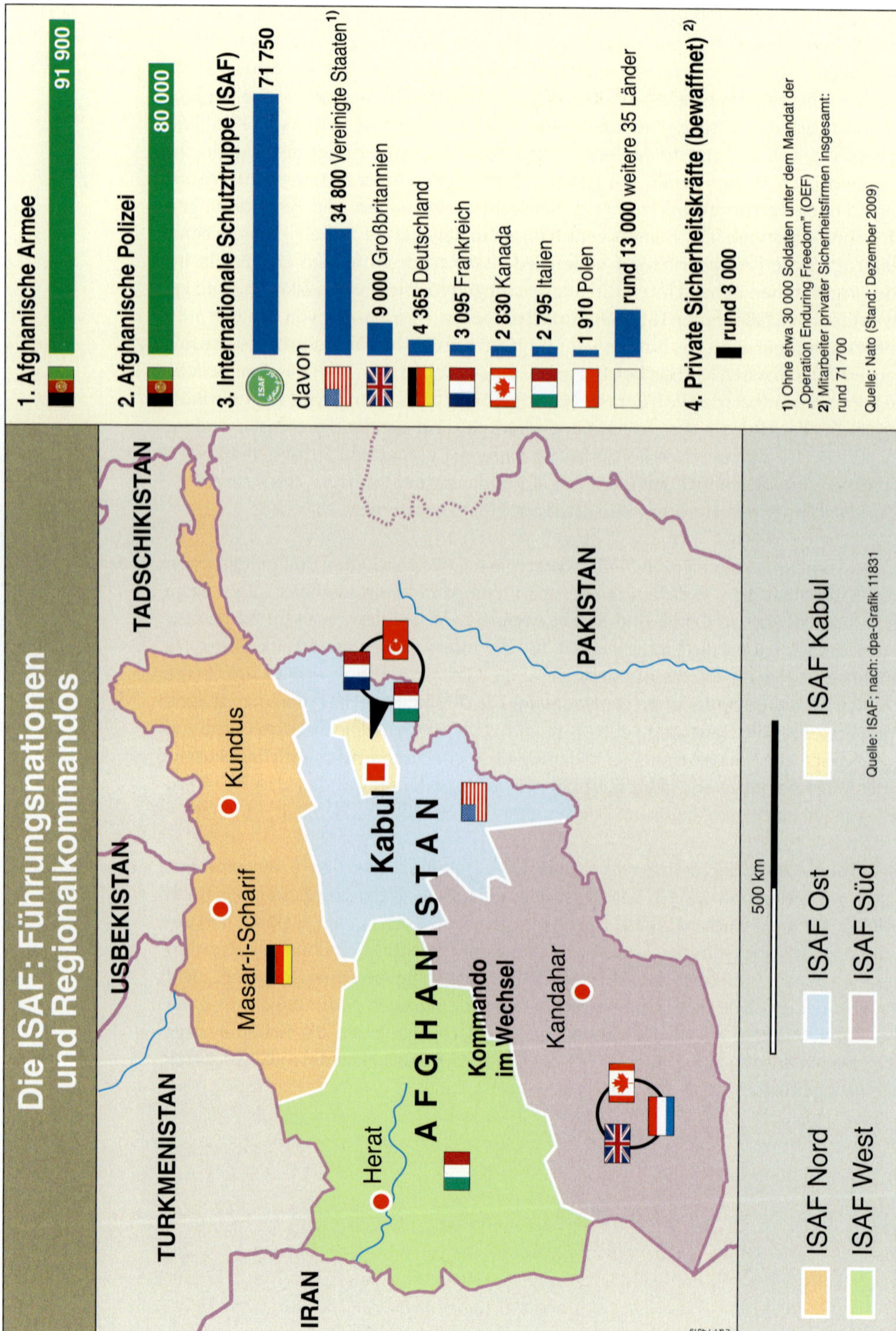

Sicherheitskräfte in Afghanistan

7. Chancen und Probleme der Europäischen Sicherheits- und Verteidigungspolitik

globaler Akteur EU?

Neben den USA stellt die Europäische Union eine ökonomische Macht von weltpolitischem Rang dar und spielt in den großen internationalen Wirtschafts- und Finanzorganisationen eine wichtige Rolle. Als außen- und sicherheitspolitischer Akteur jedoch steckte die EU lange Zeit in den „Kinderschuhen" des Ost-West-Konflikts, bei dem die USA als Schutzmacht für die Sicherheit Europas fungiert hatten. Nach dem Zusammenbruch der UdSSR und der Neuordnung Europas sprach man daher von der „Stunde Europas", die mit der Erwartung verknüpft war, die EU könne ein von den USA unabhängiges oder selbstständigeres Konflikt- und Krisenmanagement entwickeln.

Sicherheits-exporteur EU!

Trotz gemeinsamer Standpunkte und Erklärungen zu globalen Fragen wirkten die Europäer sicherheitspolitisch zunächst kaum gestaltend in der internationalen Politik mit. Zum einen blieb die politische Entscheidungsfindung im Rahmen der Gemeinsamen Außen- und Sicherheitspolitik (GASP) aufgrund der nationalen Interessen äußerst schwierig. Zum anderen offenbarte der Kosovo-Krieg 1999, dass die junge Europäische Sicherheits- und Verteidigungspolitik (ESVP) durch das Fehlen einer europäischen Armee militärisch kaum dazu in der Lage war, eine größere Krise ohne die Unterstützung der USA zu bewältigen. Erst allmählich wurden sich die europäischen Staats- und Regierungschefs der Tatsache bewusst, dass Europa nach dem weltpolitischen Umbruch von 1989 und angesichts neuer, unberechenbarer Bedrohungen vom Importeur zum Exporteur von Sicherheit werden musste. Dazu aber war es nötig, die Fähigkeit zur internationalen Krisenreaktion schrittweise zu erlernen.

ESVP und NATO

Für die sicherheitspolitische Vertiefung der europäischen Integration sind bis heute eine Reihe von Problemen zu überwinden. Die EU-Mitglieder wollen im Wesentlichen die „Herren der Entscheidung" bleiben und selbst darüber beschließen, ob und wann nationale Streitkräfte im Rahmen der Europäischen Union eingesetzt werden. Die USA übten ihrerseits stets Kritik an einer zu großen Eigenständigkeit der EU außerhalb des transatlantischen Bündnisses der NATO. Europäische Initiativen zum Aufbau autonomer Verteidigungsfähigkeiten lehnte Washington mit dem Argument ab, dies führe zur Abwendung von der NATO oder zur Verdopplung von NATO-Strukturen. Zugleich sind die von den einzelnen EU-Staaten verfolgten Strategien oft recht ungleich: Während Frankreich bisher eine von den USA unabhängigere Sicherheits- und Verteidigungspolitik anstrebte („ESVP first"), trat Großbritannien für einen Ausbau des europäischen Pfeilers innerhalb der NATO ein („NATO first"). Deutschland folgt eher einem Konzept des Zusammenspiels von ESVP und NATO.

die Petersberg-Aufgaben

Im Rahmen der „Strategischen Partnerschaft" von EU und NATO hängt der Erfolg des europäischen Krisenmanagements von der Zusammenarbeit mit der Allianz ab: In den Fällen, in denen die USA kein Interesse an einem Militäreinsatz haben, gewährt die NATO der EU den Zugriff auf ihre militärischen Kapazitäten und stellt ihr Mittel für die operative Einsatzplanung zur Verfügung. Mit oder ohne NATO-Unterstützung erfolgt jedes europäische Krisenmanagement in Übereinstimmung mit der Charta der Vereinten Nationen und wird gemäß dem Vertrag von Amsterdam über die sogenannten Petersberg-Aufgaben realisiert. Diese umfassen humanitäre Aufgaben und Rettungseinsätze, friedenserhaltende Aufgaben sowie Kampfeinsätze bei der Krisenbewältigung einschließlich Frieden schaffender Maßnahmen. Im Vertrag von Lissabon wurden die Petersberg-Aufgaben u. a. um gemeinsame Abrüstungsmaßnahmen erweitert und sollen seither im Rahmen der Gemeinsamen Sicherheits- und Verteidigungspolitik (GSVP) auch zur Bekämpfung des Terrorismus dienen.

„Headline Goals" und „EU-Battlegroups"

Im Gefolge der Annahme der Europäischen Sicherheitsstrategie 2003 wurde im Juni 2004 das Streitkräfteziel 2010 („Headline Goal 2010") beschlossen, zu dem auch eine „Europäische Verteidigungsagentur" und der Bau einer interkontinentalen Transportmaschine zur raschen Truppenverlegung (Airbus A 400M) beitragen sollen. Auf französische, deutsche und britische Initiativen hin wurden die „EU Battlegroups" ins Leben gerufen, kleine Militärverbände zur schnellen und robusten Krisenreaktion und Konfliktverhütung. Im Dezember 2004 schließlich verabschiedete der Europäische Rat eine Zielvorgabe für die zivile Krisenbewältigung – das „Civilian Headline Goal".

Europäische Sicherheitsstrategie

Mit der Europäischen Sicherheitsstrategie war 2003 erstmals eine offizielle Sicherheitsdoktrin vorgelegt worden, die das Leitbild der Europäer und ihr Selbstbewusstsein bei der Mitgestaltung der internationalen Politik im 21. Jahrhundert zum Ausdruck brachte: Neben der Abwehr von Bedrohungen und der Stärkung der Sicherheit in den Nachbarstaaten der EU steht die Errichtung einer geregelten Weltordnung auf der Grundlage internationaler Institutionen im Vordergrund. Ziviles Krisenmanagement und militärische Operationen auf dem Balkan, in Afghanistan, der Demokratischen Republik Kongo oder im Libanon unterstreichen seither das Bemühen um eine weltpolitisch größere Profilschärfe. Insgesamt kann die EU heute zugleich als Zivilmacht, Friedensmacht und, je nach Bereitschaft, auch als Militärmacht bezeichnet werden.

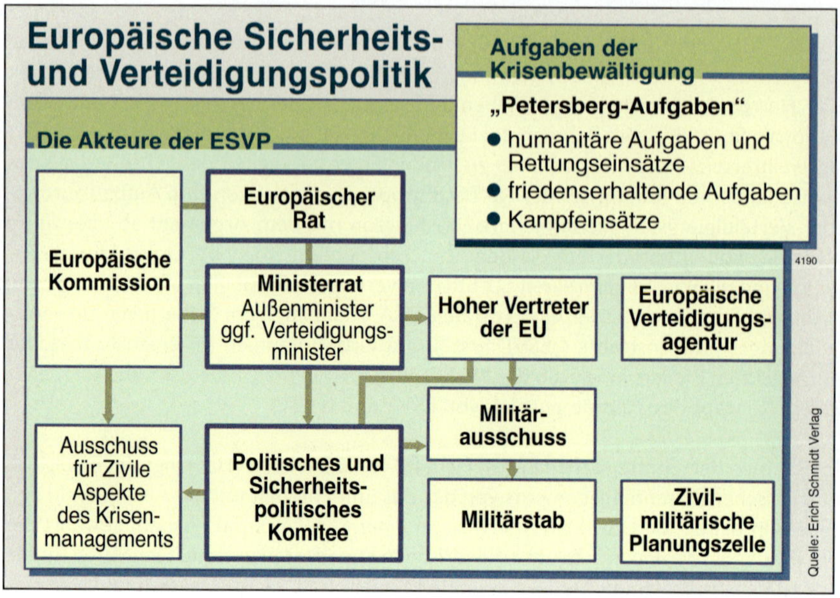

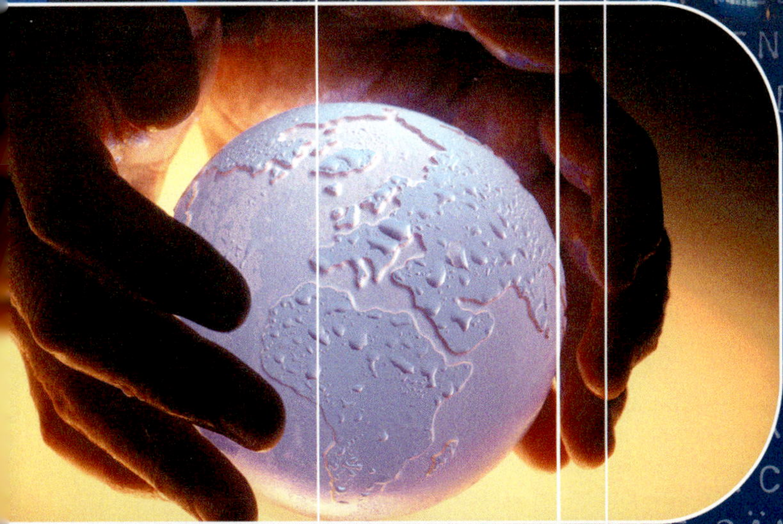

VI. Herausforderungen für die nationale Politik in einer globalisierten Welt

1. Einflussfaktoren auf die deutsche Außenpolitik

Interessen und Macht

Wie jeder andere Staat betreibt auch Deutschland Außenpolitik, um gegenüber seinem internationalen Umfeld wesentliche Ziele und Interessen in Bereichen wie Sicherheit, Wirtschaft und Handel, Ökologie oder Kultur zu verfolgen und zu realisieren. Die zentrale Aufgabe auch der deutschen Außenpolitik ist es daher, Entwicklungen im internationalen System zu erkennen und einzuschätzen, eigene Gestaltungsansprüche an die internationale Ordnung zu formulieren und dann die geeigneten Instrumente und Handlungsmöglichkeiten (also Machtmittel) zu deren Verwirklichung einzusetzen.

Wahrnehmung und Verhalten

Ob und wie ein Staat Einfluss auf sein Umfeld nehmen kann, bestimmen neben den Entwicklungen im internationalen System maßgeblich Faktoren wie die eigene territoriale Größe, Bevölkerungszahl, Geographie und Ressourcenausstattung. Auch Technologie, Wirtschaftskraft, militärische Stärke spielen eine Rolle sowie die Überzeugungskraft der Ideen und kulturellen Errungenschaften, die von einem Staat und seiner Bevölkerung hervorgebracht werden. Ob der Einsatz dieser Faktoren kooperativ oder konfrontativ, friedlich oder feindselig wirkt, hängt dabei neben dem Willen und den Handlungsweisen eines Staates entscheidend auch davon ab, wie die anderen Akteure im internationalen System ihn wahrnehmen. Eine vorausschauende Außenpolitik eines Staates wird sich also darum bemühen, die eigenen Interessen so gut als möglich im Einklang mit seinen Partnern und Mitspielern zu gestalten, und so auf die Verschleierung eigener Absichten, nationale Alleingänge oder einseitige Machtpolitik verzichten.

historische Verpflichtungen deutscher Außenpolitik

Dieser Aspekt spielt in Deutschland – vor allem angesichts seiner kriegerischen Vergangenheit – eine prägende Rolle bei der Gestaltung seiner Außenpolitik:

- Die Rückkehr zunächst der Bundesrepublik auf die internationale Bühne wäre nicht vorstellbar gewesen ohne die Aussöhnung mit *Frankreich,* für welche die europäische Integration das Fundament und den Rahmen bildete.
- Bereits vor der Wiedervereinigung hatten Annäherung und Verständigung mit *Polen* begonnen; die deutsch-polnischen Verträge über die gemeinsame Grenze (1990) sowie über Freundschaft und gute Nachbarschaft (1991) bildeten eine wichtige Plattform für die Ausdehnung des europäischen Integrationsprozesses nach Ostmitteleuropa.
- Die *USA* wiederum waren nach dem Zweiten Weltkrieg entscheidende Wegbereiter der jungen Bundesrepublik in die westlich-demokratischen Strukturen und 40 Jahre später eine verlässliche Stütze bei der Verwirklichung der – anfangs von Frankreich und Großbritannien argwöhnisch betrachteten – deutschen Einheit.
- Außerhalb der euro-atlantischen Strukturen steht die Bundesrepublik insbesondere mit *Israel* in einer überaus engen, aufgrund der Vergangenheit auch sehr spezifischen politischen Beziehung und unterhält zugleich gute Kontakte zu Israels arabischen Nachbarländern, ohne indes eine allzu aktive Rolle im Nahost-Konflikt zu spielen.
- Auch zu *Russland* haben sich seit der Wiedervereinigung wieder enge politische Bande entwickelt, die über die Energie- und Wirtschaftskooperation hinausreichen.

verfassungsrechtliche Vorgaben

Bereits die Präambel des Grundgesetzes verweist auf die drei wichtigsten Leitlinien bundesdeutscher Außenpolitik, nämlich „als gleichberechtigtes Glied in einem vereinten Europa dem Frieden der Welt" dienen zu wollen. Ebenfalls von Beginn an im Grundgesetz verankert, erklärt Art. 24 Abs. 2 die Bereitschaft Deutschlands, „sich zur Wahrung des Friedens einem System gegenseitiger kollektiver Sicherheit" einzuordnen und dabei sogar in eine Beschränkung seiner Hoheitsrechte einzuwilligen. Nach den Erfahrungen der deutschen Sonderwege im Kaiserreich wie im Nationalsozialismus sollten so künftig Alleingänge und das Führen von Angriffskriegen (Art. 26 Abs. 1 GG) ausgeschlossen bleiben. In der außenpolitischen Praxis zunächst des westlichen und dann des wiedervereinigten Deutschlands ist die enge Einbindung in souveränitätsbegrenzende Organisationen wie die Europäische Union und ihre Vorläuferinnen sowie in die NATO oder auch die Vereinten Nationen zur durchgehenden Leitlinie geworden (Art. 23 Abs. 1 GG).

Bundesregierung und Auswärtiges Amt

Die Verantwortung für die praktische Gestaltung der Außenpolitik überträgt das Grundgesetz dem Bund. Unter den Akteuren auf der Bundesebene nimmt die Bundesregierung eine herausgehobene Rolle ein. Ausgestattet mit einem umfassenden Initiativrecht und einem allgemein-politischen Handlungsauftrag ist sie die wichtigste Trägerin der auswärtigen Gewalt. Die Bundesregierung ist – vorrangig in Gestalt ihres Auswärtigen Amtes (AA) – zuständig für die Unterhaltung diplomatischer Beziehungen zu anderen Ländern, sie handelt die völkerrechtlichen Verträge und Abkommen aus und hat weite Befugnisse bei deren Interpretation und Fortentwicklung. Nicht zuletzt obliegt ihr im Rahmen der beim AA angesiedelten auswärtigen Kulturpolitik auch ein großer Teil der Pflege des Ansehens Deutschlands in der Welt.

Bundestag und „Parlamentsvorbehalt"

Unter den weiteren Organen auf der Bundesebene hat insbesondere das Parlament wichtige Kompetenzen im Bereich der Außenpolitik. Gemäß Art. 59 Abs. 2 GG bedürfen alle völkerrechtlichen Verträge, die der Bund eingeht, der Zustimmung des Bundestages in Gestalt eines Gesetzes (Ratifikation); Vertragsänderungen in der Europapolitik, durch welche grundgesetzliche Bestimmungen verändert oder ergänzt werden, bedürfen einer Zweidrittelmehrheit. Ein besonderes Mitwirkungsrecht hat der Bundestag bei der Entsendung deutscher Soldaten in bewaffnete Militäreinsätze: Hier hat das Bundesverfassungsgericht 1994 festgestellt, dass die Bundeswehr eine „Parlamentsarmee" sei, für deren Einsatz im Ausland neben einer Entscheidung der Bundesregierung auch ein konstitutiver Bundestagsbeschluss erforderlich ist („Parlamentsvorbehalt").

Interessenverbände und Zivilgesellschaft

Zur Komplexität des außenpolitischen Auftritts der Bundesrepublik gehört ein dichtes Geflecht informeller und nicht-staatlicher Akteure. So ist der „Handelsstaat Deutschland" in ganz existenzieller Weise auf gute und stabile Wirtschaftsbeziehungen zu möglichst vielen Staaten angewiesen. Wirtschaftsverbände wie der Bundesverband der Deutschen Industrie (BDI) bemühen sich daher, die politisch-diplomatischen Beziehungen zwischen Deutschland und seinen Partnern auch für die ökonomische Zusammenarbeit fruchtbar zu machen. Wachsenden Einfluss auf die Außenpolitik haben auch oft international tätige und vernetzte Nichtregierungsorganisationen.

Text nach: Sven Bernhard Gareis: Grundlagen, Akteure, Strukturen und Prozesse, in: Informationen zur politischen Bildung Nr. 304/ 2009, Bonn: Bundeszentrale für politische Bildung (bpb), S. 4–13 (gekürzt)

2. Ziele, Strategien und Zielkonflikte der deutschen Außenpolitik I: Sicherheit und Entwicklung

Ziele deutscher Sicherheitspolitik

Das oberste Ziel deutscher Sicherheitspolitik ist es, Recht und Freiheit, Demokratie, Sicherheit und Wohlfahrt der Bürgerinnen und Bürger in der Bundesrepublik zu bewahren. Daneben soll sie die Souveränität und die Unversehrtheit des deutschen Staatsgebietes schützen und dient dem Ziel, regionalen Krisen und Konflikten, die Deutschlands Sicherheit beeinträchtigen können, wenn möglich vorzubeugen und zur Konfliktbewältigung beizutragen. Die deutsche Sicherheitspolitik soll globalen Herausforderungen, vor allem der Bedrohung durch den transnationalen Terrorismus und der Weiterverbreitung von Massenvernichtungswaffen, begegnen und zur Achtung der Menschenrechte und Stärkung der internationalen Ordnung auf der Grundlage des Völkerrechts beitragen. Schließlich soll sie den freien und ungehinderten Welthandel als Grundlage des Wohlstandes der Bundesrepublik fördern und dabei die Kluft zwischen armen und reichen Weltregionen zu überwinden helfen.

Strategien deutscher Sicherheitspolitik

Die deutsche Sicherheitspolitik verfolgt dabei drei Strategien:

- *Multilateralismus:* Die Bundesregierung setzt ihre sicherheitspolitischen Ziele auf der Basis der grundgesetzlichen Werteordnung und gemeinsam mit ihren Partnern um: Bewährte Bündnisse wie die Nordatlantische Allianz und die Europäische Union sowie die globalen und regionalen Sicherheitsinstitutionen der Vereinten Nationen sind Grundlage für diesen Ansatz.
- *Vernetzte Sicherheit:* Deutsche Sicherheitspolitik ist umfassend angelegt und berücksichtigt politische, ökonomische, ökologische, gesellschaftliche und kulturelle Bedingungen. Die Sicherheitspolitik stützt sich damit nicht nur auf militärische Mittel, sondern auf ein breites Spektrum staatlicher Instrumente wie Diplomatie, Wirtschafts- und Handelspolitik, Entwicklungspolitik oder zivilpolizeiliche Instrumente.
- *Krisenprävention:* Deutsche Sicherheitspolitik ist vorausschauend. Durch ein Mehr an Prävention sollen das Risiko krisenhafter Entwicklungen und damit die Notwendigkeit insbesondere einer militärischen Krisenreaktion vermieden werden.

Zielkonflikte deutscher Sicherheitspolitik

Die Umsetzung der genannten Leitmotive stellt in der Praxis eine höchst anspruchsvolle und komplexe Herausforderung dar. Insbesondere der Wandel der Bundeswehr von einer Verteidigungsarmee zu Zeiten des Ost-West-Konflikts hin zu einer „Armee im Einsatz" zwingt Politiker und Bürger dazu, Antworten auf Fragen zu finden, die seit der deutschen Einheit im Raum stehen und die vor allem mit dem Engagement der Bundeswehr im Norden Afghanistans neue Dringlichkeit erfahren haben:

- Wie definiert die deutsche Politik Sicherheit und welche *Opfer* ist man bereit zu erbringen, wenn es gilt, diese zu gewährleisten?
- Ist die Bundesrepublik entschlossen, etwa Seewege oder den Zugang zu Rohstoffen auch unter Einsatz von *Waffengewalt* zu sichern?
- Das Grundgesetz verbietet der Bundesrepublik, *Angriffskriege* zu führen. Sind daher offensive Einsätze im Rahmen der NATO zulässig, z. B. in Afghanistan?

- Welchem Wandel unterliegen das Selbstbild der Bundeswehr einerseits und das Leitbild des *„Bürgers in Uniform"* andererseits?

Ziele deutscher Entwicklungspolitik

Das Beispiel Afghanistan zeigt, dass Sicherheitspolitik oftmals Hand in Hand mit Entwicklungspolitik geht. Grundsätzlich ist die deutsche Entwicklungspolitik darum bemüht, durch das Zusammenwirken von Industrie- und Entwicklungsländern die Lebensbedingungen der dortigen Bevölkerung, vor allem in Afrika, zu verbessern. Im Zentrum dieser Anstrengungen steht die weltweit angelegte Bekämpfung von Armut.

Strategien deutscher Entwicklungspolitik

Bereits in den 1990er Jahren hat Deutschland in Orientierung an Vorgaben der Organisation für Entwicklung und Zusammenarbeit (OECD) einen Leitfaden für seine Zusammenarbeit mit Entwicklungsländern vorgelegt. Gemäß dem Prinzip der nachhaltigen Entwicklung („Hilfe zur Selbsthilfe") soll die arme Bevölkerung in die Lage versetzt werden, selbstständig ihre Lebensbedingungen zu verbessern. Wichtige Schritte in diese Richtung sind:

- die Achtung der Menschenrechte,
- die Etablierung von Rechtsstaatlichkeit und Rechtssicherheit (Good Governance),
- die Schaffung einer marktfreundlichen und sozial orientierten Wirtschaftsordnung, unter Verzicht z. B. auf Kinderarbeit, und
- eine Entwicklungsorientierung der Entwicklungsländer. Dies meint insbesondere die Verringerung des Militär- und Rüstungsbudgets und die Korruptionsbekämpfung.

Zielkonflikte deutscher Entwicklungspolitik

Zielkonflikte in der Entwicklungspolitik ergeben sich vor allem aus der Problematik, aus geostrategischen und sicherheitspolitischen Interessen (z. B. bei der Terrorabwehr) mit Staaten kooperieren zu müssen, die die Menschenrechte nicht oder kaum wahren und bei denen daher auch nicht von Rechtsstaatlichkeit gesprochen werden kann. Es kollidieren also sicherheits- und entwicklungspolitische Interessen. Grundsätzlich jedoch ist die Achtung der Menschenrechte aber das Leitprinzip deutscher Entwicklungshilfe. Bei Missachtung der Menschenrechte erfolgen keine direkten Zahlungen mehr an das Staatsbudget des betroffenen Landes durch die Bundesregierung; vielmehr wird dann versucht, durch Projekte und die Förderung der Zivilgesellschaft, Veränderungsprozesse aus der Gesellschaft heraus zu fördern. Zielkonflikte ergeben sich auch aus konträren wirtschaftlichen und entwicklungspolitischen Interessen, z. B. bei Rüstungsaufträgen aus Entwicklungsländern. Ebenso ist Entwicklungspolitik trotz des Prinzips der nachhaltigen Entwicklung und der „Hilfe zur Selbsthilfe" immer auch eine finanzielle Herausforderung für die Geberländer: Entwicklungshilfe ist teuer, gleich welcher Gestalt sie umgesetzt wird.

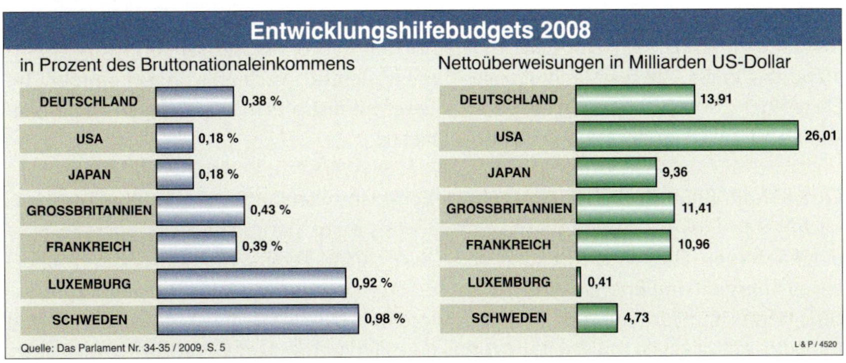

3. Ziele, Strategien und Zielkonflikte der deutschen Außenpolitik II: Umwelt und Energie

Umweltpolitik als Außenpolitik

Umweltpolitik ist ein junges Politikfeld. Erst Anfang der 1970er Jahre hat die Bundesrepublik umweltpolitische Maßnahmen im Innern eingeleitet, ab Anfang der 1980er Jahre Umweltpolitik auch fest in der Außenpolitik verankert. Andere Industrieländer wie die USA, Großbritannien oder Schweden hatten ihre Umweltpolitik schon in den 1960er Jahren ausgebaut. „Außenpolitik für Umweltschutz" ist mittlerweile ein integraler Bestandteil deutscher Außenpolitik geworden.

Umweltschutz als Staatsziel

Während vor allem das Reaktorunglück in Tschernobyl 1986 Handlungsdruck „von außen" erzeugte, erhöhten Chemieunglücke oder das Waldsterben Mitte der 1980er Jahre den Handlungsdruck „von innen": 1986 wurde das Bundesministerium für Umwelt, Strahlenschutz und Natur (BMU) gegründet, 1992 mit dem „Wissenschaftlichen Beirat der Bundesregierung Globale Umweltveränderungen" (WBGU) ein Sensor für neue globale Phänomene wie die Erderwärmung entwickelt. 1994 wurde der Umweltschutz als Staatsziel in das Grundgesetz aufgenommen (Artikel 20a).

Europäisierung der Umweltpolitik

Umweltpolitische Entscheidungen fallen zunehmend auch auf europäischer Ebene. Mit der Einheitlichen Europäischen Akte von 1987 erhielt die europäische Umweltpolitik eine Rechtsgrundlage. Ein wesentlicher Grundsatz der aktuellen Umweltpolitik in Europa ist dabei das Vorsorgeprinzip, nach dem Belastungen bzw. Schäden für die Umwelt und die menschliche Gesundheit im Voraus vermieden oder weitestgehend verringert werden sollen.

Internationalisierung der Umweltpolitik

Auf internationaler Ebene wurden zuerst Länder übergreifende Umweltprobleme diskutiert. Dazu gehören vor allem die Luftverschmutzung und die Verschmutzung von Flüssen und der Meere. In den letzten Jahren sind u.a. der Abbau der Ozonschicht und die globale Erwärmung hinzugekommen. So war der Klimawandel erstmals 1992 Gegenstand einer UN-Konferenz. Das 1997 beschlossene und – aufgrund der Blockadehaltung insbesondere der USA und Russlands – erst 2005 in Kraft getretene Kyoto-Protokoll sieht vor, den jährlichen Treibhausgas-Ausstoß der Industrieländer bis 2012 drastisch zu reduzieren. Mit dem im japanischen Kyoto beschlossenen Protokoll entstand das erste – und bislang einzige – völkerrechtlich verbindliche Abkommen. Im Dezember 2009 scheiterte ein groß angelegter Klimagipfel in Kopenhagen an den nationalen Interessen der großen Industriestaaten.

Zielkonflikte deutscher Energiepolitik

Obwohl die Bundesrepublik bislang nur wenig am weltweiten Wachstumstrend der wichtigsten Treibhausgase ändern konnte, hat sie beim Klimaschutz eine Vorreiterrolle eingenommen. Dies bedeutet auch, dass Deutschland Technologieführer bei erneuerbaren Energien und Energieeffizienz ist. Zu den regenerativen Energien gehören Wasser-, Wind- und Sonnenkraft, aber auch Biomasse. Diese Energiearten sind klima- und umweltfreundlich, da mit ihrer Nutzung keine klimarelevanten Schadstoffe freigesetzt

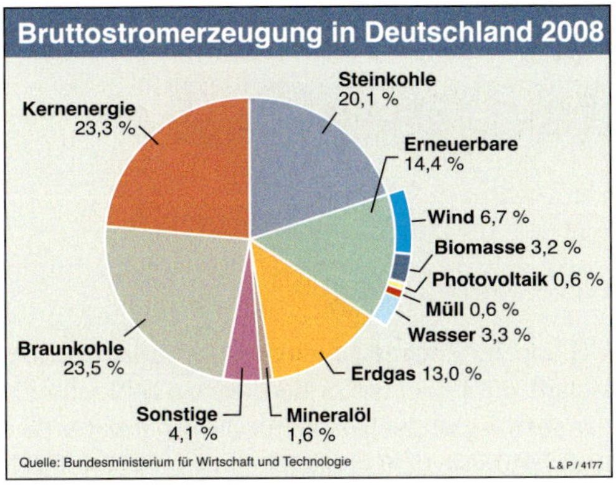

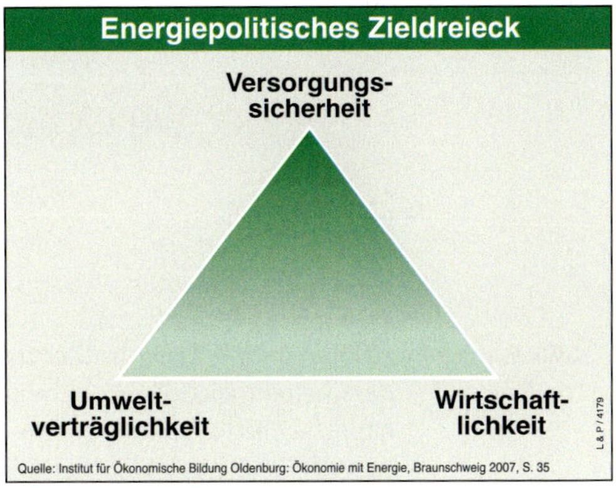

werden. Die deutsche Energiepolitik steht allerdings nicht nur im Zeichen der Umweltverträglichkeit. Sie soll stets auch wirtschaftlich sein und die Versorgung der Bevölkerung mit Rohstoffen sicherstellen.

energiepolitische Abhängigkeiten

Gerade Rohstoffe sind aber aufgrund ihrer ungleichmäßigen Verteilung – wie alle Natur- und Wirtschaftsgüter – ein Faktor internationaler Machtpolitik. Die Endlichkeit fossiler Rohstoffe weltweit, der hohe Energiebedarf hierzulande und die Tatsache, dass Deutschland nur sehr geringe Erdöl- oder Erdgasvorkommen besitzt, machen das Land in hohem Maße abhängig vom Energieimport. Die Bundesrepublik ist daher auf die Zusammenarbeit mit anderen Staaten angewiesen. Nach dem Ende des Ost-West-Konflikts ist vor allem Russland (neben den Ländern des Mittleren Ostens) zum wichtigsten Energie- und Rohstofflieferanten der Bundesrepublik avanciert.

Kernenergie in Deutschland

Ähnlich den erneuerbaren Energien verringert die kohlendioxidfreie Kernenergie die Abhängigkeit von fossilen Rohstoffen. Die schwarz-gelbe Bundesregierung nahm daher 2009 eine Kurskorrektur in der deutschen Atompolitik vor: Sie hob den von der rot-grünen Bundesregierung (1998 – 2005) getroffenen und von der großen Koalition (2005 – 2009) getragenen Beschluss auf, der ein Ende der Atomstromerzeugung ab 2021 bedeutet hätte. Grundsätzlich betrachtet die Bundesregierung die Kernenergie als Brückentechnologie. Dies wird nicht zuletzt daran deutlich, dass die Gewinne, die durch die Laufzeitverlängerung der deutschen Atomkraftwerke entstehen, nicht bei den Unternehmen verbleiben, sondern zu einem wesentlichen Teil zur Forschung für eine nachhaltige Energieversorgung genutzt werden sollen.

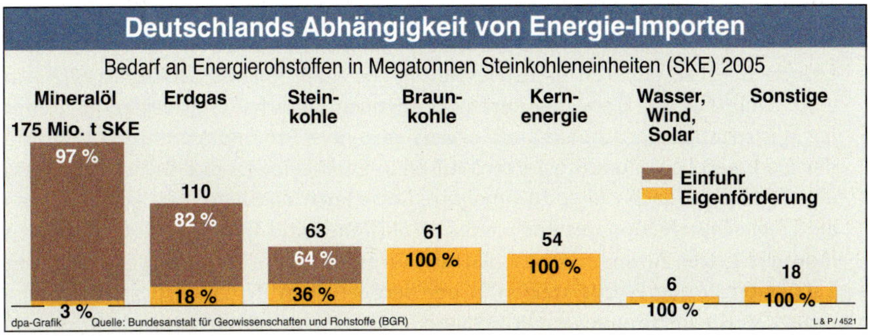

4. Grundlegende Merkmale der wirtschaftlichen Globalisierung

Globalisierung – neues, altes Phänomen

„Globalisierung" ist zum Zentralbegriff unserer Epoche geworden. Tagtäglich ist von der „neuen" globalisierten Weltwirtschaft die Rede, die in den letzten Jahrzehnten hauptsächlich die ökonomische und daneben die soziale und kulturelle Lebenssituation des Menschen verändert hat. Die Globalisierung an sich ist dabei kein neues Phänomen. Interkontinentale Handelswege existierten bereits im späten Mittelalter. Im 19. Jahrhundert wurde die ökonomische Globalisierung bereits von Karl Marx und Friedrich Engels in ihrem Kommunistischen Manifest beschrieben.

Globalisierung – Chancen und Gefahren

Heutzutage sehen manche in der Globalisierung nach dem Scheitern des Sozialismus die Vollendung der Marktwirtschaft mit der Aussicht auf einen wachsenden weltweiten Wohlstand. Andere erwarten das genaue Gegenteil: einen allgemeinen gesellschaftlichen Niedergang mit sinkenden Löhnen, Arbeitsplatzverlust, schrumpfendem Steueraufkommen und niedrigeren Sozialleistungen sowie eine zunehmende globale Ungleichheit und dramatische Umweltveränderungen.

Globalisierung – von Menschen gemacht

Globalisierung ist ein Werk von Menschenhand. Menschen revolutionierten mit Satelliten, Mobiltelefonen oder dem Internet die Kommunikationstechnologie, entwickelten neue Produktionsmethoden und erschufen bessere, schnellere Transportmittel wie Glasfaserkabel, Großraumflugzeuge und Hochgeschwindigkeitszüge. Über die Verkehrswege wurde die Welt gleich einem Spinnweb „vernetzt". Rapide sinkende Transport- und Kommunikationskosten sowie die Liberalisierung des Welthandels verwandelten die lokalen und regionalen Kapital-, Güter- und Dienstleistungsmärkte in einen Weltbinnenmarkt. Menschen bauten im Rahmen der Europäischen Union Handelsschranken für Personen, Güter, Dienstleistungen und Kapital ab und verwandelten die Welt in ein „globales Dorf". Die ökonomische Globalisierung weist folgende Merkmale auf:

Merkmale der wirtschaftlichen Globalisierung

- *Industrie-, Schwellen- und Entwicklungsländer:* Die westlichen Industriestaaten suchen für ihre hoch spezialisierten Technologieprodukte (z. B. Maschinen, Pharmaerzeugnisse) nach Absatzmärkten außerhalb ihrer relativ gesättigten heimischen Volkswirtschaften. So findet gerade die stark exportabhängige deutsche Wirtschaft diese Märkte meist in anderen Industriestaaten. Die hohe Inlandsnachfrage nach – in erster Linie billigen – Konsumgütern (z. B. Textilien, Unterhaltungselektronik) bringt die Wirtschaftsunternehmen andererseits dazu, ihre Produktionsstätten aufgrund der niedrigen Lohn- und Kostenstrukturen in Entwicklungs- und Schwellenländer, immer häufiger nach China, zu verlagern. Diese Entscheidungen festigen einerseits die Ungleichverteilung des weltweiten Wohlstands und führen in den westlichen Industriestaaten zu einem Arbeitsplatzabbau insbesondere bei niedrig qualifizierten Tätigkeiten. Andererseits steigen in den fernöstlichen Regionen Beschäftigungszahlen, Volkseinkommen und Wohlstand.

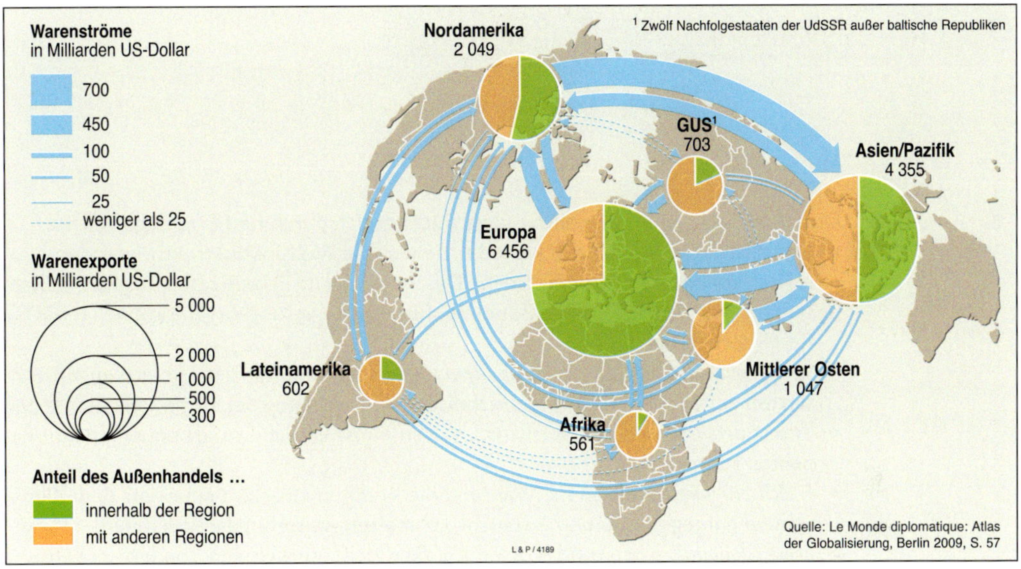

Internationale Arbeitsteilung (2008)

- *Multinationale Unternehmen:* Viele Konzerne produzieren heute als „global player", d. h. sie nutzen weltweit unterschiedlichste Standortvorteile (Lohn- und Lohnnebenkosten, Steuern, Subventionen etc.) zu ihren Gunsten. Die Tatsache, dass das Gütesiegel „Made in Germany" mitunter bedeutet, dass sehr viele Einzelteile z. B. eines Autos aus der ganzen Welt bezogen werden, löst dabei unter Kunden noch immer Erstaunen aus. Weltweite Kostenvorteile aber werden heute nicht nur für die Endmontage des PKW gesucht, sondern schon bei jeder Schraube, Felge oder Lampe.

- *Banken und Finanzdienstleister:* Das Finanzwesen gilt als Motor der Globalisierung. Mit moderner EDV lassen sich Geldtransaktionen innerhalb von Sekunden über den Globus durchführen. Die Finanzkrise vom Herbst 2008 hat gezeigt, wie schnell eine Störung in diesem sensiblen Bereich auf die Realwirtschaft überspringen und eine Weltwirtschaftskrise auslösen kann. Die Konkurrenz der Finanzzentren weltweit (z. B. New York, Frankfurt am Main) ist groß, denn mit immer neuen Finanzprodukten versuchen sie sich gegenseitig Kundschaft, Umsatz und Arbeitsplätze abzujagen.

5. Dimensionen der Globalisierung

Eigenschaften der Globalisierung

Die Globalisierung im 21. Jahrhundert zeichnet sich durch fünf Eigenschaften aus:

- *Offenheit des Systems:* Es gibt keinen einzelnen, die Weltpolitik strukturierenden ideologisch-militärischen Konflikt mehr. Das System ist im Prinzip offen für alle: Für Staaten, für terroristische Organisationen, für Nichtregierungsorganisationen (NGOs), für Unternehmen etc.
- Die *Geschwindigkeit* und deshalb Unvorhersehbarkeit, mit der Entwicklungen vonstatten gehen. Das hat mit der technischen Entwicklung bei Kommunikations- und Transportsystemen, aber auch mit unseren wirtschaftlichen und politischen Interdependenzen zu tun.
- *Gleichzeitigkeit der Ereignisse:* Während die Weltgemeinschaft einerseits dem Klimawandel entgegenzusteuern versucht, schmelzen weiterhin die Polkappen.
- *Echte Globalität:* Krisen und Probleme wirken nicht nur weltweit, sondern ihre Lösung ist auch nur noch durch Formen des globalen Regierens, durch Global Governance, möglich. Dies schafft zwar Anreize zur Kooperation, schränkt aber auch nationale politische Handlungsmöglichkeiten ein.
- *Neuverteilung der Gewichte* in der Welt: Dabei verliert der Westen – Europa, die USA und Japan – relativ an Macht.

Die weltweite und gleichzeitige Vernetzung nicht nur von Akteuren, sondern auch von Themenbereichen zählt zu den Besonderheiten der Globalisierung, die daher eine ökonomische, politische, kulturelle, kommunikationstechnische und soziale Dimension aufweist.

Text im ersten Absatz nach Volker Perthes: Festvortrag bei der Veranstaltung „Globalisierung und Konflikt. Ein vorsichtiger Blick auf die Entwicklung unseres sicherheitspolitischen Umfelds", Berlin, 10.10.2009

ökonomische Dimension

Der Abbau von Handelsschranken, die Mobilität des Kapitals, sinkende Transport- u. Kommunikationskosten sowie homogene Verbraucherwünsche führen in der wirtschaftlichen Dimension der Globalisierung zu einem erheblichen Standortwettbewerb und zu starker Konkurrenz. Nationalstaaten verlieren hier ihre traditionellen Regelungskompetenzen, transnational operierende Großkonzerne gewinnen an Einfluss.

politische Dimension

Die Politik hat in der Globalisierung mit massiven Problemen zu kämpfen, denn gerade der Standortwettbewerb schränkt den nationalen Handlungsspielraum enorm ein.

- *Finanzpolitik:* Der Kollaps der amerikanischen Investmentbank Lehman Brothers 2008 stürzte die fast vollständig deregulierten Finanzmärkte dieser Welt in eine tiefe Krise. Erst billionenteure Stütz- und Hilfsprogramme der großen Notenbanken und der Nationalstaaten verhinderten den Kollaps des Bankensystems und der Realwirtschaft.
- *Umweltpolitik:* Die Erderwärmung veranschaulicht Globalisierung am eindrücklichsten, da es sich hier unbestritten um ein globales Problem handelt, das einer politischen Bearbeitung bedarf. Politische Abhängigkeiten werden deutlich, wenn man sich vor Augen führt, dass das Überleben z. B. der südpazifischen Inselstaaten durch einen weiteren Anstieg der Meeresspiegel existentiell bedroht ist und vom

zukünftigen Verhalten aller, besonders der Menschen in den hochentwickelten Industriestaaten, abhängt.

- *Sicherheitspolitik:* Der Angriff auf das New Yorker World Trade Center markierte 2001 den Anbruch einer Zeit des transnationalen, globalen Terrorismus. Seine Gefahren gehen von schwer lokalisierbaren und oft ressourcenschwachen Einzelpersonen auf regionaler oder lokaler Ebene aus. Ohne eine polizeiliche Zusammenarbeit mit anderen Staaten ist es nahezu unmöglich geworden, Terroristen oder auch neuzeitliche Piraten frühzeitig zu erkennen und zu fassen.

kulturelle Dimension

Globalisierung lässt sich als Ausdruck von Massenkultur und Massengeschmack begreifen. Die (sub-)kulturelle Dominanz der USA zeigt sich hier besonders in der Kultur-, Konsum- und Unterhaltungsindustrie. Immer wieder ist von der „McDonaldisierung" die Rede. Im Zusammenhang mit dem Konfliktpotenzial der Globalisierung auf kultureller Ebene sehen manche gar einen „Kampf der Kulturen" (Samuel Huntington) heraufziehen: Die Weltpolitik des 21. Jahrhunderts werde nicht von Auseinandersetzungen politischer, ideologischer oder wirtschaftlicher Natur, sondern von Konflikten zwischen Angehörigen unterschiedlicher Kulturkreise, insbesondere des westlichen mit dem chinesischen und dem islamischen Kulturkreis, bestimmt sein.

kommunikationstechnische Dimension

Das Internet symbolisiert die Globalisierung geradezu, denn hier wird die Welt zum „Global Village", zum globalen Dorf. Neuartige Netzwerke treten über große Entfernungen hinweg zu traditionellen Gemeinschaften wie Familie oder Freundeskreis.

soziale Dimension

Globalisierung ist gekennzeichnet durch die „Gleichzeitigkeit des Ungleichzeitigen". Während die Mehrzahl der Menschen in den Industriestaaten der Nordhalbkugel in Wohlstand und Fortschritt lebt und soziale Daseinsvorsorge genießt, bleiben viele Länder der Südhalbkugel unterentwickelt. Vorrangig sind wirtschaftliche Gründe für diese Unterentwicklung verantwortlich. Aber auch innerstaatliche Faktoren, z. B. autoritäre Herrschaftsstrukturen, spielen eine Rolle.

	Chancen der Globalisierung	Probleme der Globalisierung
Politik (Global Governance)	• globales Regieren • Problemlösungsgemeinschaft	• Demokratiedefizit, Legitimität • Zurechenbarkeit von Verantwortlichkeit
Ökonomie („Weltbinnenmarkt")	• Schaffung neuer Arbeitsplätze • Verbilligung von Produktionskosten und Preisen	• globale Konkurrenz • regionaler Verlust von Arbeitsplätzen • Ausbeutung rohstoffreicher Entwicklungsländer • Umweltzerstörung
Gesellschaft („Global Village")	• neue Mobilität (Reisen) • Zusammengehörigkeitsgefühl („eine Welt") • globale Netzwerke sozialer Gruppen	• Entsolidarisierungstendenzen • Identitätsprobleme • gesellschaftliche Fragmentierung
Kommunikation („Vernetzung" und Innovation)	• Teilhabe an weltweiter Kommunikation und Information • Abbau von Vorurteilen	• Reizüberflutung • Flucht in virtuelle (Schein-)Welten
Sicherheit („Weltrisikogesellschaft")	• Zwang zur Kooperation • Lernen aus den Fehlern der Vergangenheit	• globale Gefahren (Klima, Armut, Migration) • teils irreversible Schäden • Überforderung des Einzelnen und der Nationalstaaten

6. Herausforderungen der Globalisierung für die nationale Politik: Terrorismus und Migration

Dschihadisten aus Deutschland

Die zweifellos größte globale Gefahr geht heute vom transnationalen Terrorismus aus, denn er ist in der Lage, unkalkulierbare Schäden in der Zivilbevölkerung und an den verwundbarsten Flanken der Infrastruktur in den westlichen Industrienationen (Energie, Transport, Telekommunikation, Finanzen) anzurichten. Mangelnde Bildung, fehlende Berufsperspektiven oder falsche Vorstellungen von „Ehre", „Religion" oder „Moral" machen gerade junge Männer anfällig für Hassprediger und religiöse Fundamentalisten. Rekrutiert werden sie meist – jedoch nicht ausschließlich – in den unteren Schichten islamischer Länder. Auch in Deutschland haben sich bereits terroristische „Zellen" gebildet, aus denen junge Fanatiker in ihren „Heiligen Krieg" (Dschihad) gegen das westliche Lebensmodell gezogen sind.

Merkmale des „neuen" Terrorismus

Fünf zentrale Merkmale machen den „neuen" Terrorismus von bisherigen Formen innerstaatlicher Terrorgewalt unterscheid- und abgrenzbar:

- *Quantitative Zerstörung:* Zwar sind Terroristen noch nicht in der Lage gewesen, ABC-Waffen einzusetzen. Dennoch sind die Opferzahlen bereits drastisch angestiegen. Auch die infrastrukturelle Zerstörung hat gigantische Ausmaße angenommen.
- *Ubiquität der Opferziele:* Der „neue" Terrorismus ist zunehmend gegen „wahllose" Opfer gerichtet. Für den terroristischen Islamisten gibt es nicht nur den nahen, lokalen oder regionalen Feind, sondern auch den fernen und unbekannten, den internationalen Gegner.
- *Selbstmordattentäter:* Die „neuen" Terroristen nehmen eine doppelte Rolle ein, zum einen als Attentäter, zum anderen als Selbstmörder. Ihr Anschlag dient als spiritueller Akt, hat aus Sicht der Ausführenden einen höheren, gottgewollten Sinn.
- *Netzwerke statt hierarchischer Organisation:* Der „neue" Terrorismus „haust" nicht mehr in Höhlen, sondern im virtuellen Raum. Das Internet macht es möglich, unter den Aktivisten online Bauanleitungen für Bomben, Trainingspläne und Instruktionen zum Zellenaufbau zu verbreiten.
- *Global-mediale Multiplikatoren:* 9/11 war ein globales Medienereignis, das durch die Live-Berichterstattung ein Millionenpublikum „traumatisierte". Erstmals konnte eine internationale Öffentlichkeit ein derartiges Geschehen in Echtzeit verfolgen.

Terrorismusbekämpfung

Der regelmäßige Einsatz des eigenen Lebens im Dschihad beraubt die technologische und militärische Stärke der westlichen Welt ihrer Vorteilhaftigkeit, untergräbt das gesellschaftliche Werteverständnis und ermattet durch die Verbreitung von Angst und Schrecken die individuelle Psyche. Fünf Ziele bilden den Bezugspunkt aller nationalen wie internationalen Bekämpfungsmaßnahmen:

- die Verhinderung von Anschlägen,
- die Begrenzung und Bewältigung der Konsequenzen von Terroranschlägen,
- die Schwächung und Beseitigung terroristischer und extremistischer Strukturen,
- die Beseitigung struktureller Ursachen und Triebkräfte von Terrorismus und
- die Integration und der Schutz friedliebender Muslime.

Migration als Massenphänomen

Weltweite Flüchtlings- und Wanderungsbewegungen dringen erst aufgrund spektakulärer Ereignisse in das Bewusstsein unserer Gesellschaft, obwohl Migration zu einem massenhaften Phänomen geworden ist. Die Gesamtzahl der Migranten wurde Mitte der 1990er Jahre auf mindestens 150 Millionen geschätzt, jedes Jahr kommen 2 bis 4 Millionen hinzu. Ein großer Teil von ihnen wird von direkten Nachbarländern aufgenommen, die meist nicht viel wohlhabender sind als die Herkunftsländer.

Push- und Pull-Faktoren

Vor allem Verteilungsprobleme bei einer zugleich rapide wachsenden Weltbevölkerung führen zu Migrationsströmen. Um die Ursachen der Wanderungsbewegungen zu erklären, unterscheidet die Migrationsforschung Push- und Pull-Faktoren. Als Push-Faktoren werden unbefriedigende oder bedrohliche Bedingungen im Herkunftsland bezeichnet, angefangen bei wirtschaftlich-materieller Not über Diskriminierung bis hin zu Lebensgefährdung durch Kriege, Verfolgung, Umweltzerstörung oder Naturkatastrophen. Bei den Pull-Faktoren geht es um die Bedingungen im Zielland, die ein besseres Leben verheißen und daher anziehend wirken. Zu ihnen zählen (bessere) Lebens- und Verdienstmöglichkeiten oder allgemein ein Leben in Freiheit und Sicherheit. Die Migrationsbereitschaft steigt, wenn sich Push- und Pull-Faktoren summieren.

Entwicklungshilfe und globale Umweltpolitik

Zur Lösung von Migrationsproblemen sind Programme in Zusammenarbeit aller betroffenen Länder und Bevölkerungsgruppen notwendig. Am effektivsten und billigsten sind auf Dauer Maßnahmen zur Prävention von unkontrollierter Migration, die in erster Linie den Frieden und die Verbesserung der Lebensqualität in den Abwanderungsgebieten fördern, z. B. durch verstärkte Entwicklungshilfe, durch eine globale Umweltpolitik, aber auch durch sozial- und bevölkerungspolitische Maßnahmen.

Migration und Integration auf der EU-Agenda

Auch auf der EU-Agenda stehen Migration und Integration ganz oben. Der Europäische Rat verabschiedete 2008 eigens den „Europäischen Pakt zu Einwanderung und Asyl“. Wie andere Teilbereiche des übergeordneten Politikfeldes „Justiz und Inneres“ ist jedoch gerade die Asyl- und Einwanderungspolitik ein ausgesprochen sensibler Bereich. In ihm treten die EU-Mitgliedstaaten nur ungern und erst allmählich Kompetenzen an die Gemeinschaft ab. Grundsätzlich gilt, dass die Vergemeinschaftung der Asyl- und Flüchtlingspolitik daher stärker vorangeschritten ist als die der Migrations- und Integrationspolitik.

7. Global Governance – von der Notwendigkeit kooperativen Handelns

Global Governance

Die Frage nach den Ordnungs- und Regulierungsmöglichkeiten der internationalen Finanzmärkte und des Welthandels zählt zu den großen Herausforderungen der Globalisierung. Aber auch Klimawandel und Umweltzerstörung, Terrorismus oder Armut sind nur gemeinsam, d.h. mithilfe internationaler Institutionen zu bewältigen. Unter dem Schlagwort der Global Governance, einer Art grenzüberschreitender Mehrebenenpolitik, wird dabei auf Möglichkeiten eines „Regierens jenseits des Nationalstaats" hingewiesen: Neue Ebenen der Regulierung und Steuerung, an denen neben staatlichen Stellen vor allem internationale Institutionen und Nichtregierungsorganisationen teilnehmen, haben sich entwickelt, um die globalen Probleme der Gegenwart zu lösen.

IWF

Zur Steuerung des globalen Finanz- und Handelssystems wurden verschiedene internationale Institutionen bzw. Regime geschaffen, wie der Zusammenschluss der wichtigsten 20 Industrie- und Schwellenländer (G 20), die Welthandelsorganisation (WTO) und der Internationale Währungsfonds (IWF). Der IWF verfolgt die Ziele, den Welthandel auszuweiten, die internationale Zusammenarbeit in der Währungspolitik zu fördern, die internationalen Finanzmärkte zu stabilisieren und kurzfristige Kredite zum Ausgleich von Zahlungsbilanzdefiziten zu vergeben. Für die Regulierung der Weltwirtschaft hat er damit eine zentrale Bedeutung. Eine globale Finanzmarktkrise, wie sie im Herbst 2008 ihren Ausgang nahm, konnte aber auch der IWF nicht vermeiden.

Weltwirtschaftskrise 2009

Der supranationale Staatenverbund der Europäischen Union gilt als ein besonders erfolgversprechendes Laboratorium für Global Governance. Anders als bei der Weltwirtschaftskrise 1929 gab es 2009 einen Konsens, der Krise mit vereinten Kräften und über Staatsgrenzen hinweg zu begegnen: Protektionismus und Schutzzollpolitik unterblieben ebenso wie Deflationsversuche. Stattdessen bemühten sich viele Staaten, der Krise antizyklisch mit Konjunkturprogrammen entgegenzutreten, ohne diese rein nationalwirtschaftlich auszurichten: Man hatte erkannt, dass in einer globalisierten Welt nur kooperatives Handeln Erfolge bringt.

Weltkonferenzen und internationale Regime

Das Ziel von Global Governance besteht allerdings nicht nur darin, globale Probleme auf wirtschaftlichem Gebiet gemeinsam zu lösen. Auch in anderen Politikfeldern bemühen sich viele Akteure um eine enge Zusammenarbeit: Ein Paradebeispiel für die Global Governance-Architektur sind die Weltkonferenzen, wie z. B. der Weltkindergipfel 1990 in New York oder die Weltklimakonferenz 2009 in Kopenhagen. Trotz möglicher Blockaden oder der Verfolgung von nationalen Interessen sind die Weltkonferenzen zu einem wichtigen Forum geworden, auf dem z. B. Staatenvertreter, internationale Organisationen und Nichtregierungsorganisationen oder Medien eng zusammenarbeiten. Häufig führen dabei internationale Verhandlungen zur Gründung von internationalen Regimen, also Institutionen, die sich im Unterschied zu internationalen Organisationen auf einzelne Problemfelder (z. B. Klimaschutz) konzentrieren.

Problemfelder globaler Zusammenarbeit

Das gemeinsame Interesse an der Lösung von globalen Problemen richtet sich vor allem auf folgende Themenfelder:

- die Problematik der Verletzung von Menschenrechten,
- die globalen Umweltkrisen, die eine Zusammenarbeit im Bereich des Klima- und Artenschutzes erforderlich machen,
- die Sicherung des internationalen Friedens,
- die Verwirklichung weltweit akzeptabler Lebensbedingungen und sozialer Standards sowie
- die Bewältigung von Herausforderungen auf den globalen Finanz-, Handels-, Arbeits- oder Gütermärkten.

Das Global Governance-Modell

demokratische Legitimation und Global Compact

Auch wenn es bei dem Konzept von Global Governance am ehesten um „Weltordnungspolitik" geht und nicht um die Errichtung einer Weltregierung (*Global Government*), bleibt die Frage der Umsetzung und demokratischen Legitimation von Global Governance bestehen. Der Vorwurf, dass Entscheidungen über die Köpfe der Menschen hinweg getroffen würden und internationale Institutionen oft nur über eine indirekte, von den Regierungen abgeleitete demokratische Legitimation verfügten, hat zu unterschiedlichen Protestbewegungen und alternativen Weltgipfeln geführt.

NOTIZEN · NOTIZEN · NOTIZEN · NOTIZEN · NOTIZEN · NOTIZEN · NOTIZEN · NOTIZEN ·

Notizen

VII. Operatorentrainer

1. Mögliche Operatoren des Anforderungsbereichs I

Im *Anforderungsbereich I* werden die Operatoren verwendet, die der Anforderungsstufe *Wissen* (Anteil in der Abitur-Prüfung: 30 %) zugeordnet werden. Verlangt wird hier die *Reproduktion* von grundlegendem Fachwissen unter Verwendung der Fachterminologie. Dabei bestimmen Sie die jeweilige Materialart, kennen Arbeitstechniken und Methoden und können diese auch darstellen. Sie müssen also in der Lage sein, Ihr gelerntes sozialkundliches Fachwissen wiederzugeben. Dazu gehört manchmal auch die reine Informationsentnahme aus gestellten Materialien.

1. Nennen – Auflisten – Aufführen – Aufzählen – Wiedergeben

Hier müssen Sie Ihre gelernten Kenntnisse (dazu zählen Fachbegriffe, Daten, Fakten und Modelle) in komprimierter Form, aber begrifflich präzise, niederschreiben, ohne diese zu kommentieren.

Beispiel 1: *Nennen* Sie drei wesentliche Bestimmungen des Vertrags von Lissabon!

oder

Geben Sie drei wesentliche Bestimmungen des Vertrags von Lissabon *wieder!*

Erwartungshorizont:
Ein hauptamtlicher Ratspräsident übernimmt für zweieinhalb Jahre die Leitung des Europäischen Rates und sorgt damit für Kontinuität.
In einem neuen Abstimmungssystem gilt ab 2014 die neue „doppelte Mehrheit“: Damit gilt ein Beschluss in der EU als angenommen, wenn 55 % der Staaten zustimmen und diese zugleich mindestens 65 % der EU-Bevölkerung repräsentieren.
Bündelung der Funktionen des EU-Außenkommissars und des EU-Außenbeauftragten im Amt des „Hohen Vertreters für die Außen- und Sicherheitspolitik“. Damit werden EU-Kommission und Parlament keine erweiterten Zuständigkeiten in der Außenpolitik zugestanden.

Da es sich hier um eine sehr einfache Aufgabenstellung handelt, werden Sie im Abitur auf diese Operatoren nur im Zusammenhang mit weiteren Operatoren treffen (Bsp.: *Nennen* und *erläutern* Sie drei wesentliche Bestimmungen des Vertrags von Lissabon!).

2. Benennen – Bezeichnen – Angeben

Hier müssen Sie Sachverhalte, Strukturen und Prozesse begrifflich präzise aufführen. Die Aufgabenstellung ist damit ähnlich wie im *Beispiel 1*, der zu benennende Gegenstand ist aber meist etwas komplexer. Die Ansprüche an die sprachliche Qualität Ihrer Beantwortung sind gestiegen.

Beispiel 2: *Bezeichnen* Sie die wichtigsten Funktionen des Europäischen Parlaments!

oder

Geben Sie die wichtigsten Funktionen des Europäischen Parlaments *an!*

Erwartungshorizont:
Das Europäische Parlament ist die Vertretung der europäischen Bürgerinnen und Bürger und das einzige direkt gewählte Organ der EU.

Das Parlament ist neben dem Ministerrat das zweite Legislativorgan der EU. Wie andere Legislativorgane in demokratischen Staaten ist das Parlament mitverantwortlich für den Haushalt und wählt den Regierungschef, in der EU also den Kommissionspräsidenten.
Weiterhin muss es der Einsetzung der Kommission zustimmen. Wenn das Parlament der Kommission mit einer Zweidrittelmehrheit das Misstrauen ausspricht, muss diese zurücktreten.

Da es sich hier um eine sehr einfache Aufgabenstellung handelt, werden Sie im Abitur auf diese Operatoren nur im Zusammenhang mit anderen Operatoren treffen (Bsp.: *Bezeichnen* Sie die wichtigsten Funktionen des Europäischen Parlaments und *stellen* Sie diese dem Deutschen Bundestag *gegenüber*!).

3. Beschreiben – Darlegen – Darstellen – Schildern

Hier werden wesentliche Aspekte eines Sachverhalts im logischen Zusammenhang wiedergegeben. Zusammenhänge, Beziehungen und Folgen eines Sachverhalts rücken gegenüber dem bloßen Wiedergeben von Fakten in den Vordergrund.

Beispiel 3: *Beschreiben* Sie den Wandel der Lebensformen in Deutschland seit den 1960er Jahren!

oder

Stellen Sie *dar*, welchem Wandel die Lebensformen in Deutschland seit den 1960er Jahren unterworfen waren!

Erwartungshorizont:
Bis in die 60er Jahre des letzten Jahrhunderts galt die bürgerlich-moderne Kleinfamilie, bestehend aus einem Ehepaar mit Kindern, als Idealbild und „kulturelle Selbstverständlichkeit". Man heiratete früh, ließ sich selten scheiden, und die Mutter kümmerte sich meist um den Haushalt und die Kindererziehung. Andere Lebensformen wurden gesellschaftlich i. d. R. nicht anerkannt; Ausnahmen bildeten Mitglieder des (katholischen) Klerus oder Verwitwete.
Die gesellschaftliche Anerkennung alternativer Lebensformen verläuft parallel zum Rückgang der Kleinfamilie. Der mit dem zweiten demographischen Übergang verbundene Geburtenrückgang führte ab Mitte der 1960er Jahre zur Abnahme von Mehrkindfamilien und ab 1980 zunehmend zur Kinderlosigkeit. Somit verlor auch die Institution der Ehe zunehmend an Bedeutung; sie wird heutzutage oft nur noch geschlossen, wenn ein Kinderwunsch besteht. Damit korrespondiert der stetige Anstieg der Scheidungsrate seit den 1960er Jahren, insbesondere in den großen Städten.
Rund 70 % aller Familien sind heute Zwei-Kind-Familien. Die Zahl der Ein-Kind-Familien ist seit Jahren tendenziell rückläufig und bewegt sich zurzeit bei 19 %. Drei und mehr Kinder finden sich gehäuft in sozial schwachen Familien oder in Haushalten, die über ein Einkommen von mehr als 5 000 Euro netto im Monat verfügen.
Zur Gruppe der Alleinerziehenden zählen ca. 1,5 Millionen Haushalte in Deutschland, in denen 15 % aller Minderjährigen leben. War früher die Verwitwung meist die Ursache für den Status des Alleinerziehenden, ist es seit den 1970er Jahren zunehmend die Scheidung der Ehepartner. Dieser Grund wirkt sich aber im Vergleich zur ersten Hälfte des 20. Jahrhunderts nicht mehr diskriminierend aus. Vier typische Merkmale kennzeichnen diese Gruppe: Die meisten (ca. zwei Drittel) haben nur ein Kind und befinden sich in einer sozioökonomisch schlechten Lage. Dadurch, dass viele Aufgaben allein bewältigt werden müssen, sind Alleinerziehende einer hohen psychischen Belastung ausgesetzt und damit oft auf Hilfe bei der Kinderbetreuung angewiesen.

Der Familiensektor schrumpft stetig zugunsten des Nicht-Familiensektors, dessen Anteil an Lebensformen in der Bundesrepublik auf ein Drittel angewachsen ist.
Zum Nicht-Familiensektor zählen zum Einen nichteheliche (kinderlose) Lebensgemeinschaften, deren Zahl sich seit den 1970er Jahren nahezu verzehnfacht hat. Im Vergleich zu früher hat diese Lebensform einen hohen sozialen Akzeptanzgrad und kann vor allem bei jungen Paaren fast schon als Norm bezeichnet werden. Diese soziale Entwicklung ist in der Hauptsache ursächlich für den Rückgang der Eheschließungen. Die nichtehelichen Lebensgemeinschaften haben sich damit zu einer beständigen Phase im Leben der Menschen entwickelt und können nicht mehr „nur" als Vorehezeitraum bezeichnet werden.
Parallel dazu bleiben viele Ehen bewusst kinderlos, selbst ohne medizinische Gründe. Diese bewusste Entscheidung treffen vor allem verheiratete Akademikerinnen.
Die letzte Gruppe, die zum Nicht-Familiensektor gezählt werden muss, sind die Singles. Deren Zahl ist in den letzten 100 Jahren von 1 auf 14 Millionen gestiegen. Single zu sein bedeutet aber nicht, keine Partnerschaft einzugehen. Vor allem die Generation der 18- bis 35-Jährigen lebt zu zwei Dritteln in einer festen Beziehung, allerdings in getrennten Haushalten. Singles sind überdurchschnittlich gebildet, verdienen überdurchschnittlich viel Geld und leben häufig in größeren Städten.

4. Zusammenstellen – Zusammenfassen

Hier müssen Sie Fakten und Gegenstände vollständig präsentieren, ohne diese zu kommentieren.

Beispiel 4: *Stellen* Sie die Ursachen für den Wandel der Familie in Deutschland seit den 1960er Jahren *zusammen!*

oder

Fassen Sie die Ursachen für den Wandel der Familie in Deutschland seit den 1960er Jahren *zusammen!*

Erwartungshorizont:
Die Ursachen für den Wandel in den Lebensformen liegen in der zunehmenden Individualisierung unserer Gesellschaft, die möglich wurde durch einen steten Einflussverlust der Kirchen und des Glaubens, durch den zunehmenden Wohlstand seit den 1950er Jahren, durch die Bildungsexpansion und die Emanzipation der Frau seit den 1970er Jahren, durch die Mobilitätsanforderungen seit den 80er Jahren und schließlich durch den aus den genannten Aspekten resultierenden Wertewandel.

5. Definieren

Diesen Operator kennen Sie auch aus den Naturwissenschaften. Hier müssen Sie einen Begriff oder Sachverhalt unter Verwendung von Fachbegriffen erklären.

Beispiel 5: *Definieren* Sie den Begriff „europäischer Integrationsprozess"!

Erwartungshorizont:
Der Begriff umschreibt den immer enger werdenden Zusammenschluss der europäischen Völker innerhalb des supranationalen Staatenverbundes der Europäischen Union.

Seit dem Vertrag von Maastricht 1993 wurde der Zusammenschluss der EU-Staaten auf wirtschaftlicher, politischer, rechtlicher und militärischer Basis intensiviert, indem immer mehr einzelstaatliche Befugnisse auf die supranationalen Organe der EU übertragen wurden.

Da es sich hier um eine sehr einfache Aufgabenstellung handelt, werden Sie im Abitur auf diesen Operator nur im Zusammenhang mit anderen Operatoren treffen (Bsp.: *Definieren* Sie den Begriff „europäischer Integrationsprozess" und *beurteilen* Sie den gegenwärtigen Stand!).

6. Skizzieren

Dieser Operator bedeutet nicht, dass Sie eine Skizze zeichnen müssen, außer es ist ausdrücklich in der Aufgabenstellung verlangt (Bsp.: *Skizzieren* Sie unter Zuhilfenahme einer Grafik die Bevölkerungsentwicklung in Deutschland seit den 1960er Jahren!). Im Regelfall müssen Sie hier Fakten und Informationen knapp aneinander reihen, ohne diese im Detail zu erläutern.

Beispiel 6: *Skizzieren* Sie das System der „checks and balances" im politischen System der USA an einem Beispiel!

Erwartungshorizont:
In den USA basiert das politische System mehr auf einer Trennung der Verfassungsorgane als auf einer Teilung der Gewalten. Dies bedeutet, dass die den drei Gewalten zugeordneten obersten Verfassungsorgane – der Kongress in der Legislative, der Präsident in der Exekutive und das Oberste Bundesgericht in der Judikative – zwar getrennt voneinander amtieren, an den Grundfunktionen der Staatsgewalt aber gemeinsam teilhaben. So kommt es zu wechselseitigen Kontrollen.
Die Gesetzgebung z. B. obliegt zwar dem Kongress, aber der Präsident wirkt an der Gesetzgebung insofern mit, als er Gesetze unterzeichnet oder ein suspensives Veto gegen sie einlegen kann. Das Veto kann wiederum mit einer Zweidrittelmehrheit in beiden Kammern des Kongresses überwunden werden. Andererseits kann der Senat bei der Anwendung der Gesetze, z. B. bei präsidentiellen Personalentscheidungen, mitwirken. Die Gesetzgebung des Kongresses unterliegt der Normenkontrolle des Supreme Court, der Gesetze für nichtig erklären kann. So kann jedes Verfassungsorgan von einem anderen zur Rechenschaft gezogen und kontrolliert werden.

7. Charakterisieren

Hier müssen Sie wesentliche Kennzeichen eines Sachverhalts herausarbeiten oder unter einem bestimmten Gesichtspunkt zusammenführen. In Zusammenhang mit einem Textmaterial kann dieser Operator auch in den *Anforderungsbereich II* fallen.

Beispiel 7: *Charakterisieren* Sie die relative Straftheorie!

Erwartungshorizont:
Der zentrale Strafzweck ist die Vorbeugung. Dem Täter soll durch eine Strafe das von ihm begangene Unrecht bewusst gemacht werden. Dadurch soll er wieder in die Gesellschaft eingegliedert werden können (Resozialisierungsgedanke) und sich künftig rechtskonform verhalten.
Seit der Strafrechtsreform von 1975 bildet die relative Straftheorie die Grundlage für die Bestrafung von Kriminellen in der Bundesrepublik Deutschland.

2. Mögliche Operatoren des Anforderungsbereichs II

Im *Anforderungsbereich II* werden alle Operatoren verwendet, die der Anforderungsstufe *Anwenden* (Anteil in der Abitur-Prüfung: 40 %) zugeordnet werden. Verlangt werden damit Reorganisation und Transferleistungen. Sie müssen hier also Gelerntes in einen neuen Kontext einordnen und danach bearbeiten und erklären, Zusammenhänge erklären, unterschiedliche Sachverhalte sinnvoll verknüpfen, unterschiedliche Materialien wie Grafiken / Tabellen / Karikaturen analysieren und interpretieren sowie Sach- und Werturteile unterscheiden. Ihr sozialkundliches Fachwissen bildet in diesem Bereich das notwendige Hintergrundwissen zur Bearbeitung der Aufgabenstellungen.

Basismaterial M 1: Die Entwicklung der Bevölkerungszahl in Deutschland von 1950 bis 2050

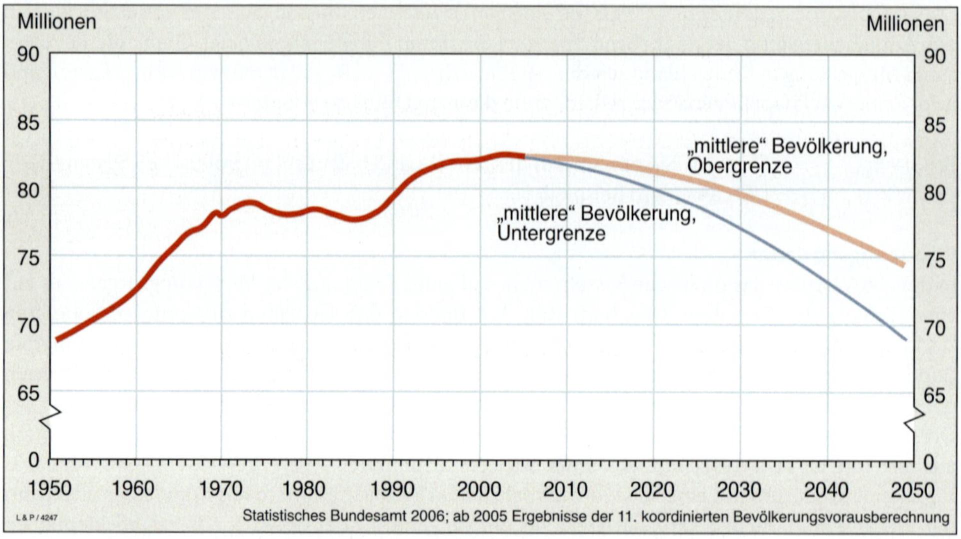

Aus: Raps, C./ Hartleb, F., Mensch und Politik, Sozialkunde Bayern, Klasse 11, Braunschweig 2009, S. 10

Die *Beispiele 1* bis *4* beziehen sich auf obige Grafik.

1. Analysieren – Charakterisieren (bei materialgestützter Fragestellung)

Hier müssen Sie Materialien oder Sachverhalte je nach Aufgabenschwerpunkt erschließen, in systematische Zusammenhänge einordnen und mitunter auch Hintergründe und Beziehungen herausarbeiten.

Beispiel 1: *Analysieren* Sie die Grafik M 1!

Erwartungshorizont:
Von 1950 bis 1974 steigt die Bevölkerungszahl von etwa 69 auf 79 Millionen Einwohner an. Die Gründe hierfür lagen zum Einen in ansteigenden Geburtenziffern, dem sogenannten „Babyboom“ bis Mitte der sechziger Jahre, und zum Anderen in drei Einwanderungswellen: Von 1944 bis 1950

strömten rund 8 Millionen Flüchtlinge und Vertriebene aus den ehemaligen deutschen Ostgebieten nach Westen, von 1949 bis zum Mauerbau 1961 kamen etwa 3 Millionen Bürger der DDR hinzu, die ihr Land in Richtung Bundesrepublik verließen, und zwischen 1961 und 1974 folgten ca. 3,5 Millionen Ausländer dem Ruf der Bundesregierung, um in Deutschland Arbeit zu finden.
Von 1974 bis 1986 stagniert die Bevölkerungszahl mit leicht rückläufiger Tendenz bei ca. 78 / 79 Millionen Einwohnern. Ursächlich dafür sind der Geburtenrückgang seit 1964 („Pillenknick") und das Ende größerer Einwanderungswellen ab 1974, ausgelöst durch den von der Bundesregierung verhängten Anwerbestopp für ausländische Arbeitnehmer.
Von 1986 bis 2005 wächst die Bevölkerung von 78 Millionen auf ca. 82,5 Millionen Einwohner an. Dies war in erster Linie bedingt durch eine neue Einwanderungswelle der Spätaussiedler aus Osteuropa. Zudem hielten sich die Geburtendefizite in der Bundesrepublik in den letzten 30 Jahren noch in Grenzen, da sich in den 1980er und 90er Jahren die geburtenstarken Jahrgänge der ersten beiden Nachkriegsjahrzehnte im Elternalter befanden. Diese große Anzahl an Eltern glich die geringe Kinderzahl einzelner Frauen aus.
Ab 2005 kommt es zu einem kontinuierlichen Rückgang. Bis 2050 soll die Bevölkerungszahl auf 75 Millionen Einwohner (Obergrenze) bzw. 70 Millionen Einwohner (Untergrenze) schrumpfen, vorausgesetzt, die Fruchtbarkeitsrate bleibt unter zwei Kindern und es wandern durchschnittlich pro Jahr nur 100 000 bis 200 000 Menschen zu.

2. Auswerten

Hier müssen Sie Fakten oder Einzelergebnisse zu einer abschließenden Gesamtaussage zusammenführen.

Beispiel 2: *Werten* Sie das Material M 1 *aus!*

Erwartungshorizont:
Von 1950 bis 1974 steigt die Bevölkerungszahl von etwa 69 auf 79 Millionen Einwohner an. Von 1974 bis 1986 stagniert die Bevölkerungszahl mit leicht rückläufiger Tendenz bei ca. 78 / 79 Millionen Einwohnern. Von 1986 bis 2005 wächst die Bevölkerung von 78 Millionen auf ca. 82,5 Millionen Einwohner an. Ab 2005 kommt es zu einem kontinuierlichen Rückgang. Bis 2050 soll die Bevölkerungszahl auf 75 Millionen Einwohner (Obergrenze) bzw. 70 Millionen Einwohner (Untergrenze) schrumpfen.
Die zentrale Aussage der Grafik lässt sich wie folgt zusammenfassen: Nach einem Anwachsen der Bevölkerung in Deutschland von 1950 bis – mit Ausnahme einer Unterbrechung – 2005, befindet sich die Bevölkerungszahl in Deutschland seit 2005 in einem kontinuierlichen Abwärtstrend, der selbst bei positiver Sichtweise nur verlangsamt, aber nicht aufgehalten werden kann.

Da es sich hier um eine sehr einfache Aufgabenstellung handelt, werden Sie im Abitur auf diesen Operator nur im Zusammenhang mit anderen Operatoren treffen (Bsp.: *Werten* Sie das Material M 1 *aus* und *nehmen* Sie dazu *Stellung*!).

3. Erklären

Hier müssen Sie einen Sachverhalt klar darstellen und in einen Zusammenhang einordnen.

Beispiel 3: (*Werten* Sie die Grafik M 1 *aus*) und *erklären* Sie die Entwicklung ab 2005!

Erwartungshorizont:
Zum einen geht die Bevölkerungszahl zurück, da die Geburtenziffern unter der Anzahl der Sterberate liegen. Dies wird sich auch langfristig nicht ändern, da die Anzahl der Frauen im gebärfähigen Alter stetig abnimmt.
Auch die Fruchtbarkeitsrate befindet sich in einem Abwärtstrend. Dies lässt sich auf den Funktions- und Strukturwandel der Familie, die Emanzipation der Frau, die mangelnde Vereinbarkeit von Familie und Beruf sowie auf die zunehmende Ausrichtung der Gesellschaft an den Bedürfnissen Erwachsener zurückführen.
In der Erhöhung der Immigrationsrate scheint keine optimale Lösung zu liegen, da alle Industriestaaten auf die verstärkte Einwanderung insbesondere hoch qualifizierter Migranten angewiesen sind, um ihre Staatsausgaben, vor allem in Sozialbereich, auch in Zukunft decken zu können. Damit befindet sich Deutschland als Einwanderungsland in Konkurrenz zu teils attraktiveren westlichen Staaten wie z. B. den USA.

4. Erläutern

Der Erwartungshorizont ist nahezu identisch zum Operator „Erklären". Allerdings wird hier eventuell noch von Ihnen erwartet, zusätzliche Informationen und Beispiele zur Verdeutlichung anzuführen. So könnte in *Beispiel 3* die Stagnation der Fruchtbarkeitsrate genauer ausgeführt werden.

Beispiel 4: (*Werten* Sie das Material M 1 *aus*) und *erläutern* Sie die Entwicklung ab 2005!

Erwartungshorizont:
[...] Dies lässt sich erstens auf den Funktions- und Strukturwandel der Familie zurückführen: Kinderreichtum dient heutzutage nicht mehr der Alterssicherung, und Kinder werden häufig als finanzielle Belastung angesehen. Zweitens ... [...].

Basismaterial M 2: Rezension über das Buch „Die Ausgeschlossenen. Das Ende vom Traum einer gerechten Gesellschaft" von Heinz Bude

Der jüngste Armutsbericht der Bundesregierung hat unsere schlimmsten Befürchtungen bestätigt. Die einst so breite Mittelschicht schrumpft immer weiter, die Kluft zwischen Arm und Reich wird immer klarer sichtbar. Und am Rande der Wohlstandsgesellschaft tummeln sich nicht mehr Tausende, sondern mittlerweile Millionen von „Ausgeschlossenen". Zu ihnen gehören nicht nur die üblichen „Verdächtigen" wie Obdachlose, Langzeitarbeitslose oder arme Alte. Zu ihnen zählen heute Menschen mit und ohne Hauptschulabschluss, „überqualifizierte" Akademiker, Scheinselbstständige oder sich von Job zu Job hangelnde Gering- und Garnichtqualifizierte. Menschen, die sich abstrampeln, den Anschluss nicht halten können und dabei ihr Selbstwertgefühl und damit den letzten Halt verlieren. So schätzt zumindest der renommierte Gesellschaftswissenschaftler Heinz Bude die soziale Lage der Nation ein.
Diese Situation wird sich seinen empirisch gestützten Beobachtungen zufolge noch weiter verschärfen, weil die Mittelschicht heutzutage nichts mehr fürchtet als das Schreckgespenst „Soziale Exklusion" und dementsprechend handelt respektive nicht handelt. Während die vom Ausschluss Betroffenen den Glauben an den sozialen Aufstieg schon längst verloren haben, klammern sich die

potenziell vom Ausschluss Bedrohten an den Fortschrittsglauben der Wohlsituierten und Erfolgreichen. Sie passen sich dem turbokapitalistischen Tempo an und beugen sich dem Diktat permanenter Lernbereitschaft, Flexibilität und Eigeninitiative. Und bestrafen aus Angst vor dem eigenen Abstieg die Abgehängten mit Verachtung und „belohnen" sie nur widerwillig mit den von ihren Steuern finanzierten Sozialleistungen.

Keine Frage, die von beiden Seiten vorangetriebene „Abschottung" treibt einen „Keil durch unsere Gesellschaft" und verhärtet die Fronten. Die vermeintlichen Gewissheiten der goldenen 50er- und 60er-Jahre des vergangenen Jahrhunderts sind einer latenten Unruhe und Unsicherheit gewichen. Doch der von Bude verloren geglaubte „Traum von einer gerechten Gesellschaft" war auch im Zeitalter des Wirtschaftswunders nur eine Schimäre. Bereits Ludwig Erhard wusste um die übersteigerten Wohlstandserwartungen und ermahnte die Bundesbürger immer wieder zum Maßhalten. Bereits die erste Rezession 1966 versetzte die Republik in eine „Statuspanik". Freilich glaubten die Wohlstandsverwöhnten noch an Vollbeschäftigung. Mit Solidarität und sozialer Gerechtigkeit hatte dieser Glauben aber nichts zu tun. Schon damals war sich jeder selbst der Nächste. Das Prinzip Leistung dominierte das Gerechtigkeitsprinzip schon immer.

Je stärker der bundesdeutsche Wohlstand vom verschärften globalen Wettbewerb bedroht scheint, desto stärker rückt dieses Prinzip wieder ins Bewusstsein. Und da ist es schon aufschlussreich, wenn Bude berichtet, wie alleinerziehende Mütter oder „verwilderte Jungmänner" in den urbanen „Anti-Ghettos" als „Ausgeschlossene" leben, denken und fühlen.

Doch es reicht gewiss nicht aus, sich als „unvoreingenommener" Wissenschaftler auf die exemplarische Beschreibung sozialer Zustände zu beschränken und der Regierung ihre mangelhafte Integrations- und Sozialpolitik vorzuwerfen. Insofern verschärft sich nicht nur die soziale Spaltung in der Gesellschaft – sondern auch die Spaltung zwischen den theoretischen Wissenschaften und der praktischen Politik. Heinz Bude sollte über seinen gelehrten Schatten springen und wie die von ihm kritisierten Politiker ebenso über gerechte wie nachhaltige Strategien nachdenken.

Aus: Jörg von Bilavsky: Die latente Angst des Mittelstands. Eine Besprechung des Buches „Die Ausgeschlossenen. Das Ende vom Traum einer gerechten Gesellschaft" von Heinz Bude, in: Das Parlament Nr. 31 vom 28.7. 2008; zitiert nach: Abiturprüfung 2009, Sozialkunde als Grundkursfach, S. 10 f.

Die Beispiele 5 bis 9 beziehen sich auf obigen Text.

5. Umschreiben/ Paraphrasieren

Hier müssen Sie einen Sinngehalt mit eigenen Worten knapp darstellen.

Beispiel 5: *Paraphrasieren* Sie den Begriff „verwilderte Jungmänner" (Z. 32)!

Erwartungshorizont:
Der Begriff meint Männer, die in Singlehaushalten leben und sehr wahrscheinlich beziehungs- bzw. familienuntauglich (geworden) sind, da ihr Singledasein schon zu lange andauert und keiner sozialen Kontrollinstanz mehr unterliegt.

Da es sich hier um eine sehr einfache Aufgabenstellung handelt, werden Sie im Abitur auf diese Operatoren nur im Zusammenhang mit anderen Operatoren treffen (Bsp.: *Paraphrasieren* Sie den Begriff „verwilderte Jungmänner" (Z. 32) und *ordnen* Sie ihn dem Phänomen des Bevölkerungsrückgangs *zu*!).

6. Einordnen – Zuordnen

Hier müssen Sie ein einzelnes Phänomen oder eine Position zu einem anderen, eventuell umfassenderen Phänomen oder zu einer anderen Position in Beziehung setzen.

Beispiel 6: *Paraphrasieren* Sie den Begriff „verwilderte Jungmänner" (Z. 32) und *ordnen* Sie ihn dem Phänomen des Bevölkerungsrückgangs *zu*!

Erwartungshorizont:
Siehe Erwartungshorizont zu *Beispiel 5*.
In den Ursachen für die erhöhte Zahl an Singlehaushalten spiegelt sich der allgemeine Trend des Bevölkerungsrückgangs wider. Zugleich verstärken Singlehaushalte den Bevölkerungsrückgang.
So können männliche Alleinstehende erstens „verwildern", weil sie z.B. beziehungsunfähig (geworden) sind. Dies wäre zurückzuführen auf die zunehmende Individualisierung der Gesellschaft, da die Menschen zu ihrer Existenzgründung weniger aufeinander angewiesen sind als zu früheren Zeiten, und die Anforderungen des modernen Arbeitslebens den Einzelnen zu mehr Mobilität und Flexibilität zwingen. Beide Faktoren erschweren eine Familiengründung.
Zweitens kann es zu einer „Verwilderung" aus finanziellen Gründen kommen: Eine Familiengründung kostet Geld; vor allem für Menschen aus dem Niedriglohnsektor bedeutet eine Familiengründung den Verzicht auf teure Konsumgüter oder die Einschränkung eines aufwändigen Lebensstils. Hinzu kommt die mangelnde Vereinbarkeit von Familie und Beruf, häufig aufgrund fehlender oder bezahlbarer Kinderbetreuungsplätze. Auch der Funktionswandel der Familie wäre an dieser Stelle zu nennen: Kinder dienen heutzutage nicht mehr der Alterssicherung.

7. Thesenartig zusammenfassen

Hier wird von Ihnen erwartet, die Kernaussagen des Textes in vollständigen Sätzen kurz und prägnant zusammenzufassen. Vorsicht: Vermeiden Sie eine „Nacherzählung" des Textes!

Beispiel 7: *Fassen* Sie den Text M 2 *thesenartig zusammen!*

Erwartungshorizont:
Laut Heinz Budes Buch „Die Ausgeschlossenen" bestätigt der Armutsbericht der Bundesregierung, dass sich die Schere zwischen Arm und Reich immer weiter öffnet und die Mittelschicht weiter schrumpft.
Beide Entwicklungen führen zu einem Anwachsen der Randschicht der Armen, zu denen nicht nur die klassischen von Armut bedrohten Bevölkerungsgruppen zählen, sondern immer häufiger auch höher Qualifizierte. Gerade in diesen Gruppen verringert Armut das Selbstwertgefühl und führt oft zu einem emotionalen Absturz.
Die Situation droht sich zu verschärfen, da die Mittelschicht Armut generell fürchtet und daher alles tut, um diese zu vermeiden: Sie passt sich also den neuen wirtschaftlichen Gegebenheiten und Anforderungen an. Dabei verachtet sie die Bevölkerungsteile aus dem unteren Bereich der sozialen Skala und ist nur wider Willen bereit, Steuern für Sozialleistungen zu bezahlen.
Der Autor der Rezension, Jörg von Bilavsky, bestätigt zwar Budes Einschätzung, nach der sich die Fronten zwischen „Arm" und „Reich" verhärten; er negiert aber dessen Ansicht, der „Traum von einer gerechten Gesellschaft" zu Zeiten des Wirtschaftswunders in den 1950er und 60er Jahren

sei mehr als nur ein Traum gewesen: Bilavsky zufolge glaubte man zwar an Vollbeschäftigung und Wohlstand, nicht jedoch an Solidarität und soziale Gerechtigkeit. Auch damals dominierte das Leistungsprinzip.
Schließlich wirft der Autor Bude vor, dieser beschreibe lediglich die sozialen Zustände und richte Vorwürfe an die Regierung. Dies verschärfe nicht nur die soziale Spannung in der Gesellschaft, sondern auch die Spannung zwischen Wissenschaft und Politik. Der Autor erwartet von Bude – genau wie von der Politik – konkrete Lösungsansätze für das Problem.

8. **Erschließen – Ermitteln – Erarbeiten – Herausarbeiten** (aus einem Text)

Hier wird von Ihnen erwartet, aus Materialien bestimmte, in der Aufgabenstellung bezeichnete, Sachverhalte herauszufiltern. Bei der zusätzlichen Anweisung „ausgehend vom Text" müssen auch weitere, über das Material hinausgehende, Aspekte angeführt werden.

Beispiel 8: *Erarbeiten* Sie *ausgehend vom Text* Kennzeichen der „Mittelschicht" (Z. 2)!
oder
Ermitteln Sie *ausgehend vom Text* Kennzeichen der „Mittelschicht" (Z. 2)!

Erwartungshorizont:
Nach M 2 ist die Mittelschicht in einem Schrumpfungsprozess begriffen. Sie ist gekennzeichnet durch ihre Furcht vor einem sozialen Abstieg, vertraut aber andererseits auf den Fortschritt. Angehörige der Mittelschicht passen sich daher dem Zeitgeist an und versuchen durch Lernbereitschaft, Flexibilität und Eigeninitiative ihren sozialen Status zu halten. Unter der Mittelschicht befindliche Schichten werden verachtet und Sozialabgaben nur widerwillig gezahlt.
Zur Mittelschicht gehören Familien von Angestellten, Handwerkern, Beamten, kleinen und mittleren Unternehmern, freien Berufen, der Arbeiterelite oder Bauern, die Landwirtschaft im Haupterwerb betreiben. Das monatliche Einkommen bewegt sich im Durchschnitt bei etwa 2 800 Euro netto (Stand: 2009). Die Mittelschicht orientiert sich im Lebensstil nach oben, nutzt gerne kulturelle Angebote und ist bildungs- und aufstiegsorientiert. Die Mittelschicht leistet überdies einen maßgeblichen Beitrag zur Stabilisierung des politischen und sozialen Systems und wünscht sich gesicherte und harmonische Verhältnisse.

9. **Gegenüberstellen – Vergleichen**

Hier müssen Sie verschiedene Sachverhalte einander gegenüberstellen und je nach Aufgabenstellung Gemeinsamkeiten, Ähnlichkeiten und Unterschiede herausarbeiten. Ihr Ergebnis sollten Sie gegen Ende der Beantwortung klar auf den Punkt bringen. Dieser Operator kann bei anspruchsvoller Aufgabenstellung auch dem *Anforderungsbereich III* zugeordnet werden.

Beispiel 9: *Stellen* Sie den Ausführungen Budes zur Vertiefung der „Kluft zwischen Arm und Reich" (Z. 2) die funktionalistische Theorie der Ungleichheit *gegenüber!*

Erwartungshorizont:
Bude spricht von einer mangelnden sozialen Gerechtigkeit in Deutschland. Dies beweist er mit dem jüngsten Armutsbericht der Bundesregierung, aus dem hervorgeht, dass sich die Schere zwischen

Arm und Reich immer weiter öffnet und die Mittelschicht weiter schrumpft. Dies führe zu einem Anwachsen der Randschicht der Armen, zu denen nicht nur die klassischen von Armut bedrohten Bevölkerungsgruppen, sondern immer häufiger auch höher Qualifizierte zählen. Die Situation droht sich zu verschärfen, da die Mittelschicht Armut generell fürchtet und daher alles tut, um diese zu vermeiden: Sie passt sich also den neuen wirtschaftlichen Gegebenheiten und Anforderungen an. Dabei verachtet sie die Bevölkerungsteile aus dem unteren Bereich der sozialen Skala und ist nur wider Willen bereit, Steuern für Sozialleistungen zu bezahlen.
Die funktionalistische Theorie der Ungleichheit besagt, dass eine Leistungsgesellschaft soziale Ungleichheit benötigt. Wer das Leistungspotenzial eines Menschen und einer Gesellschaft mobilisieren will, muss Leistungsanreize schaffen.
Diese Theorie widerspricht damit einerseits den Ausführungen Budes, indem konstatiert wird, eine Kluft zwischen Arm und Reich sei einem marktwirtschaftlichen System immanent. Auf der anderen Seite zeigen die Ausführungen Budes aber auch, dass Einkommen, Beruf und Bildung nicht immer mit individueller Leistung zusammenhängen. Ansonsten würden keine „überqualifizierten" Akademiker von Armut bedroht.

Basismaterial M 3: „Ehrenwort!"

Zeichnung:
Burkhard Mohr

Die *Beispiele 10* und *11* beziehen sich auf obige Karikatur.

10. Interpretieren

Hier wird von Ihnen erwartet, Sinnzusammenhänge aus Materialien (meist Karikaturen) zu erschließen.

Beispiel 10: *Interpretieren* Sie die Karikatur M 3!

Erwartungshorizont:
Die Karikatur zeigt im Zentrum einen Mann, der symbolisch für die EU steht (siehe Jackenaufdruck) und den Eindruck eines weltfremden Bürokraten vermittelt (Statur und Haltung, Brille, phlegma-

tischer Gesichtsausdruck). Er ist im Begriff, mit einer Schere ein Band zu durchschneiden, das symbolisch für den Wegfall der Grenzkontrollen innerhalb der Schengenstaaten steht (siehe Jackenaufdruck bzw. Hinweisschild „EU-Grenzen" am Band). Vor „der Grenze" steht eine Ansammlung von zwielichtigen Gestalten. Im Einzelnen kann man erkennen: einen Menschenschleuser, einen Mafioso, einen Plutoniumschmuggler, einen Terroristen, einen Drogenkurier, ein BSE-krankes Rindvieh und einen Versicherungsbetrüger in einem wahrscheinlich gestohlenen Fahrzeug.
Die kriminellen Subjekte stehen symbolisch für die Verbrechen, die in Zukunft – nachdem das Band durchschnitten wurde – unkontrolliert zwischen den Schengenstaaten passieren können (siehe die Richtungspfeile am Boden). Auf die Bitte des EU-Vertreters, „schön artig" zu sein, geben die nicht gerade vertrauenswürdigen Gestalten ihr „Ehrenwort". Die Kernaussage der Karikatur lautet somit: Verbrechen jedweder Art sowie Krankheiten sind durch den Wegfall der Grenzkontrollen Tür und Tor geöffnet worden, und die EU bzw. die teilnehmenden Schengenstaaten stehen diesen Gefahren nicht mit der gebotenen Achtsamkeit gegenüber.

Da es sich hier um eine sehr einfache Aufgabenstellung handeln kann, wird dieser Operator im Abitur oft mit einer anderen Aufgabenstellung verknüpft (Bsp.: *Interpretieren* Sie die Karikatur M 3 und *widerlegen* Sie deren Aussage!).

11. Widerlegen

Hier müssen Sie argumentativ überzeugend und logisch begründend darstellen, dass Daten, eine Position oder eine Behauptung nicht haltbar sind.

Beispiel 11: (*Interpretieren* Sie die Karikatur M 3) und *widerlegen* Sie deren Aussage!

Erwartungshorizont:
Siehe Erwartungshorizont zu *Beispiel 10.*
Die Kernaussage des Karikaturisten kann angezweifelt bzw. entschärft werden. Man verpflichtete sich zwar im Rahmen des Schengener Abkommens von 1985, die innerstaatlichen Grenzkontrollen abzuschaffen, um einen freien Reiseverkehr zu ermöglichen. Von einem völligen Wegfall von Kontrollen und einer „Öffnung" der EU für das internationale Verbrechen kann aber nicht die Rede sein: Erstens werden an den EU-Außengrenzen scharfe Kontrollen an den Zollstationen durchgeführt. Zweitens ist für die Einreise in einen Schengenstaat ein Visum nötig. Drittens patrouillieren an der „grünen" Grenze permanent Zollbeamte und Polizisten, um Schleuseraktivitäten zu unterbinden. Auch innerhalb der EU werden in den Grenzgebieten Personenkontrollen durchgeführt. Die grenzüberschreitende polizeiliche Zusammenarbeit wurde ausgeweitet, um Kriminellen das Handwerk zu legen. Auch der Transport kranker Tiere ist nur schwer möglich, da jedes Tier mit Ohrclips registriert ist und amtsärztlich überwacht wird. Nach wie vor dürfen Zollkontrollen von Staaten, die nicht Mitglied der Zollunion sind, durchgeführt werden, z. B. von der Schweiz.
Ebenfalls muss angemerkt werden, dass es auch schon vor dem Wegfall der Grenzkontrollen Möglichkeiten für Kriminelle gab, einen Staat illegal zu betreten.

12. An einem Beispiel **Belegen – Beweisen – Zeigen – Darstellen – Nachweisen**

Hier wird von Ihnen erwartet, an einem geschickt und sinnvoll gewählten Beispiel einen Sachverhalt verständlich, logisch und überzeugend darzustellen.

Beispiel 12: *Belegen* Sie an einem Beispiel die Bedeutung der Wandlungs- und Problemlösungsfähigkeit des demokratischen Systems der Bundesrepublik Deutschland für die Akzeptanz bei den Bürgern!

oder

Beweisen Sie an einem Beispiel die Bedeutung der Wandlungs- und Problemlösungsfähigkeit des demokratischen Systems der Bundesrepublik Deutschland für die Akzeptanz bei den Bürgern!

oder

Zeigen Sie an einem Beispiel die Bedeutung der Wandlungs- und Problemlösungsfähigkeit des demokratischen Systems der Bundesrepublik Deutschland für die Akzeptanz bei den Bürgern!

oder

Stellen Sie an einem Beispiel die Bedeutung der Wandlungs- und Problemlösungsfähigkeit des demokratischen Systems der Bundesrepublik Deutschland für die Akzeptanz bei den Bürgern *dar!*

oder

Weisen Sie an einem Beispiel die Bedeutung der Wandlungs- und Problemlösungsfähigkeit des demokratischen Systems der Bundesrepublik Deutschland für die Akzeptanz bei den Bürgern *nach!*

Erwartungshorizont:
Die Grundlage für die strafrechtliche Verfolgung von Verbrechen bildet auch heute noch das 1871 veröffentlichte Reichsstrafgesetzbuch. Lange Zeit galten die Prinzipien des „alten" StGB als öffentlich anerkannt, weswegen es erst in den 1970er Jahren zu tiefgreifenden Änderungen im Strafrecht und Familienrecht kam. Nötig wurden die Veränderungen durch die gesellschaftlichen Umwälzungen in der Bundesrepublik infolge der Achtundsechziger-Bewegung und nach dem Wahlsieg der sozialliberalen Koalition 1969. Analog zu den Bereichen Außen- oder Sozialpolitik sollte die Bevölkerung auch in der Rechtspolitik wieder für den Staat gewonnen werden. Der Regierungswechsel 1969 bewies so die Wandlungsfähigkeit des demokratischen Systems in der Bundesrepublik, denn der Wandel des Werte- und Normensystems wurde nun auf das kodifizierte Recht übertragen. Im Zuge der Aktualisierung des Rechts wurde auch das Familienrecht dem Geist der Zeit angepasst. Bis 1977 war das Scheidungsrecht noch stark von der katholischen Eheethik beeinflusst. Entsprechend galt das *Schuldprinzip.* Wer für das Scheitern einer Ehe verantwortlich war und damit moralisch gefehlt hatte, wurde bestraft. Für die oft im Haushalt und mit der Kindererziehung beschäftigte Frau konnte dies im Falle eines Nachweises ihrer schuldhaften „Verfehlung" in der Ehe den sozialen Niedergang bedeuten, da sie dann nicht unterhaltsberechtigt war.
Im heutigen Scheidungsrecht gilt das *Zerrüttungsprinzip;* es wird nicht mehr nach einem „Schuldigen" gesucht. Damit wird dem Selbstbestimmungsrecht des Individuums Rechnung getragen. Der Staat hat bei einer Scheidung heute nur noch die Aufgabe, die Verantwortung des wirtschaftlich stärkeren Ehepartners für seinen geschiedenen Partner und die aus einer Ehe hervorgegangenen Kinder durch die Festsetzung der zu leistenden Unterstützung festzustellen, um so sozialschädlichem Verhalten vorzubeugen.

3. Mögliche Operatoren des Anforderungsbereichs III

Im *Anforderungsbereich III* werden alle Operatoren verwendet, die der Anforderungsstufe *Urteilen* (Anteil in der Abitur-Prüfung: 30 %) zugeordnet werden. Verlangt werden Reflexion und Problemlösung. Sie müssen hier unterschiedliche Sachverhalte und Probleme erörtern bzw. diskutieren. Dabei wird besonders auf eine klar strukturierte und problembewusste Argumentation geachtet. Ferner wird von Ihnen erwartet, Hypothesen zu Fragestellungen zu entwickeln und die eigene Urteilsbildung zu reflektieren.
Wie im *Anforderungsbereich II* benötigen Sie zur Bearbeitung der Aufgabenstellungen sozialkundliches Fachwissen. Ebenso wird auf sprachliche Richtigkeit und Gewandtheit im Ausdruck sowie auf den korrekten Gebrauch von Fachbegriffen geachtet. Bevor Sie zu schreiben beginnen, sollten Sie Ihren Ausführungen eine kurze Gliederung voranstellen, um Ihre Gedankenführung für Sie selbst und den Korrektor transparent zu machen. Im *Anforderungsbereich III* kann es aufgrund des Schwierigkeitsgrades für einen relativ kurzen Text viele Bewertungseinheiten geben. Bei den meisten Operatoren des *Anforderungsbereiches III* ist es wichtig, anhand der Aufgabenstellung im Vorfeld zu prüfen, ob eine lineare oder eine dialektische Auseinandersetzung mit dem Thema verlangt wird. Bei der *dialektischen* Variante müssen Sie – wie in einem Deutsch-Aufsatz – Pro- und Kontra-Argumente einander gegenüberstellen, um dann im Schlussteil, der Synthese, zu einem Ergebnis zu kommen. Bei einer *linear* aufgebauten Erörterung wird von Ihnen erwartet, nur eine Seite zu beleuchten.

1. Untersuchen – Überprüfen – Beurteilen – Stellung nehmen – Bewerten – Erörtern/Diskutieren – Sich kritisch auseinandersetzen mit – Erwägen

Hier wird von Ihnen erwartet, dass Sie sich argumentativ mit einem Thema auseinandersetzen.

Beispiel 1 (dialektisch konzipierte Herangehensweise):

> *Untersuchen/Überprüfen/Beurteilen/Bewerten/Erörtern/Diskutieren/Erwägen* Sie, ob der Vertrag von Lissabon lediglich die abgelehnte Europäische Verfassung „in neuem Kleide" darstellt!

oder

> *Nehmen Sie Stellung* zu der Behauptung von EU-Kritikern, der Vertrag von Lissabon stelle lediglich die abgelehnte Europäische Verfassung „in neuem Kleide" dar!

oder

> *Setzen* Sie *sich* kritisch mit der Behauptung von EU-Kritikern *auseinander,* der Vertrag von Lissabon stelle lediglich die abgelehnte Europäische Verfassung „in neuem Kleide" dar!

Erwartungshorizont (Gliederung):

1. *Einleitung:* Die Vorgeschichte des Vertrags von Lissabon
2. *Hauptteil:* Der Vertrag von Lissabon – abgelehnte EU-Verfassung in „neuem Kleide"?
2.1 Staatliche Symbolik
2.2 Grundrechtscharta
2.3 Institutionelle Reformen
3. *Schluss/Synthese:* Weitgehende Deckung zwischen dem Vertrag von Lissabon und der abgelehnten Europäischen Verfassung in wichtigen Aspekten

Erwartungshorizont (Ausführung):

- *Einleitung: Die Vorgeschichte des Vertrags von Lissabon*

Der Vertrag von Lissabon sollte die EU reformieren, nachdem in Referenden in den Niederlanden und Frankreich die Europäische Verfassung 2005 abgelehnt worden war. Nach einer auf dem Brüsseler Krisengipfel 2005 durch die Regierungschefs selbst verordneten „Denkpause" wurde unter der deutschen Ratspräsidentschaft 2007 ein neuer Anlauf unternommen. Die in der „Berliner Erklärung" vom 25. März 2007 formulierte Aufruf zu weiterer Integration und einer grundlegenden EU-Reform ermöglichte es der nachfolgenden portugiesischen EU-Ratspräsidentschaft, den Vertrag von Lissabon 2007 vorzulegen. Da die Ratifikation des Reformvertrags, außer in Irland (wo er erst in einem zweiten Referendum angenommen wurde), in den alleinigen Kompetenzbereich der nationalen Parlamente fiel, ging man von einem schnellen Zustimmungsprozess aus. Die Zustimmung erfolgte in einigen EU-Staaten, z. B. in Irland oder in Tschechien, aufgrund deren Forderungen nach Modifikationen erst 2009. Der Vertrag konnte daher erst am 1. Dezember 2009 in Kraft treten.

- *Hauptteil: Der Vertrag von Lissabon – abgelehnte EU-Verfassung in „neuem Kleide"?*

Einerseits bestehen wichtige Unterschiede zwischen dem Vertrag von Lissabon und der Europäischen Verfassung. So fehlt im Lissabon-Vertrag jegliche staatliche Symbolik, die in der Verfassung vorgesehen gewesen wäre und den Staatenverbund EU weiter in die Richtung eines Bundesstaats gerückt hätte, zumindest im Bewusstsein der Bürger. Die staatsanalogen Symbole, u. a. eine gemeinsame europäische Flagge und Hymne, existierten aber auch schon vor der EU-Verfassung. Ob die explizite Verankerung der Symbolik in einer Verfassung das Bewusstsein der Bürgerinnen und Bürger in der EU tatsächlich „europäischer" gemacht hätte, bleibt daher fraglich. Flagge und Hymne wurden durch den Vertrag von Lissabon nicht aufgehoben oder geändert; sie sind nur nicht Teil des Vertrags und erhalten damit weiterhin keinen staatstragenden offiziellen Charakter.
Die ebenfalls als Teil der Verfassung vorgesehene Charta der Grundrechte wurde im Vertrag von Lissabon vom eigentlichen Vertragswerk abgekoppelt. Das ist ein wesentlicher Unterschied! Die Vorstellung einer Staatsgrundlage ohne Definition und Erklärung von Menschenrechten ist im Verständnis vieler repräsentativer Demokratien wie z. B. Deutschland oder der USA undenkbar. In diesem Zusammenhang hat der Vertrag von Lissabon den Charakter einer „Verfassung" eingebüßt. Auf der anderen Seite wurde die Grundrechtscharta ebenso wie der Vertrag selbst für rechtlich bindend erklärt (Ausnahme: Großbritannien). Die Frage, ob die Charta nun Teil einer Verfassung ist oder, abgekoppelt von einem Vertrag, eigenständig bindend ist, hat in der Praxis daher keine Bedeutung.
Die zentralen institutionellen Reformen der EU und damit das Herzstück der gescheiterten Verfassung wurden im Vertrag von Lissabon meist unverändert übernommen. Dies galt etwa für das neue Abstimmungssystem der „doppelten Mehrheit" oder die Reduzierung der Abgeordnetenzahl im Parlament. Einige Bestimmungen der ursprünglichen EU-Verfassung mussten für den Vertrag von Lissabon auf Wunsch einiger Staaten aber geändert werden: So wurde die Zahl der EU-Kommissare letztlich nicht, wie von der Verfassung vorgesehen, von 27 auf 15 reduziert. Der neuen Kommission gehören folglich 27 Kommissare an. Es steht zu erwarten, dass die Entscheidungsfindung dadurch nicht wesentlich erleichtert wird. Auch das in der Verfassung vorgesehene Amt eines Europäischen Außenministers wurde nicht geschaffen, die für dieses Amt geplanten Kompetenzen allerdings im Amt des „Hohen Vertreters der Union für Außen- und Sicherheitspolitik" vereint. Obgleich dessen Befugnisse nicht mit denen eines klassischen Außenministers gleichzusetzen sind, vereint er doch eine große Machtfülle auf sich, denn er führt den Vorsitz im Rat für Auswärtige Angelegenheiten und übt als Vizepräsident der Kommission zugleich die Funktion des ehemaligen EU-Außenkommissars aus. Ernannt wird er vom Europäischen Rat.

Schluss/Ergebnis: Weitgehende Deckung zwischen dem Vertrag von Lissabon und der abgelehnten Europäischen Verfassung in wichtigen Aspekten
Im Gegensatz zum Verfassungsentwurf baut der Vertrag von Lissabon zwar offiziell nur auf den bestehenden Verträgen auf. Die wesentlichen Elemente der gescheiterten Verfassung hinsichtlich der institutionellen Reformen wurden jedoch in den Lissabon-Vertrag aufgenommen. Auch die Charta der Grundrechte ist für die EU-Staaten bindend, d. h. die darin garantierten Rechte und Freiheiten sind nun für alle EU-Bürger vor dem Europäischen Gerichtshof (EuGH) einklagbar geworden (Ausnahmen: Großbritannien, Polen und Tschechien). Es entfällt lediglich eine schriftlich verankerte Symbolik, was allerdings nichts an der Tatsache ändert, dass die EU-Flagge, die Europahymne, der Euro und der Europatag (9. Mai) nach wie vor Verwendung finden. Bezogen auf die Aufgabenstellung kann deshalb konstatiert werden, dass der Vertrag von Lissabon weitgehend die Europäische Verfassung „in neuem Kleide" darstellt.

Beispiel 2 (linear konzipierte Herangehensweise):

> *Untersuchen/Überprüfen/Beurteilen/Erörtern/Erwägen* Sie, warum eine unbegrenzte Erweiterung der EU abgelehnt werden sollte!

Erwartungshorizont (Gliederung):

1. *Einleitung:* Die Erweiterung der EU seit 1967
2. *Hauptteil:* Argumente gegen eine unbegrenzte Erweiterung der EU
2.1 Wirtschaftliche Gründe
2.2 Institutionelle Probleme
2.3 Inkompatibilität mancher Staaten
2.3.1 Kulturelle Differenzen
2.3.2 Politische Probleme
3. *Schluss/Synthese:* Warnung vor einer unbedachten Erweiterung

Erwartungshorizont (Ausführung):

Einleitung: Die Erweiterung der EU seit 1967
Die Geschichte der EU war bisher auch eine Geschichte ihrer stetigen Erweiterung und Ausbreitung. Nach der Gründung der EWG 1957 verdoppelte die Europäische Gemeinschaft (ab 1967) in der Ära nach dem französischen Staatspräsidenten Charles de Gaulle ihre Mitgliederzahl von sechs auf zwölf. Nach dem Fall des Eisernen Vorhangs 1989/90 und der Gründung der EU 1993 erhöhte sich die Attraktivität der EU merklich, und sie wurde zum Motor der europäischen Integration. Nach dem Beitritt Finnlands, Österreichs und Schwedens 1995 war der größte Kraftakt in der Geschichte der europäischen Integration geplant: die Osterweiterung, die 2004 und 2007 mit der Aufnahme zwölf neuer Mitgliedstaaten erfolgte. Die wesentliche Voraussetzung für deren EU-Beitritt war die Erfüllung der Kopenhagener Kriterien.

Hauptteil: Argumente gegen eine unbegrenzte Erweiterung der EU
Durch jeden neuen Mitgliedstaat, der der EU beitritt, erhöht sich der Konkurrenzdruck für die anderen Staaten. Da sich bereits zahlreiche ökonomisch schwache Staaten in der EU befinden, könnte

eine unbegrenzte Erweiterung diese Staaten wirtschaftlich und sozial weiter destabilisieren. Bisher war es nach Erweiterungsrunden nämlich regelmäßig der Fall, dass Arbeitsplätze – vor allem im produzierenden Gewerbe – aufgrund der billigeren Lohn- und Lohnnebenkosten in die neu hinzu gekommenen Staaten abgewandert sind. Auch die Zahl der sogenannten „Nehmerländer", also Staaten, die Gelder aus EU-Fördertöpfen erhalten, steigt mit weiteren Erweiterungsrunden. Dies aber bedeutet geringere Zahlungen gerade an die Staaten, die nach ihrem erst erfolgten EU-Beitritt noch am Anfang erfolgreicher Integration und wirtschaftlichen Aufbaus stehen. Dieses Argument gewinnt an Stärke, da es außerhalb der Europäischen Union in Europa mit Ausnahme von Norwegen und der Schweiz keine wirtschaftlich starken Länder mehr gibt.
Gegen einen weiteren Ausbau sprechen auch institutionelle Schwierigkeiten: Bereits die Annahme des Vertrags von Lissabon war ein ungewöhnlicher, von zahlreichen Kompromissen begleiteter Kraftakt. Dieser Kraftakt sollte die EU handlungsfähiger machen, was aber nur mit Einschränkungen gelang. So wurde die Zahl der EU-Kommissare nicht auf 15 reduziert, sondern es blieb bei der Regelung: ein Kommissar pro Mitgliedstaat. Eine Erweiterung bedeutete also den Anstieg der Zahl der Kommissare und die Verkomplizierung politischer Entscheidungen in der EU. Die Alternative wäre die Konzeption eines neuen Grundlagenvertrags. Nach den oben beschriebenen Problemen mit dem Lissabon-Vertrag ist dies in nächster Zukunft aber eher unwahrscheinlich.
Gegen einen weiteren Ausbau spricht auch, dass einige der Kandidaten, die sich derzeit um Aufnahme bemühen oder sich um Aufnahme bemühen könnten, nur bedingt zu den bereits in der EU befindlichen Ländern passen, sei es aus kulturellen oder politischen Gründen.
Im Fall der Türkei werden z. B. immer wieder die Schwäche der demokratischen Institutionen, der politische Einfluss des Militärs, die Diskriminierung der Volksgruppe der Kurden im Osten des Landes sowie Menschenrechtsverletzungen, z. B. beim Strafvollzug, angeführt. Auch die wirtschaftlichen Rückstände sind immer wieder bemängelt worden. Der Freizügigkeit für türkische Arbeitnehmer, der Aufwendung von EU-Subventionen für die türkische Landwirtschaft und der islamischen Prägung des Landes stehen viele Europäer skeptisch gegenüber. Insbesondere in der Frage der Gleichberechtigung von Mann und Frau besteht in der Türkei noch immer akuter Nachholbedarf. Zudem spielen sicherheitspolitische Überlegungen eine Rolle, denn mit einem Beitritt der Türkei läge die Außengrenze der EU mit einem Mal nicht nur am Kaukasus, sondern auch am Irak und dem Iran, d. h. im arabischen bzw. persischen Kulturkreis, und an zentralen Krisengebieten des 21. Jahrhunderts.
Vor dem Hintergrund des Bosnien-Kriegs (1992–1995) und des Kosovo-Kriegs (1999) existieren politische Probleme z. B. im Falle Serbiens. Zwar hat die serbische Regierung eine der wichtigsten Forderungen der EU erfüllt, indem sie den mutmaßliche Kriegsverbrecher Radovan Karadžić festgenommen und dem Internationalen Kriegsverbrechertribunal nach Den Haag überstellt hat. Doch Karadžićs Militärchef Ratko Mladić sowie Goran Hadžić, der damalige Anführer der Serben in Kroatien, sind noch immer auf freiem Fuß (Stand: Mai 2010). Dies erschwert die Annäherung an die EU. Überdies hat Serbien die Unabhängigkeitserklärung des Kosovo vom 17. Februar 2008 nicht formal anerkannt. Auch wenn die EU von Serbien nicht erwartet, Kosovo als unabhängigen Staat anzuerkennen, so bleibt das Thema dennoch ein Dauerproblem in den Beziehungen.

- *Schluss/ Synthese: Warnung vor einer unbedachten Erweiterung*

Zwar sprechen viele Gründe – zuvorderst die Erhöhung der politischen und ökonomischen Stabilität in Europa – für eine Erweiterung der EU, doch die oben angeführten Argumente zwingen dazu, eine unbedachte und übereilte unbegrenzte Erweiterung der EU gründlich zu überdenken. Dabei ist nicht nur die Beitrittsfähigkeit der Kandidatenländer ausschlaggebend, sondern immer auch die Aufnahmefähigkeit der Europäischen Union.

2. Begründen

Hier müssen Sie zu einem Sachverhalt die Ursachen und erklärenden Argumente schlüssig ausführen, ohne zu stark zu vereinfachen. Dieser Operator bezieht sich im Regelfall auf eine linear konzipierte Erörterung.

Beispiel 3: *Begründen* Sie, warum eine unbegrenzte Erweiterung der EU abgelehnt werden sollte!

Erwartungshorizont (Gliederung und Ausführung): siehe *Beispiel 2*

Basismaterial M 1: Der Staatsaufbau der Islamischen Republik Iran

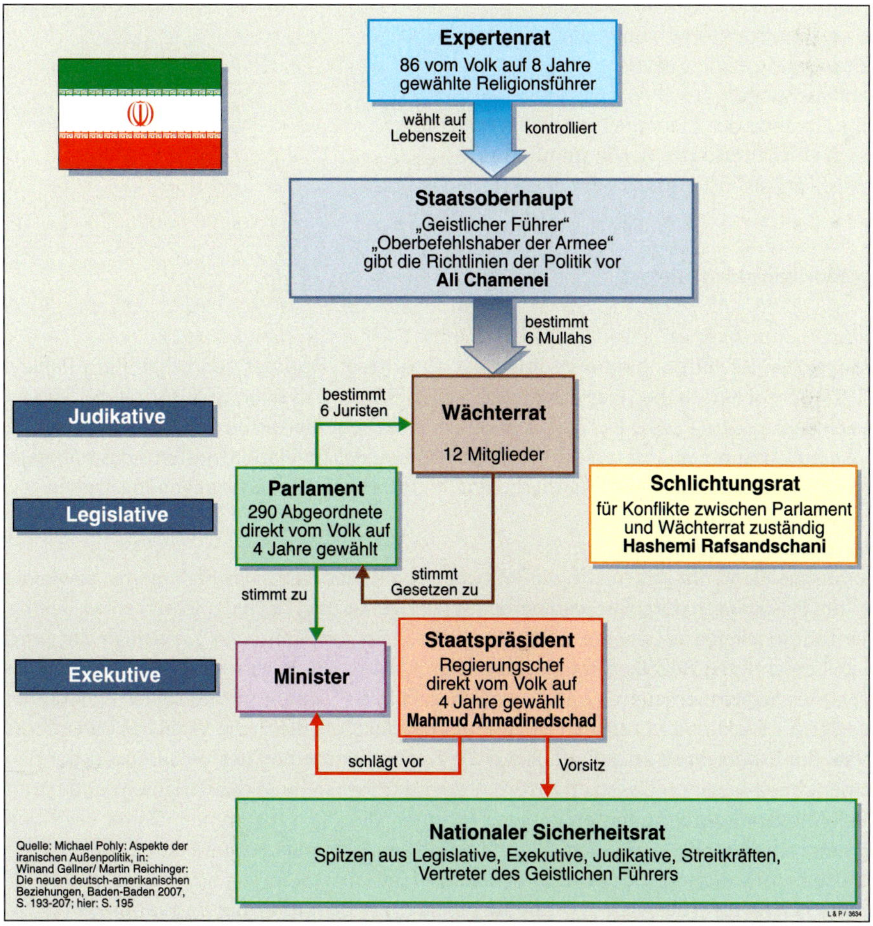

Aus: Raps, C./ Hartleb, F., Mensch und Politik, Sozialkunde Bayern, Klasse 11, Braunschweig 2009, S. 207

Die *Beispiele* 4 und 5 beziehen sich auf obige Grafik.

3. Problematisieren

Bei dieser Aufgabenstellung müssen Sie Widersprüche herausarbeiten oder Positionen bzw. Theorien hinterfragen.

Beispiel 4: *Problematisieren* Sie ausgehend von M 1 die Behauptung, der Iran sei ein demokratischer Staat!

Erwartungshorizont (Gliederung):

1. *Einleitung:* Die Entstehung der Islamischen Republik Iran
2. *Hauptteil:* Der Iran – ein demokratischer Staat?
2.1 Die demokratischen Elemente in der Verfassung
2.2 Undemokratische Elemente im Iran
2.2.1 Stellung des Staatsoberhaupts und religiösen Führers
2.2.2 Bedeutung des Wächterrats
2.2.3 Wahlfälschungen
2.2.4 Keine Garantie der Menschen- und Bürgerrechte
2.2.5 Wesen eines theokratischen Systems
3. *Schluss/ Ergebnis:* Der Iran als undemokratischer Staat

Erwartungshorizont (Ausführung):

- *Einleitung: Die Entstehung der Islamischen Republik Iran*

Mit der Islamischen Revolution und dem Sturz des autoritären Regimes von Schah Reza Pahlevi entstand 1979 der theokratische Staat „Islamische Republik Iran". Als oberste Autorität des Staates etablierte sich der aus dem Pariser Exil zurückgekehrte schiitische Geistliche und Anführer der „Revolution", Ayatollah Khomeini. Untersucht man den Aufbau des politischen Systems des Iran nach M 1, so stellt man fest, dass sich demokratische und diktatorische Elemente gegenüberstehen.

- *Hauptteil: Der Iran – ein demokratischer Staat?*

Als demokratische Elemente zeigen sich die Wahl des Legislativorgans, des Parlaments, sowie die Direktwahl des Präsidenten durch die wahlberechtigte Bevölkerung. Auch der Expertenrat, der außerhalb der traditionellen drei Gewalten steht und einer „geistig-moralischen" Gewalt gleicht, wird von der wahlberechtigten Bevölkerung gewählt. Damit hat das Volk zumindest indirekt Einfluss auf die Wahl des Staatsoberhauptes und „Geistlichen Führers", der aufgrund seiner Funktionen und Befugnisse zur Exekutive zu rechnen ist. Indirekt hat das Volk durch die Wahl des Parlaments und die Wahl des Expertenrats auch Einfluss auf die Zusammensetzung des Wächterrats, der den vom Parlament beschlossenen Gesetzen zustimmen muss. Ebenso muss das Parlament und damit indirekt das Volk den vom Präsidenten vorgeschlagenen Ministern zustimmen. Damit zeigt sich laut Verfassungsschema, dass – abgesehen vom Nationalen Sicherheitsrat und dem Schlichtungsrat – sämtliche konstitutionellen Organe demokratisch legitimiert sind.
Auf der anderen Seite sprechen viele Argumente gegen die Behauptung, der Iran sei ein demokratischer Staat. So wird das Staatsoberhaupt zwar de jure von dem vom Volk gewählten Expertenrat gewählt und kontrolliert – de facto aber erfolgt die Wahl auf Lebenszeit. Erweist sich ein geistlicher Führer als undemokratisch, kann er darum nicht mehr mit demokratischen Mitteln abgelöst

werden. Zudem ist er es, der die Hälfte der obersten Richter im Wächterrat ernennt. Überdies liegt es in der Macht des Staatsoberhauptes, demokratisch im Parlament beschlossene Gesetze oder Regierungsentscheidungen jederzeit zu verwerfen.
Der Wächterrat ist als zentrales Verfassungsgericht zwar formell der Judikative zugeordnet. Faktisch aber untersteht er der außerhalb der drei Gewalten angesiedelten religiösen Führung. Er wirkt nicht nur bei der Gesetzgebung mit, wobei er Gesetze auf die Vereinbarkeit mit der Verfassung prüft und hier speziell die Vereinbarkeit mit religiösen Prinzipien überwacht. Vielmehr entscheidet der Wächterrat auch über die Zulassung von Kandidaten bei den Parlamentswahlen; so wird sichergestellt, dass keine Kandidaten antreten, die der religiösen Führung des Landes nicht genehm sind. Der Ausschluss von Kandidaten vor einer Wahl ist aber als höchst undemokratisch zu bezeichnen. Abgesehen von den Verfassungsmängeln existieren weitere Gründe dafür, dem Iran kein demokratisches System zu attestieren. So wurde die Bevölkerung bei Wahlen immer wieder systematisch eingeschüchtert, Wahlergebnisse wurden gefälscht, zuletzt bei den Präsidentschaftswahlen 2009, als Staatspräsident Mahmud Ahmadinedschad angeblich in seinem Amt bestätigt wurde. Auch bei Parlamentswahlen hat der Wächterrat regelmäßig reform- und demokratieorientierte Kandidaten ausgeschlossen.
Menschen- und Bürgerrechte werden im Iran nicht – wie in einer Demokratie üblich – garantiert. Im Gegenteil: Religiöse Minderheiten, Homosexuelle und Frauen werden diskriminiert. So dürfen sich Frauen ohne die vollständige Bedeckung ihres Körpers und ihrer Haare nicht in der Öffentlichkeit bewegen; in Bussen sitzen sie hinten, von den Männern durch eine Barriere getrennt. Gemischte Schulen sind ebenso undenkbar wie männliche und weibliche Kommilitonen gemeinsam auf einer Hörsaalbank. Die Freiheit der Presse existiert nicht.
Schließlich ist ein theokratisches System per se undemokratisch. In einer Theokratie nämlich begründen die staatlichen Machthaber ihre Herrschaft und alle Gesetze allein religiös, stützen sich einzig auf die Autorität eines Gottes und lassen nur ihre eigene Interpretation des Gotteswillens gelten. Weltliche Würdenträger haben sich den religiösen Führern zu unterwerfen oder sie bekleiden diese Ämter in Personalunion.

- *Schluss/ Ergebnis: Der Iran als undemokratischer Staat*

Die Behauptung, der Iran sei ein demokratischer Staat, lässt sich also nur bei oberflächlicher Betrachtung der Verfassung halten. Betrachtet man die Islamische Republik Iran und die Regierungspraxis sowie die Realität des politischen und öffentlichen Lebens genauer, so kann von einer Demokratie im Iran nicht die Rede sein. Die Staatsform des Iran ist stattdessen theokratisch.

4. **Entwerfen/ Entwickeln**

Hier wird von Ihnen erwartet, ausgehend von der Themenstellung, eine begründete Ausführung zu einer Fragestellung zu konzipieren, die sich aus einer bestimmten Perspektive oder einem bestimmten Lösungsansatz ergibt. Im Zusammenhang mit der Entwicklung eines Szenarios kann es sich bei diesem Operator auch um eine gestalterische Aufgabenstellung handeln (siehe Kapitel IV. 5, S. 181 ff.).

Beispiel 5: *Entwerfen/ Entwickeln* Sie ausgehend von M 1 ein Konzept zur Demokratisierung des Iran!

Erwartungshorizont (Gliederung):

1. *Einleitung:* Prämissen für eine Demokratisierung des Iran
2. *Hauptteil:* Konzept zur Demokratisierung des Iran
2.1 Umbau der Verfassung I – Abschaffung der religiösen Institutionen
2.2 Umbau der Verfassung II – Neukonzeption des Wächterrats
2.3 Flankierende Maßnahmen
3. *Schluss/Ergebnis:* Voraussetzungen für einen erfolgreichen Demokratisierungsprozess

Erwartungshorizont (Ausführung):

- *Einleitung: Prämissen für eine Demokratisierung des Iran*

Ein Konzept zur Demokratisierung des Iran muss von folgenden Prämissen ausgehen: Eine Rückkehr zum autoritären Regime eines Schahs, d.h. zu einer Monarchie, muss ausgeschlossen sein. Eine Demokratisierung des Iran muss den geistig-kulturellen Hintergrund des Landes berücksichtigen, und die Mehrheit der iranischen Bevölkerung muss diese Demokratisierung mittragen. Es wäre in der Realität also nötig, mit integrativer Bedachtsamkeit und schrittweise vorzugehen und für den Demokratisierungsprozess eine Zeitspanne von mehreren Jahren einzuplanen.

- *Hauptteil: Konzept zur Demokratisierung des Iran*

Von der Verfassung ausgehend, müsste in einem ersten Schritt der Einfluss der außerhalb der drei Gewalten angesiedelten religiösen Institutionen aufgehoben werden. Dies bedeutet die Auflösung des Expertenrats sowie des Amtes eines „Geistlichen Führers". Dieser Schritt würde die Übertragung der Funktionen des Staatsoberhaupts auf den Staatspräsidenten notwendig machen.
In einem zweiten Schritt müsste die Befugnis zur Bestellung der bisher vom Staatsoberhaupt ernannten Mitglieder des Wächterrats dem Nationalen Sicherheitsrat als einer Art zweiter Legislativkammer übertragen werden. Im Rahmen dieser Änderung müsste zugleich ein Umbau des Wächterrats von einem Instrument der religiösen Führung zu einem „echten" Verfassungsgericht erfolgen. In diesem Fall könnte unter Umständen auf den Schlichtungsrat verzichtet werden. Es wäre hingegen wichtig, die bisherigen Vertreter des Geistlichen Führers aus dem Nationalen Sicherheitsrat zu entlassen, um eine echte Trennung von Staat und Religion herzustellen.
Mit diesen Maßnahmen wäre die Verfassung des Iran demokratisch ausgerichtet und die theokratische Staatsform abgeschafft. Bei dem soeben vorgestellten Modell handelt es sich um ein präsidentielles Regierungssystem, teilweise analog zur Verfassung der USA.
Um der Demokratie zum Durchbruch zu verhelfen, wären flankierende Maßnahmen notwendig: Von grundlegender Bedeutung ist die Gewährleistung eines Meinungspluralismus. Die Pressefreiheit sowie die Menschen- und Bürgerrechte für alle Iraner wären in der Verfassung zu verankern und sollten vor Gericht einklagbar werden. Ebenso müssten demokratisch legitimierte Wahlbeobachter eingesetzt werden, um eine abermalige Fälschung von Wahlergebnissen zu verhindern.

- *Schluss/Ergebnis: Voraussetzungen für einen erfolgreichen Demokratisierungsprozess*

Da die Macht im Iran aktuell bei den religiösen Führern liegt, könnte ein Umbau der Verfassung nur mit deren Zustimmung erfolgen. Dies ist jedoch als unrealistisch einzuschätzen. Es ist im Lauf der modernen Geschichte noch nie vorgekommen, dass sich autoritäre Machthaber selbst entmachtet hätten. Theoretisch könnte die Demokratisierung des Iran aufgrund einer friedlichen Revolution verbunden mit dem Umsturz des bisherigen Regimes erfolgen. Eine Stärkung der Zivilgesellschaft ist in jedem Fall nötig, um die Gewaltförmigkeit eines Umbruchs zu verhindern.

4. Gestalterische Aufgabenstellungen

Die gestalterischen Aufgabenstellungen können alle Anforderungsstufen umfassen, meist mit einem Schwerpunkt auf *Anforderungsbereich III*. Sie stellen eine essayartige thematische Vertiefung eines Themas dar und können die Präsentation oder Beurteilung dieses Themas oder Sachverhalts aus einer bestimmten oder aus verschiedenen Perspektiven erfordern.
Wie in den *Anforderungsbereichen II* und *III* benötigen Sie zur Bearbeitung der Aufgabenstellungen sozialkundliches Hintergrundwissen. Ebenso wird auf sprachliche Richtigkeit und Gewandtheit im Ausdruck sowie auf den korrekten Gebrauch von Fachbegriffen geachtet. Dies gilt vor allem, wenn Sie eine Rede entwerfen oder einen Kommentar verfassen müssen. Analog zu *Anforderungsbereich III* können auch für einen relativ kurzen Text aufgrund des Schwierigkeitsgrades viele Bewertungseinheiten vergeben werden.

1. Eine Rede entwerfen

Hier sind klare und möglichst vielfältige Aspekte eines Sachverhalts zu berücksichtigen. Wenn Sie Ihre Zuhörer mithilfe Ihrer Rede von etwas überzeugen, also ein Plädoyer konzipieren sollen, so müssen Sie – wie in einer Erörterung – argumentativ vorgehen. Weiterhin ist es von großer Wichtigkeit, den formalen Ansprüchen an eine Rede gerecht zu werden:

- Verwenden Sie am Beginn der Rede eine Anrede an das Publikum.
- Benennen Sie im ersten Teil Ihrer Rede klar das Thema, um das es geht, und versuchen Sie zugleich, einen Einstieg zu finden, der die Aufmerksamkeit Ihrer Zuhörer erregt.
- Die „unsichtbare" Gliederung einer Rede ist von großer Wichtigkeit. Mit ihrer Hilfe nämlich verhindern Sie, dass Sie während Ihrer Ansprache von einem Aspekt zum nächsten „springen". Aus der Sicht des Zuhörers sollte – im Unterschied zu einer schriftlichen Erörterung – zuerst das zweitwichtigste Argument vorgebracht werden, gefolgt vom schwächsten. Kurz vor dem Ende der Rede verwenden Sie Ihr stärkstes Argument.
- Der Schlusssatz der Rede muss appellativen Charakter haben, d. h. die Zuhörer zu einer Handlung oder Meinungsbildung auffordern.

Beispiel 1: *Entwerfen* Sie *eine Rede* zum Thema „Mehr plebiszitäre Elemente in der Bundesrepublik Deutschland", die Sie vor einem Jugendkonvent von Erstwählern halten.

Anmerkung: Hier müssen Sie genau auf die Satzzeichen achten. Stünde hinter dem Beispielthema ein Ausrufungszeichen, so müssten Sie dafür plädieren, mehr plebiszitäre Elemente in das Grundgesetz aufzunehmen; im Falle eines Fragezeichens könnten Sie beide Seiten der Problematik beleuchten, um dann im Schlussappell zu einer entsprechenden Aufforderung an das Publikum zu gelangen. Ohne Vorgabe eines Satzzeichens steht Ihnen die Beantwortung offen: Entweder Sie führen nur Pro- oder Kontra-Argumente an oder Sie stellen die Argumente einander gegenüber.

Erwartungshorizont:

Sehr geehrte Teilnehmer des Konvents!

Der Begriff Demokratie bedeutet aus dem Griechischen übersetzt „Volksherrschaft". Aber herrscht das Volk in der Bundesrepublik Deutschland tatsächlich?

Wir wählen alle vier Jahre den Bundestag und alle fünf Jahre den Bayerischen Landtag, und wir wählen unsere kommunalen Vertreter. Das klingt sehr demokratisch. Aber reicht dies aus?

Unsere Auswahl beschränkt sich nämlich lediglich auf Parteien und deren Vertreter, die niemals die Ansichten jedes Einzelnen zu jedem einzelnen Sachthema repräsentieren können. In Bayern hat die Bevölkerung die Möglichkeit, mittels Volks- und Bürgerentscheiden auch über Sachfragen zu entscheiden. Auf Ebene des Bundes ist dies hingegen nicht möglich. Ich fordere daher die Einführung bundesweiter plebiszitärer Elemente zur Ergänzung unserer parlamentarischen Demokratie!

So könnten zum Beispiel auch Minderheiten ihre Ansichten besser in den politischen Prozess einbringen, da Themen, die sie betreffen, bislang häufig keinen Eingang in Partei- oder Wahlprogramme gefunden haben und damit meist auch nicht Gegenstand von Gesetzesentwürfen sind. Ganz Deutschland könnte dann z. B. darüber entscheiden, ob die Lebensgemeinschaft Homosexueller mit der Ehe in allen Aspekten gleichgestellt werden sollte oder nicht.

Ebenso könnten Argumente, die Politiker – aus Furcht, nicht an den falschen Stellen „anzuecken" – häufig unausgesprochen lassen, in den politischen Prozess eingebracht werden. Dies betrifft zum Beispiel die Frage der EU-Erweiterung: Soll doch das Volk darüber entscheiden, ob Deutschland dem EU-Beitritt der Türkei, Serbiens, Kroatiens oder der Ukraine zustimmt oder nicht!

Überdies wäre die Politik transparenter. Immer mehr Bürger haben heute das Gefühl, von Politikern regiert zu werden, die ihre Wahlversprechen nach der Wahl vergessen haben und tun, was sie wollen. Existierten bundesweite Plebiszite, so könnte das Volk ungerechtfertigten Entscheidungen jederzeit entgegentreten. Wahlbetrug oder Lippenbekenntnissen würde so dauerhaft vorgebeugt.

Schließlich könnte die Einführung von Volksentscheiden auf Bundesebene die sinkende Wahlbeteiligung in Zeiten der Politikverdrossenheit kompensieren. Die Menschen hätten wieder Lust an der politischen Partizipation, würden aktiv am demokratischen Leben teilnehmen und die politischen Strukturen und Prozesse ein Stück weit bürgernäher machen.

Den Kritikern der plebiszitären Elemente auf Bundesebene möchte ich noch entgegenhalten, dass der Missbrauch von Volksentscheiden in der Weimarer Republik oder im Nationalsozialismus lange zurück liegt und die Bevölkerung nicht mehr mit der demokratieunerfahrenen Bevölkerung der Nachkriegszeit vergleichbar ist!

Meine Damen und Herren! Trauen wir uns endlich, mehr Demokratie zu wagen, wie es Bundeskanzler Willy Brandt bereits 1969 forderte! Und den Politikern sei gesagt: Trauen Sie dem Volk doch endlich zu, Demokratie auch wirklich zu praktizieren!

Ich danke Ihnen für Ihre Aufmerksamkeit!

2. Einen Kommentar verfassen

Hier wird von Ihnen erwartet, meist einen Zeitungskommentar zu einem bestimmten Thema oder Sachverhalt zu verfassen. Dabei ist wichtig, dass Sie die formalen Kriterien für einen Zeitungskommentar beherzigen:

- Ein Kommentar vertritt einen klaren Standpunkt zu einem konkreten Thema.
- Ein Kommentar enthält Information, Argumentation und Appell: Er stellt einen bestimmten Sachverhalt also nicht nur dar und erklärt ihn, sondern er beurteilt den Sachverhalt auch.
- Begründen Sie Ihre Meinung mit überzeugenden Argumenten!
- Verwenden Sie keine Argumente, die sich gegen die freiheitlich-demokratische Grundordnung (FDGO) der Bundesrepublik Deutschland richten.
- Polemik, zum Beispiel durch Ironie oder Übertreibung, ist erlaubt. Schmähen oder beleidigen Sie dabei aber niemanden, auch keine Institutionen.
- Fordern Sie zu Lösungen des von Ihnen beschriebenen Problems auf!

Beispiel 2: *Verfassen* Sie einen *Zeitungskommentar* zum Thema „Deutschland – ein Einwanderungsland?"!

Erwartungshorizont:
Zuwanderung ist in Deutschland ein heikles Thema. Das hat nichts mit Fremdenfeindlichkeit zu tun. Die gibt es zwar auch, doch die Skepsis gegenüber Ausländern entspringt meist anderen Motiven. Da ist die Erfahrung mit dem teils geringen Integrationswillen einiger Nationalitäten. Auch landen viele Zuwanderer in den Sozialsystemen und kosten Steuergeld. Doch Deutschland kommt aus verschiedenen Gründen nicht mehr um eine Zuwanderung herum, wenn der Wohlstand erhalten werden soll. Fachleute fehlen jetzt schon an allen Ecken und Enden. Bis eine echte Bildungsoffensive ausreichend eigenen Nachwuchs auf den Arbeitsmarkt bringt, vergehen zu viele Jahre. Der steil anwachsende Bedarf kann also nur aus dem Ausland gedeckt werden. Das Problem lässt sich auch nicht lösen, indem man Arbeitslose mal eben zur Schulung schickt und dann in die Betriebe. Nicht jeder lässt sich für die enorm hohen Anforderungsprofile der Unternehmen weiterbilden. Außerdem globalisiert sich nicht nur die Wirtschaft, sondern auch der Arbeitsmarkt. Ohne international anerkannte Wissenschaftler gerät die deutsche Forschung ins Hintertreffen. Ohne international geprägte Manager wird sich so manches Unternehmen auf dem Weltmarkt nicht behaupten können. Es geht daher nicht um das „Ob", sondern um das „Wie" der Zuwanderung. Das geplante Gesetz ist keine Öffnung des Arbeitsmarktes für jeden. Dazu sind die Restriktionen zu groß. Mehr Mut wäre aber schon nötig, um dem Akademikermangel entgegenzuwirken. Angst vor Überfremdung und der Flucht in die Sozialsysteme sind bei den betreffenden Zuwanderergruppen nicht angebracht. Gebildete Menschen mit Arbeit integrieren sich schnell.

Aus: Mehr Mut, in: Allgemeine Zeitung Mainz vom 27.8.2008; abrufbar unter http://p2news.com/politik/mehr-mut (Zugriff am 22.1.2010)

3. Ein Szenario entwickeln

Hier müssen Sie alle Elemente der Szenario-Technik beachten (siehe dazu ausführlich S. 24/ 25 in diesem Band).

Beispiel 3: *Entwickeln Sie ein Szenario* zur künftigen Entwicklung der EU!

Erwartungshorizont:

Szenario zum Thema: *„Die EU als künftige Supermacht Europas"*

Im folgenden Szenario nutzt die EU ihr Potenzial in vollem Umfang. Wirtschaftliche Leistungsfähigkeit, Bevölkerungszahl, militärisches Potenzial und das europäische Wertesystem bieten ihr eine beachtliche Handlungsbasis.

Das Szenario ist gekennzeichnet durch stetige Reformerfolge, die die Handlungsfähigkeit der EU erheblich verbessern. Die zunehmende Transparenz im EU-System sowie die Fähigkeit, den internen und internationalen Herausforderungen erfolgreich gerecht zu werden, wirkt sich positiv auf die Akzeptanz bei den Bürgern aus. Die sich ausweitende Vernetzung der Gesellschaften fördert die öffentliche Auseinandersetzung mit europäischen Themen. Gesamteuropäische Bürgerinitiativen und die Kooperation von Gebietskörperschaften auf der Ebene der Länder tragen zu einer Europäisierung von unten bei. Auf der Basis eines wachsenden „Wir-Gefühls" entwickelt sich die EU stetig in Richtung einer Politischen Union. Die Union nähert sich unter Einschluss aller Mitgliedstaaten dem großen Ziel einer Staatswerdung Europas.

Der Gedanke der Solidarität und das Ziel der Angleichung der Lebensverhältnisse führen dazu, dass die Mitgliedstaaten immer mehr Zuständigkeiten an die EU übertragen (Innen-, Außen-, Verteidigungs-, Sozial- und Wirtschaftspolitik). Insgesamt wird der europäischen Ebene eine höhere Problemlösungsfähigkeit zugeschrieben als den zum Teil reformunfähigen Nationalstaaten.

Der Geschichte und den Traditionen ihrer einzelnen Mitgliedstaaten und Regionen folgend haben das Staatsverständnis und das Regierungssystem der Supermacht Europa eine eigene Qualität: Die Supermacht Europa respektiert nationale und regionale Vielfalt und sorgt gleichzeitig für ein notwendiges Maß an Zusammenhalt.

Das Prinzip der Gewaltenteilung zwischen Exekutive [ausführende Gewalt], Legislative [gesetzgebende Gewalt] und Judikative [richterliche Gewalt] wird zum prägenden Muster des politischen Systems der Supermacht Europa. In einem klar geregelten System der gegenseitigen Kontrolle der Machtausübung übernimmt die Kommission die Rolle einer europäischen Regierung. Der Kommissionspräsident wird direkt von den europäischen Bürgern gewählt. Das Europäische Parlament als Vertreter der Bürgerinnen und Bürger und eine Europäische Staatenkammer als Vertreterin der Mitgliedstaaten werden mit sämtlichen gesetzgeberischen Rechten ausgestattet. Die richterliche Kontrolle unterliegt uneingeschränkt dem Europäischen Gerichtshof. Durch eine klar geregelte Finanzverfassung verfügt die Europäische Union über eigene aus Steuern gespeiste Finanzierungsquellen.

Die sich stetig in Richtung einer Supermacht Europa entwickelnde Europäische Union erweist sich als ein offenes System, das auch im Prozess der Staatswerdung fähig ist, neue Mitglieder aufzunehmen. Damit ist die EU global das einzige System, das sich geographisch immer weiter ausdehnt. Nachdem der Türkei der Weg in die Europäische Union geöffnet wurde, wird letztlich keinem europäischen Staat die EU-Mitgliedschaft verwehrt. Auch nichteuropäische Staaten, wie Israel oder

Marokko, sind zunehmend an der Mitgliedschaft in der EU interessiert. Europa betrachtet diese große Erweiterung nicht nur als Solidarakt, sondern auch als Investition in die eigene Zukunft: Die jungen Marktwirtschaften der neuen Mitgliedstaaten entwickeln sich zum Wachstumsmotor für die gesamte Europäische Union und sind gleichzeitig ein interessanter Absatzmarkt für die spezialisierten Produkte der „alten" europäischen Volkswirtschaften.

Als Ergebnis einer umfassenden Abtretung nationaler Souveränitätsrechte der Mitgliedstaaten an die EU entwickelt sich die Union zu einem umfassenden globalen Sicherheitsakteur. Die Schaffung einer Sicherheits- und Verteidigungsunion und vor allem der Aufbau von Vereinten Europäischen Strategischen Streitkräften (VESS), die sich unter einem gemeinsamen europäischen Oberkommando des Atomwaffenpotenzials Frankreichs und Großbritanniens bedienen können, stärken die internationale Rolle der EU.

Nach der Reform der Vereinten Nationen erhält die EU einen ständigen Sitz im UN-Sicherheitsrat. Nach den Konflikten am Anfang des 21. Jahrhunderts (vor allem zum Irakkrieg), die Befürchtungen über eine transatlantische Spaltung aufkommen ließen, können Washington und Brüssel ihre globalen Interessen weitgehend ausgleichen. Die Errungenschaften der Europäischen Sicherheits- und Verteidigungsunion führen zu einer Ausbalancierung des internationalen Systems und zu einem Machtgleichgewicht mit den Vereinigten Staaten. Die Schaffung eines Atlantischen Wirtschaftsraums wird zum Symbol des neuen transatlantischen Gleichgewichts.

Nach: Werner Weidenfeld: Europa leicht gemacht, Bonn 2007, S. 138 ff.

GLOSSAR

Achtundsechziger-Bewegung (68er-Revolution): Verschiedene, meist linksgerichtete Studenten- und Bürgerrechtsbewegungen in Europa und den USA. Diesen Bewegungen gemeinsam waren u. a. der Protest gegen den Vietnamkrieg (Friedensbewegung), der Kampf gegen Autorität (insbesondere in Bildung und Erziehung) und für die Gleichstellung von Minderheiten sowie der Einsatz für mehr sexuelle Freiheiten (Frauenbewegung, „Sexuelle Revolution"). Der Name bezieht sich auf das Jahr 1968, als sich die Bewegungen teilweise radikalisierten, etwa die Antikriegsdemonstrationen in den USA oder die dortige Bürgerrechtsbewegung infolge der Ermordung Martin Luther Kings am 4. April 1968.
Agenda 2010: Die A. bezeichnet ein ganzes Bündel von Reformen (vor allem in den Bereichen Wirtschaft, Arbeitslosen-, Kranken- und Rentenversicherung) der rot-grünen Bundesregierung in den Jahren 2003 bis 2005. Ziel war es, durch Senkung der Lohnnebenkosten, Flexibilisierung der Arbeitsverhältnisse sowie Kürzungen der Sozialleistungen die deutsche Wirtschaft international wettbewerbsfähiger zu machen. Bekanntestes Beispiel für diese Maßnahmen ist die Hartz-IV-Reform zur Neuregelung des Arbeitslosengeldes.
Agenda 21: Aktionsplan für das 21. Jahrhundert, der auf der Weltkonferenz in Rio de Janeiro 1992 von 174 Staaten unterzeichnet wurde. Das darin vorherrschende Prinzip der → **„Nachhaltigkeit"** hat seinen Ursprung in einer Kompromissformel zwischen den Befürwortern eines Wirtschaftswachstums für eine bessere Welt und Umweltschützern. In dem Dokument werden die ökonomisch-sozialen, die ökologischen und politischen Dimensionen und Fragen der Umsetzung gerade unter Einbeziehung der kommunalen Ebene erörtert.
Aktiengesellschaft: Unternehmungsform, bei der für die Verbindlichkeiten für die Gläubiger nur in Höhe des Gesellschaftsvermögens Haftung besteht. Die Gesellschafter (Aktionäre) sind mit Einlagen an dem Aktienkapital beteiligt. Das Grundkapital der AG wird meist von einer größeren Zahl von Kapitalgebern aufgebracht. Der Vorteil für den Aktionär liegt darin, dass er jederzeit die Aktie an der → **Börse** verkaufen kann; dem Unternehmen erschließen sich Kapitalquellen. Die Banken spielen bei der Gründung einer AG und der Aktienausgabe eine große Rolle. Die Aktiengesellschaft muss über eine Satzung (Statut, Gesellschaftsvertrag) verfügen, die den Namen der Firma, Sitz, Gegenstand des Unternehmens, Grundkapital, den Nennwert der Aktien, Art der Zusammensetzung des Vorstandes und die Form für die Bekanntmachungen der AG enthalten muss.
Arbeiterschutzgesetze: Als solche werden die 1883 eingeführte Krankenversicherung, die 1884 eingeführte Unfallversicherung und die 1889 eingeführte Alters- und Invaliditätsversicherung bezeichnet. Sie stellen die Ursprünge der staatlichen Sozialpolitik in Deutschland dar.
Arbeitsmarktpolitik: Summe aller Maßnahmen, die die Beziehungen zwischen Angebot und Nachfrage auf den Arbeitsmärkten ordnen und den Arbeitsmarktprozess beeinflussen.
Armut: Begriff, der nur relativ zur Entwicklung des gesellschaftlichen Reichtums zu bestimmen ist. Armut ist nicht nur eine Frage finanzieller Mittel (definiert durch ein Mindesteinkommen), sondern betrifft weitere Dimensionen der Unterversorgung (wie Gesundheit, Bildung, Erwerbsstatus) und auch die Verfügbarkeit von Handlungsspielräumen in Abhängigkeit von gesellschaftlichen Rahmenbedingungen.
ASEAN (Association of Southeast Asian Nations): Der Verband Südostasiatischer Nationen, 1967 mit dem Ziel gegründet, den sozialen und wirtschaftlichen Wohlstand sowie den Frieden in dieser Region zu festigen und zu fördern. Mitgliedstaaten: Brunei, Indonesien, Kambodscha, Laos, Malaysia, Myanmar (Burma), die Philippinen, Singapur, Thailand und Vietnam. Innerhalb der Organisation herrschen sehr große wirtschaftliche und soziale Unterschiede, z. B. zwischen dem armen und bäuerlich geprägten Myanmar und dem reichen, urbanen Singapur.
Assimilation: Bedeutet in den Gesellschaftswissenschaften die Anpassung einer gesellschaftlichen Gruppe an die kulturellen, sozialen usw. Gepflogenheiten einer anderen, meist größeren Gruppe.
Asylbewerber: → **Migranten**, die einen Antrag auf Asyl nach Art. 16a GG gestellt haben, der noch in Bearbeitung ist. Voraussetzung für eine Anerkennung ist der Nachweis, persönlich von Verfolgung bedroht zu sein. Sie sind meist in Sammelunterkünften untergebracht und erhalten erst nach einem Jahr eine eingeschränkte Arbeitserlaubnis. Nach Anerkennung eines Asylantrages wird der Antragsteller zu einem Asylberechtigten.
Aufklärung, Europäische: Eine Epoche, die Ende des 17. Jahrhunderts in England ihren Anfang nahm und im 18. Jahrhundert das geistige Leben im gesamten europäisch geprägten Raum bestimmte. Wesentliches Ziel der A. war es, den Menschen „aus seiner selbst verschuldeten Unmündigkeit" (Immanuel Kant) zu befreien, also vorgegebene und feste (religiöse) Denkmuster zu hinterfragen.
Aufschwung: Belebung der → **Konjunktur.**
Berliner Mauer: Die befestigte und schwer bewachte Grenze der DDR während des → **Kalten Krieges** in Berlin. Vom 13. August 1961 an errichteten Armee, paramilitärische Einheiten und Polizeikräfte der DDR die Grenzsperranlagen, die in den folgenden Jahren immer weiter ausgebaut wurden. Nach der Grenzöffnung der DDR am 9. November 1989 wurde die Mauer größtenteils abgerissen. Zwischen 1961 und 1989 starben bei Fluchtversuchen an der B. 123 Menschen.
Bildungsexpansion: Der steigende Anteil an Menschen mit höherwertigen Bildungsabschlüssen (Hochschulreife, abgeschlossenes Studium) seit den 1960er Jahren.
Bill of Rights: Die B. wurde nach der → **Glorious Revolution** von König Wilhelm von Oranien (1650 – 1702) im Jahr 1689 unterzeichnet. Sie verlieh dem englischen Parlament zahlreiche Freiheitsrechte – darunter die freie Wahl und das freie Rederecht – und regelte so das Verhältnis zwischen Ober- und Unterhaus auf der einen und Krone auf der anderen Seite. Der König von England musste fortan das Parlament u. a. zur Genehmigung von Steuern regelmäßig einberufen und sich den Gesetzen des Parlaments beugen. Die Parlamentarier waren dem König keine Rechenschaft schuldig. Mit der B. wurde England zum ersten politischen System in Europa, in dem die absolute → **Macht** des Monarchen begrenzt wurde, vor allem, um die Rechte des aufstrebenden englischen Handelsbürgertums zu schützen. Zur Entwicklung der liberalen Grundprinzipien des Parlamentarismus wesentlich beigetragen hat John Locke (1632 – 1704).
BIP (Bruttoinlandsprodukt): Siehe Sozialprodukt.
Bipolarität: Zweipoligkeit im internationalen System während des → **Kalten Krieges**; sie war gekennzeichnet von der machtpolitischen Rivalität zwischen den Supermächten USA und der UdSSR und vom weltanschaulichen Gegensatz zwischen Kommunismus und westlicher Demokratie.

BKA-Gesetz: Das „Gesetz über das Bundeskriminalamt und die Zusammenarbeit des Bundes und der Länder in kriminalpolizeilichen Angelegenheiten" regelt in seiner Fassung aus dem Jahr 1997 die Aufgaben des Bundeskriminalamtes (BKA). Die Novellierung des Gesetzes im Jahr 2008 brachte gravierende Neuerungen mit sich. So hat das BKA weitreichende Kompetenzen im Bereich der Terrorismusbekämpfung erhalten. Datenschutzrechtliche Bedenken sind nicht der einzige Grund dafür, dass der Gesetzesentwurf der Großen Koalition politisch erbittert umkämpft war und Verfassungsbeschwerden schon im Vorfeld angekündigt wurden.
Bundesnachrichtendienst (BND): Der Auslandsnachrichtendienst der Bundesrepublik Deutschland mit Sitz in Pullach bei München und in Berlin. Der BND ist neben dem Bundesamt für Verfassungsschutz (BfV) und dem Militärischen Abschirmdienst (MAD) einer der drei Nachrichtendienste des Bundes. Er besteht seit 1956 und untersteht dem Bundeskanzleramt. Seit 1978 unterliegt er der Kontrolle des Parlamentarischen Kontrollgremiums (PKG), einem Organ des Bundestages. Hauptaufgabe des BND ist das frühzeitige Erkennen von Gefahren, die der Bundesrepublik aus dem Ausland drohen.
Börse: Eine staatlich genehmigte Marktveranstaltung, auf der sich Kaufleute treffen, um Effekten, Waren oder Devisen, die nicht im Börsenraum körperlich vorhanden sind, zu standardisierten Börsen- und Vertragsbedingungen zu handeln.
Boom: Phase der Hochkonjunktur.
Bretton-Woods-System: Noch während des Zweiten Weltkriegs (1944) beschlossenes, stabiles Währungssystem. Dabei waren die Währungen der Teilnehmer an den US-Dollar gekoppelt. Ziel war die reibungslose und von Handelsbarrieren befreite Abwicklung des Welthandels bei festen Wechselkursen. Zur Kontrolle und Durchsetzung des Abkommens wurden in der Folge die Bretton-Woods-Organisationen bzw. -Institutionen → **Weltbank** und → **Internationaler Währungsfonds** geschaffen. Das System hatte bis zu seinem Zusammenbruch 1973 Bestand; die Institutionen existieren bis heute.
BSP (Bruttosozialprodukt): Siehe Sozialprodukt.
Bürgerrechte: Die einem als Bürger eines Staates zustehenden Rechte, insbesondere das Wahlrecht, durch das der Bürger als Souverän u. a. über die Vergabe politischer Ämter entscheidet.
Chancengerechtigkeit: Meint die Aufstiegs- und Entwicklungschancen von Individuen gemäß ihrer Begabung.
Chancengleichheit: Bezeichnet das Recht auf eine egalitäre Verteilung von Zugangs- und Lebenschancen. Ein wesentlicher Schritt zur Verwirklichung der C. ist es, allen Menschen, unabhängig von ihren persönlichen Voraussetzungen, einen Zugang insbesondere zu Bildungsangeboten zu ermöglichen. Als einzelne Aspekte können die Gleichstellung der Geschlechter oder die Ausbildung von → **Migranten** genannt werden.
Deflation: Sinkendes Preisniveau in einer Volkswirtschaft.
Dienstleistungen: In Abgrenzung zur Warenproduktion (materielle Güter) spricht man bei den D. von immateriellen Gütern. D. zeichnen sich dadurch aus, dass sie unmittelbar verbraucht werden (z. B. Haarschnitt). In der Volkswirtschaftlichen Gesamtrechnung werden D. als Tertiärer Sektor erfasst. Der Drei-Sektoren-Theorie zufolge dehnt sich der Dienstleistungsbereich in entwickelten Industriegesellschaften immer stärker aus.
Direkte Demokratie (Ggs.: repräsentative Demokratie): Direkte Demokratie (auch: plebiszitäre Demokratie) bezeichnet eine Herrschaftsform, bei der die politischen Entscheidungen unmittelbar vom Volk z. B. durch Volksabstimmung getroffen werden. Lediglich die Art ihrer Umsetzung wird der Entscheidung einer Behörde überlassen. Rein auf direkter Demokratie basierende Gesellschaftsmodelle gibt es bisher nur in der Theorie (v. a. sozialistischer Rätesysteme). Das Modell der Schweiz ist dadurch gekennzeichnet, dass neben den direktdemokratischen (Volksinitiative, Referendum) auch repräsentative Elemente (z. B. Parlamente) existieren. Grundgedanke dieser Mischform ist es, das Mehrheitsprinzip (der repräsentativen Demokratie) zugunsten einer wesentlich höheren Beteiligung von Minderheiten am Entscheidungsprozess einzuschränken. Auch in Ländern mit repräsentativer Demokratie sind in verschiedenen Verfassungen und Gesetzen (z. B. dt. Bundesländer und Gemeindeordnungen; US-amerikanischer Bundesstaaten) direktdemokratische Elemente vorgesehen.
Dritte Welt: Der Begriff wird verwendet für wenig oder überhaupt nicht industrialisierte Länder, deren Wohlstand erheblich unter dem der Industrieländer liegt, die sich als Erste Welt bezeichnen. „Zweite Welt" waren die industrialisierten sozialistischen Staaten zur Zeit des → **Kalten Krieges.** Die Länder der „Dritten Welt" erstrecken sich vornehmlich auf die tropischen und subtropischen Gebiete der südlichen Halbkugel, auf die früher koloniale Welt. Der Begriff wird heute immer öfter durch den Begriff der → **Entwicklungsländer** ersetzt.
Dschihad (arab.: „sich bemühen"): Verteidigung und Verbreitung des islamischen Glaubens mit geistigen und bisweilen auch militärischen Mitteln. Meist einseitig als „Heiliger Krieg" übersetzt, bezeichnet der D. das „Sichbemühen auf dem Wege Gottes", d. h. vor allem die persönliche Anstrengung, ein Gott wohlgefälliges Leben zu führen.
Ehe: Begründet eine rechtlich verbindliche Lebensgemeinschaft zwischen einem Mann und einer Frau. Sie wird durch eine formgebundene Erklärung vor dem zuständigen Standesamt geschlossen, gilt auf Dauer und schließt weitere Lebensgemeinschaften gleicher Art aus. Eine Ehe begründet genaue Rechte und Pflichten, die zum Teil über die Dauer der Ehe hinaus (auch nach einer Scheidung) Gültigkeit haben.
Einwanderungsland: Bezeichnung für ein Land, in das über längere Zeit größere Gruppen fremder Staatsangehöriger einwandern, um sich dort ständig niederzulassen.
Elite: Personenkreis, der regelmäßig Einfluss auf gesamtgesellschaftlich wichtige Entscheidungen nehmen kann.
Emanzipation: Die Befreiung aus einem bevormundenden Verhältnis, etwa das zwischen Eltern und Kindern, oder der mittlerweile historischen → **Hierarchie** zwischen Ehemann und Ehefrau. Ziel eines emanzipatorischen Prozesses ist die Erlangung von Eigenständigkeit.
Energieträger, fossile: Erdöl, Erdgas, Braun- und Steinkohle; diese E. entstanden vor Jahrmillionen bei der Zersetzung abgestorbener Pflanzen und Tiere unter Sauerstoffabschluss, hohen Temperaturen und dem Druck darüber liegender Gesteinsschichten. Grenzen für die Nutzung f. E. ergeben sich – je nach Entwicklung des technischen Fortschritts und je nach Technologieeinsatz – aus den unterschiedlichen Ressourcenverfügbarkeiten sowie aus deren Umwelt- und Klimaverträglichkeit. Bei der Verbrennung bzw. Umwandlung der fossilen Brennstoffe wird Kohlendioxid (CO_2) freigesetzt, das wesentlich zum → **Klimawandel** beiträgt.
Energieträger, regenerative: Während → **fossile E.** endliche Vorräte darstellen, erneuern r. E. sich beständig. Zu ihnen gehören Wasser-, Wind- und Sonnenkraft, aber auch Biomasse. Diese E. sind klima- und umweltfreundlich, da mit ihrer Nutzung sehr viel geringere Umweltbelastungen verbunden sind und keine klimarelevanten Schadstoffe freigesetzt werden.
Entwicklungsländer: → **Staaten,** die im Vergleich zu den Industrieländern („Erste Welt") u. a. ein deutlich geringeres → **Sozialprodukt** pro Kopf, eine geringe Arbeitsproduktivität, hohe Analphabetenquoten und einen hohen

Anteil landwirtschaftlicher Erwerbstätigkeit aufweisen. Das Ende des → **Ost-West-Konflikts** hat die Dreiteilung der Welt in Erste, Zweite und → **Dritte Welt** brüchig werden lassen.

Erwerbstätige: Diejenigen Erwerbspersonen, die nicht erwerbslos sind, sondern eine Tätigkeit ausüben. Erwerbstätige können abhängig Beschäftigte sein (Arbeiter, Angestellte, Auszubildende, Beamte, Soldaten) oder Selbstständige bzw. mithelfende Familienangehörige.

Ethnie: Betrifft die Volkszugehörigkeit. Menschen mit gleichen sprachlichen und kulturellen Eigenschaften oder Merkmalen gehören einer E. an.

Euro: Europäische Währungseinheit, die im Rahmen der Europäischen Wirtschafts- und Währungsunion nach dem Vertrag von Maastricht seit dem 1.1.1999 in Europa in Ländern, die die festgelegten Kriterien erfüllen, eingeführt wurde. Die Gemeinschaftswährung gilt in 16 Ländern (Stand: 2010).

Europäische Sicherheits- und Verteidigungspolitik (ESVP): Militärischer Arm der → **GASP**; vom Europäischen Rat im Dezember 1999 gebilligte Übertragung der Fähigkeiten der Westeuropäischen Union (WEU) zur zivil-militärischen Konfliktprävention und Krisenbewältigung auf die EU. Die EU soll damit in die Lage versetzt werden, autonom Beschlüsse zu fassen und in den Fällen, in denen die NATO als Ganzes nicht involviert ist, eigene Militäreinsätze in Reaktion auf internationale Krisen einzuleiten und durchzuführen. Die EU handelt dabei im Spektrum der → **Petersberg-Aufgaben**. Mit dem → **Vertrag von Lissabon** wurde die E. in „Gemeinsame Sicherheits- und Verteidigungspolitik" (GSVP) umbenannt.

Europäische Union (EU): 1993 von den 12 EG-Mitgliedern (Belgien, Dänemark, Deutschland, Frankreich, Griechenland, Großbritannien, Irland, Italien, Luxemburg, Niederlande, Portugal, Spanien) gegründete überstaatliche Organisation. Sie baut auf der Europäischen Gemeinschaft (EG) auf, deren Anfänge bis in das Jahr 1951 zurückreichen. Seit 2007 zählt die EU 27 Mitgliedstaaten. Die EU bildet den Rahmen für:

- eine gemeinsame Außen- und Sicherheitspolitik (GASP)
- die Zusammenarbeit in der Justiz- und Innenpolitik
- die Europäischen Gemeinschaften (Europäische Wirtschaftsgemeinschaft, Europäische Gemeinschaft für Kohle und Stahl (bis 2002), Europäische Atomgemeinschaft).

Die zentralen Organe der EU sind:

1. der Europäische Rat,
2. der Ministerrat (Rat der Europäischen Union),
3. das Europäische Parlament,
4. die Kommission der EU,
5. der Europäische Gerichtshof,
6. der Europäische Rechnungshof.

Die EU wurde im Lauf ihrer Geschichte immer wieder reformiert, zuletzt durch den am 1. Dezember 2009 in Kraft getretenen → **Vertrag von Lissabon.**

Europäische Währungsunion (EWU): Währungsvereinheitlichung auf dem Gebiet der Europäischen Union (bzw. Teilen davon). Die EWU bildet einen Kernpunkt in den Bestrebungen zur Errichtung eines in Form einer Wirtschafts- und Währungsunion (WWU) geeinten Europas.

Europäische Zentralbank (EZB): Zentralnotenbank in „Euroland" mit Sitz in Frankfurt/Main, die das alleinige Recht zur Ausgabe von Banknoten und Geldmünzen (→ **Euro**/Cent) hat und die Geld- und Währungspolitik der → **Europäischen Union** durchführt. Geleitet wird die E. von sechs Direktoren aus verschiedenen Euro-Ländern, denen die Präsidenten der nationalen Zentralbanken aller → **Staaten** der Eurozone beratend zur Seite stehen.

Europäischer Konvent (off.: „Konvent zur Zukunft Europas"; ugs.: „Verfassungskonvent"): Forum, in dem zwischen dem 28. Februar 2002 und dem 20. Juli 2003 der Entwurf für einen Vertrag über eine Verfassung für Europa erarbeitet wurde. Arbeitsziele waren neben der Vereinfachung des europäischen Primärrechts die Demokratisierung und Entbürokratisierung sowie die Klärung von Zuständigkeiten innerhalb der → **Europäischen Union.** Der E. setzte sich aus Regierungs- und Parlamentsvertretern der EU-Mitgliedstaaten, der damaligen mittel- und osteuropäischen Beitrittskandidaten sowie des Europäischen Parlaments und der EU-Kommission zusammen. Den Vorsitz führte der ehemalige französische Staatspräsident Valéry Giscard d'Estaing.

Europarat: 1949 gegründet, befasst sich vorrangig mit Fragen der Harmonisierung des Rechts, dem Schutz der Menschenrechte (Europäische Menschenrechtsdeklaration) und der Demokratie sowie der Erhaltung des kulturellen Erbes. Fast alle europäischen Staaten sind Mitglieder.

Exekutive: (lat. = ausführen, vollziehen): Vollziehende Gewalt (Regierung).

Existenzminimum: Mindesteinkommen, das für den jeweiligen Lebensunterhalt gerade ausreicht.

Extremismus: Bezeichnet eine politische Einstellung, die eine grundlegende Veränderung der derzeitigen Gesellschaftsordnung anstrebt bzw. die freiheitlich-demokratische Grundordnung beseitigen will. Extremisten vertreten im Allgemeinen fanatische oder → **fundamentalistische** Haltungen, → **Ideologien** oder Ziele, oftmals auch mit Gewalt.

Faschismus: Als F. wurde zuerst die 1922 von Benito Mussolini in Italien zur Macht geführte rechtsgerichtete Bewegung bezeichnet. Seitdem werden ähnliche politische Strömungen und Systeme ebenso bezeichnet, darunter auch der Nationalsozialismus in Deutschland (1933 – 1945).

Finanzpolitik: Sie verfolgt das Ziel, Struktur und Höhe des Sozialprodukts einer Volkswirtschaft mithilfe öffentlicher Einnahmen und öffentlicher Ausgaben zu beeinflussen. Sie wird als Ordnungspolitik und Prozesspolitik betrieben. Unter ordnungspolitischem Aspekt gehört zu einer Wettbewerbswirtschaft z. B. ein Steuersystem, das den Wettbewerbsmechanismus möglichst wenig verfälscht; unter prozesspolitischem Aspekt verändern staatliche Einnahmen und Ausgaben die volkswirtschaftlichen Gesamtgrößen, aber auch Entscheidungen auf Einzelmärkten.

Föderalismus: (lat. = Bündnis, Vertrag): Gliederung eines Staates in mehrere gleichberechtigte, in bestimmten politischen Bereichen selbstständige Bundesländer, die an der Willensbildung des Bundes mitwirken. Art. 20 GG bestimmt: „Die Bundesrepublik Deutschland ist ein demokratischer und sozialer Bundesstaat." Dies ist eine Bestandsgarantie des Föderalismus, allerdings keine Bestandsgarantie über die Anzahl und die Größe der Länder, die sich nach Art. 29 GG neu gliedern könnten.

Frauenbewegung: Die F. setzte sich seit der Mitte des 19. Jahrhunderts für die grundsätzlichen politischen und bürgerlichen Rechte der Frauen ein, so etwa für das Wahlrecht, das Recht auf → **Erwerbstätigkeit** oder das Recht auf Bildung. Eine zweite Welle der F. entstand in den 1960er Jahren und richtete sich gegen die fortwährende Diskriminierung von Frauen in den westlichen → **Gesellschaften.** Die Forderungen dieser Welle wurden von den 1990er Jahren an modifiziert und entradikalisiert, nachdem auch das männliche Geschlecht in die Modelle und Überlegungen einbezogen worden war.

Freiheitliche Demokratische Grundordnung (FDGO): Politische Ordnung der Bundesrepublik Deutschland, die nach der Definition des Bundesverfassungsgerichts im SRP-Urteil von 1952 „unter Ausschluss jeglicher Gewalt- und

Willkürherrschaft eine rechtsstaatliche Herrschaftsordnung auf der Grundlage der Selbstbestimmung des Volkes nach dem Willen der jeweiligen Mehrheit und der Freiheit und Gleichheit darstellt." Die FDGO ist gekennzeichnet durch „die Achtung vor den im Grundgesetz konkretisierten Menschenrechten, [...] die Volkssouveränität, die Gewaltenteilung, die Verantwortlichkeit der Regierung, die Gesetzmäßigkeit der Verwaltung, die Unabhängigkeit der Gerichte, das Mehrparteiensystem und die Chancengleichheit für alle politischen Parteien mit dem Recht auf verfassungsmäßige Bildung und Ausübung einer Opposition."

Fundamentalismus: Im Allgemeinen das kompromisslose Festhalten an politischen oder religiösen Grundsätzen. Der F. bezeichnet unterschiedliche, meist religiös motivierte → **Ideologien** und Strömungen, die den Gedanken des Pluralismus ablehnen und den Dialog verweigern.

Fürsorgeprinzip: An Bedürftigkeit orientierte sozialstaatliche Leistungen aus öffentlichen Haushaltsmitteln. Typische Merkmale sind das Abstellen auf die Lage des Einzelnen hinsichtlich der verfügbaren Mittel (→ **Individualisierung**) sowie die Nachrangigkeit zur Selbsthilfe wie zu anderen Hilfsmöglichkeiten, z. B. durch die Familie (→ **Subsidiarität**).

G 8 (Gruppe der Acht): Entstanden 1997 aus der Gruppe der sieben führenden Wirtschaftsnationen (G 7: Deutschland, Frankreich, Großbritannien, Italien, Japan, Kanada und USA) nach Umwandlung des Beobachterstatus' Russlands in eine Vollmitgliedschaft. An den Gipfeltreffen der G 8 nimmt neben den Staats- und Regierungschefs auch der Präsident der EU-Kommission teil.

G 20 (Gruppe der 20): Die Gruppe der zwanzig wichtigsten Industrie- und → **Schwellenländer.** Ein seit 1999 bestehender, informeller Zusammenschluss aus 19 Staaten und der → **Europäischen Union.** Die Gruppe soll als Forum für die Kooperation und Konsultation in Fragen des internationalen Finanzsystems dienen. Mitglieder: Vereinigte Staaten von Amerika, Japan, Deutschland, China, Vereinigtes Königreich, Frankreich, Italien, Kanada, Brasilien, Russland, Indien, Südkorea, Australien, Mexiko, Türkei, Indonesien, Saudi-Arabien, Südafrika, Argentinien, EU.

Gastarbeiter: Bezeichnung für Arbeitsmigranten, die ab Mitte der 1950er Jahre in der Bundesrepublik Deutschland angeworben wurden. Ursprünglich sollten sie nach einer gewissen Arbeitszeit wieder in ihr Heimatland zurückkehren, ab 1964 aber war ihnen gestattet, ihre Familien nachzuholen, so dass ein dauerhafter Aufenthalt in Deutschland die Folge war. 1973 wurde aufgrund einer Wirtschaftskrise die gezielte Anwerbung ausländischer Arbeitskräfte gestoppt.

GATT (General Agreement on Tariffs and Trade): Allgemeines Zoll- und Handelsabkommen. Teil der → **WTO** (World Trade Organization).

Gemeinsame Außen- und Sicherheitspolitik (GASP): In Weiterentwicklung der Europäischen Politischen Zusammenarbeit (EPZ) die „Zweite Säule der EU": Verpflichtung des Maastrichter Vertrages, entsprechend den Leitlinien des Europäischen Rates eine gemeinsame Außen- und Sicherheitspolitik zu „erarbeiten" und zu „verwirklichen". Entscheidungen werden einstimmig getroffen.

Gesellschaft: Unter Gesellschaft wird in der Regel die Gesamtheit der in einem Staat lebenden Menschen verstanden. Die Gesellschaft umfasst nicht nur die Bürger eines Staates, sondern alle dort Lebenden. Dabei sind die wechselseitigen Beziehungen dieser Menschen von entscheidender Bedeutung. Im Unterschied zu zufälligen Zusammentreffen oder Gemeinschaften sind Menschen einer Gesellschaft dauerhaft aufeinander angewiesen, etwa bezogen auf die Arbeitsteilung in der Wirtschaft. Es ist umstritten, ob wir uns aufgrund der Globalisierung auf dem Weg zu einer europäischen Gesellschaft oder sogar einer Weltgesellschaft befinden.

Gesellschaftsvertrag: Nach den Vorstellungen verschiedener Staatstheoretiker (u. a. Grotius, Hobbes, Locke und Rousseau) basiert sowohl das Entstehen als auch das Bestehen eines Staates auf einer freien Vereinbarung der Einzelnen. Die Vertragslehre geht von einem → **Naturzustand** aus, in dem die Einzelnen ohne eine Rechts- und Staatsordnung nebeneinander und mutmaßlich im „Kampf aller gegen alle" lebten. Dieser Zustand wurde erst durch einen G. beendet, eine vereinbarte Herrschaftsordnung zur Gewährleistung von Sicherheit, Frieden und Recht. Historisch wurde ein G. nie abgeschlossen.

Gewaltenteilung: Grundprinzip in der Organisation (demokratischer) staatlicher Gewalt. Ziel ist es, die Konzentration und den Missbrauch politischer Macht zu verhindern, die Ausübung politischer Herrschaft zu begrenzen und zu mäßigen und damit die bürgerlichen Freiheiten zu sichern. Es wird zwischen der gesetzgebenden Gewalt (→ **Legislative**), der ausführenden Gewalt (→ **Exekutive**) und der rechtsprechenden Gewalt (→ **Judikative**) unterschieden. Diese Funktionen werden unabhängigen Staatsorganen (Bundestag, Bundesregierung, Bundeskanzler, Bundesrat, Bundesverfassungsgericht) zugewiesen. In der politischen Praxis ergeben sich Abweichungen vom strikten Prinzip der Gewaltenteilung oder sind Abweichungen sogar vorgesehen (z. B. Verordnungen der Exekutive, Gesetzesinitiativen der Regierung). Auch die Prinzipien des → **Föderalismus** werden als Teil der Gewaltenteilung angesehen.

Gewinn: Die positive Differenz zwischen Umsatz und Kosten.

Gini-Koeffizient: Eine statistische Maßgröße zur Kennzeichnung der relativen Konzentration. Der G. beruht auf dem Konzept der Lorenzkurve. Er ist bei völliger Gleichverteilung stets gleich 0 und bei vollkommener Konzentration stets gleich 1.

Globalisierung: Der Begriff bezeichnet eine Zunahme der Staatsgrenzen überschreitenden sozialen Beziehungen v. a. ab den 1990er Jahren. Insbesondere werden zu den Merkmalen der G. eine starke Zunahme internationaler Wirtschafts- und Finanztransaktionen, die Ausdehnung der Kommunikationstechnologien (Internet usw.) sowie eine weltweite Ausdehnung westlicher Kultur verstanden. Ursachen sind neben der technischen Entwicklung vor allem der Abbau von wirtschaftlichen Schranken durch die wichtigsten Industriestaaten. Eine genaue historische Abgrenzung der G. von der früheren Entwicklung z. B. des Weltmarktes ist umstritten.

Glorious Revolution: Als G. wird die beinahe komplikationslose, jedenfalls aber unblutige Absetzung König Jakobs II. von England (1633 – 1701) im Jahr 1688 bezeichnet. Dem katholischen Stuart-Monarchen folgte mit Wilhelm von Oranien (1650 – 1702) ein Protestant auf den Thron. Der Begriff der G. stammt bereits von Zeitgenossen, die den Wechsel von der absoluten zur konstitutionellen Monarchie vor dem Hintergrund der politischen und religiösen Wirren im Land stark befürworteten. England war Mitte des 17. Jahrhunderts geprägt vom Bürgerkrieg (1642 – 1649), der Enthauptung König Karls I. (1600 – 1649), der Militärdiktatur Oliver Cromwells (1599 – 1658) als Lordprotektor der Republik England sowie ab 1660 von der Restauration der ungeliebten Stuart-Monarchie.

Greencard: Ursprünglich eine unbeschränkte Aufenthalts- und Arbeitsbewilligung in den USA. Im Rahmen eines Anwerbungsprogramms für IT-Experten in den Jahren 2000 bis 2004 wurde dieser Begriff von der rot-grünen Bundesregierung für Deutschland eingeführt. Die Aufenthalts- und Arbeitserlaubnis war im deutschen Modell allerdings beschränkt.

Grundrechte: Verfassungsmäßige Rechte, die den Bürger vor Übergriffen des Staates schützen (Abwehr- bzw. Frei-

heitsrechte) und ihm die Teilnahme an der politischen Willensbildung garantieren (Teilhaberechte).
Hartz IV: Durch das Hartz IV-Gesetz wurde 2005 das Arbeitslosengeld II eingeführt. Es führte die bisherige Arbeitslosenhilfe und die Sozialhilfe für → **Erwerbstätige** zusammen. Damit ist dies heute die Grundsicherung für erwerbsfähige Hilfsbedürftige. Die Leistungen entsprechen dem → **Existenzminimum** in Deutschland. Das Arbeitslosengeld II kann aber auch ergänzend zum Erwerbseinkommen oder anderen staatlichen Leistungen bezogen werden.
Hegemonie: Vormachtstellung eines Staates gegenüber anderen. H. ergibt sich durch ein tatsächliches militärisches, kulturelles oder wirtschaftliches Übergewicht und ist häufig durch Verträge abgesichert.
Hierarchie: Ein System von über- bzw. untergeordneten Elementen, die unterschiedliche Funktionen ausüben.
Ideologie: Eine politische Ansicht. Der Begriff wird in nichtwissenschaftlichen Kreisen häufig als eine abwertende Bezeichnung für ein starres Weltbild oder für unverrückbare Ansichten benutzt.
Imperialismus: Im Allgemeinen die „Machterweiterungspolitik" eines → **Staates.** Im Speziellen ist die Zeitspanne von 1870 bis 1914 als I. bekannt, als vor allem die europäischen Mächte, aber auch die USA und Japan versuchten, die nicht industrialisierten Länder insbesondere in Afrika und Asien als Kolonien zu beherrschen.
Individualisierung: Prozess, in dessen Mittelpunkt die wachsende Bedeutung des Individuums steht, das sich gegenüber den sozialen Gruppen und Herkunftsbindungen zunehmend emanzipiert.
Industrialisierung: Die Ausbreitung der Industrie, d. h. der Produktion und Weiterverarbeitung von materiellen Gütern und Waren in Fabriken im Verhältnis zu Handwerk, Dienstleistung und Landwirtschaft. In Europa fand dieser Prozess grundlegend während des 19. Jahrhunderts statt.
Inflation: dauerhafter Anstieg des gesamtwirtschaftlichen Preisniveaus.
Inflationsrate: Prozentsatz, der den Anstieg des Preisniveaus in einem bestimmten Zeitraum (meist ein Jahr) ausdrückt. Dazu werden Preisveränderungen, die ein definierter Warenkorb aus Gütern und Dienstleistungen erfährt, mit den Preisen eines Basisjahres verglichen.
Integration: Im gesellschaftswissenschaftlichen Sinne die Herstellung einer gesellschaftlichen Einheit.
intergouvernemental: Zwischen Regierungen stattfindende Zusammenarbeit. Sie bedarf im Unterschied zur → **supranationalen** Integration der Einstimmigkeit unter den teilnehmenden Ländern.
Internationaler Gerichtshof (International Court of Justice): 1945 gegründet, ist er das Haupt-Rechtsprechungsorgan der → **Vereinten Nationen** mit 15 unabhängigen Richtern aus 15 verschiedenen → **Staaten.** Seine Hauptfunktion erstreckt sich auf internationale Streitigkeiten. Als Parteien können nur Staaten auftreten. Er kann nur tätig werden, wenn beide Parteien mit der Behandlung des Streitfalls vor dem Gerichtshof einverstanden sind; er hat nicht die Möglichkeit, seine Entscheidungen auch durchzusetzen.
Internationaler Strafgerichtshof (International Criminal Court): 1998 beschlossener internationaler Gerichtshof (mit Sitz in Den Haag) zur strafrechtlichen Verfolgung von Völkermord, Verbrechen gegen die Menschlichkeit und Kriegsverbrechen; das betrifft auch interne Konflikte. Das Gericht kann sich eines Falles annehmen, wenn er vom UN-Sicherheitsrat überwiesen worden ist oder wenn das Land, in dem das Verbrechen stattgefunden hat, oder das Land, dessen Staatsangehöriger verdächtigt wird, seine Jurisdiktion anerkannt hat. Der Ankläger arbeitet unabhängig.
Internationaler Währungsfond (IWF): Der I. (gegründet 1944, heute 186 Mitgliedstaaten, Sitz in Washington) überwacht die Wechselkurspolitik der Mitgliedstaaten: Er analysiert die nationale Wirtschaftsentwicklung und -politik, überprüft fiskal-, wechselkurs- und geldpolitische Maßnahmen und beurteilt die Auswirkungen der Politik der Mitgliedstaaten auf deren Zahlungsbilanzen, begutachtet die Weltwirtschaftslage und erteilt Finanzhilfen zur Überbrückung von Zahlungsbilanzdefiziten.
Investition: Zielgerichtete, meist langfristige Kapitalbindung zur Erwirtschaftung zukünftiger Erträge.
Judikative: (lat.: Recht sprechen): Richterliche Gewalt.
Kalter Krieg: Bezeichnung für die feindselige Auseinandersetzung zwischen → **Staaten** unterhalb der Schwelle offener kriegerischer Handlungen. Kalter Krieg bezeichnete auch die besondere Form der Beziehungen zwischen den USA und der UdSSR und ihren Verbündeten zwischen 1946 und 1989. Kennzeichen waren neben der Rüstungsspirale die „psychologische Kriegführung" sowie wirtschaftlicher und militärischer Druck und eine entsprechende Bündnispolitik.
Kapitalismus: Besonders durch Karl Marx und Friedrich Engels geprägter Begriff für das System der Wirtschaft, in dem wir leben. Es zeichnet sich durch Privateigentum an den Produktionsmitteln und Gewinnstreben aus, wobei letzteres durch das Wirtschaftssystem selbst erzeugt wird (Marktsteuerung, Konkurrenz). Kapitalismus geht von der Freiheit der einzelnen Wirtschaftssubjekte aus sowie der Annahme, dass deren Austausch auf dem Markt nicht nur ihrem eigenen Gewinn, sondern letztlich dem Wohle aller diene. Karl Marx kritisierte am Kapitalismus demgegenüber besonders die „Ausbeutung der Arbeiterklasse", seine Krisenhaftigkeit sowie seine Neigung zur Verschwendung (durch Konkurse, Krisen usw.) und zur Hervorbringung von → **Armut.** Versuche, eine Wirtschaft statt über den Markt zentral durch den Staat zu steuern, sind in der jüngeren Geschichte mehrfach gescheitert.
Klasse, soziale: Personen einer Gesellschaft mit vergleichbaren ökonomischen Merkmalen, hauptsächlich den Besitz oder die Verfügung über Produktionsmittel betreffend.
Klassengesellschaft: Existiert, wenn die Gesellschaft in verschiedene soziale Schichten oder → **Klassen** aufgeteilt ist. Nach der Marx'schen Lehre ist die kapitalistische Gesellschaft ebenfalls eine K. mit dem Gegensatz von besitzloser Arbeiterklasse (Proletariat) und besitzenden Kapitalisten (Bourgeois). Der Klassenbegriff ist zunehmend durch ein flexibleres und verfeinertes Schichtenmodell von unterschiedlichen Lebenslagen ersetzt worden.
Klimawandel: In den vergangenen Jahrzehnten hat sich die Durchschnittstemperatur der Erdatmosphäre und der Meere erhöht, eine weitere Erwärmung wird erwartet. Die meisten Naturwissenschaftler führen dies auf den vom Menschen verstärkten Treibhauseffekt zurück, besonders seit Beginn der Industriellen Revolution. Das Verbrennen → **fossiler Energieträger** und die großflächige Rodung von Wäldern reichern den Anteil von Kohlendioxid (CO_2) in der Luft an. Hinzu kommt der erhöhte Ausstoß von Methangas durch eine intensive Viehwirtschaft. Der Treibhauseffekt wird auf Wasserdampf, Kohlenstoffdioxid, Methan, Stickstoffoxid und fluorierte Verbindungen, z. B. FCKW, zurückgeführt. Verdoppelt sich der CO_2-Anteil in der Erdatmosphäre, rechnet die Klimaforschung mit einer Erhöhung der Erdmitteltemperatur innerhalb von 1,5 bis 4,5 Grad Celsius. Folgen der globalen Erderwärmung sind schon heute erkennbar: verringerte Schneebedeckung, Gletscherschmelze, ein steigender Meeresspiegel, Überschwemmungen und Wetterveränderungen. Der K. war 1992 erstmals Gegenstand einer UNO-Konferenz. Im Jahre 1997 entstand mit dem → **Kyoto-Protokoll** das erste völkerrechtlich verbindliche Abkommen mit konkreten Gegenmaßnahmen.

Komitee Cap Anamur (Deutsche Notärzte e. V.): Unabhängige humanitäre Hilfsorganisation, 1979 anlässlich großer Not vietnamesischer Flüchtlinge (benannt nach einem ersten Flüchtlingsboot) vom Journalistenehepaar Rupert und Christel Neudeck gegründet; Sitz: Köln. Finanziert aus Spendengeldern, arbeiten Ärzte, Krankenschwestern und -pfleger, Techniker sowie Logistiker weltweit in unterschiedlichen Hilfsprojekten.
Kommunismus: Bezeichnet das politische Ziel einer klassenlosen Gesellschaft, herbeigeführt durch einen gewaltsamen Umsturz, die proletarische Revolution. In der kommunistischen Gesellschaft ist das Privateigentum an Produktionsmitteln aufgehoben, und das erwirtschaftete Sozialprodukt wird gesellschaftlich angeeignet, d. h. allen Menschen gleichermaßen zugänglich gemacht. Der bedeutendste Denker des K. war Karl Marx.
Konjunktur: Bezeichnung für die Existenz von zyklischen Schwankungen der wirtschaftlichen Aktivität.
Konservatismus: (lat.: conservare = bewahren): Politische Anschauung, die sich vornehmlich für die Erhaltung und Entwicklung des Bestehenden ausspricht. Kennzeichen sind in der Regel Verfassungspatriotismus, Achtung der nationalen Existenz, Forderung nach einem ordnenden Staat.
konstruktives Misstrauensvotum: Nach Art. 67 GG kann der Bundeskanzler vom Bundestag nur gestürzt werden, wenn gleichzeitig die Mehrheit des Parlaments einen neuen Kanzler wählt.
Konzern: Ein zeitlich unbefristeter, durch Kapitalverflechtung vollzogener vertraglicher Zusammenschluss von Unternehmen, die rechtlich selbstständig bleiben, aber ihre wirtschaftliche Eigenständigkeit vollständig aufgegeben haben.
Kyoto-Protokoll: Ein 1997 geschlossenes Abkommen der → **Vereinten Nationen** zum Schutz des Klimas. Es schreibt verbindliche Zielwerte für den Ausstoß von Treibhausgasen fest, die die Hauptursache der globalen Erwärmung sind.
Legislative: Gesetzgebende Gewalt; in der parlamentarischen Demokratie das Parlament.
Legitimation: Anerkennung einer politischen Ordnung und ihrer Repräsentanten durch das Volk. Voraussetzung dafür ist die Übereinstimmung der politischen Ordnung mit den in der Gesellschaft allgemein anerkannten Vorstellungen über die Begründung von politischer Herrschaft. In einer demokratischen Ordnung wird die Legitimation der Herrschaftsausübung auf Zeit vor allem durch demokratische Wahlen geschaffen.
Liberalismus: Politische Anschauung, in deren Mittelpunkt die ungehinderte Entfaltung des Einzelnen und einzelner Gruppen unter Zurückdrängen der Ansprüche des → **Staates** steht.
Macht: Verhältnis der Über- und Unterordnung zwischen Personen, Gruppen, Organisationen oder → **Staaten,** das – im Unterschied zu Herrschaft und Autorität – nicht der Anerkennung der von ihr Betroffenen bedarf. Max Weber definierte Macht als „die Chance, innerhalb einer sozialen Beziehung den eigenen Willen auch gegen Widerstreben durchzusetzen, gleichviel, worauf diese Chance beruht".
Magna Charta Libertatum: Sie gilt als die wichtigste Grundlage des englischen Verfassungsrechts. Die M. wurde dem innen- und außenpolitisch geschwächten König Johann I. Ohneland (1167 – 1216) im Jahr 1215 von Adel und Geistlichkeit abgenötigt. Die Urkunde regelte vor allem das Verhältnis des Königs zu Adel und Klerus und band politische → **Macht** erstmals an das Gesetz (rule of law). Einige der insgesamt 63 Vorschriften der M. erstreckten sich auf den Schutz der Bauern, Bestimmungen zugunsten der Kaufleute, die Rechtsschutzgarantie für Freie und die Steuergesetzgebung.
Marktwirtschaft: Wirtschaftssystem des Wettbewerbs, in dem die Wirtschaftsprozesse dezentral geplant und über die Preisbildung auf den Märkten gelenkt werden. Gewerbe- und Vertragsfreiheit sowie die freie Wahl des Berufs bzw. des Arbeitsplatzes sind Grundvoraussetzungen der Marktwirtschaft (→ **Kapitalismus**).
Massenmedien: Technische Mittel, durch die Aussagen schnell und über große Entfernungen zu einer großen Zahl von Menschen gebracht werden können. Empfänger und Sender von Nachrichten sind sich dabei nicht persönlich bekannt. M. sind sehr einflussreich und werden als eine Kontrollinstanz z. B. gegenüber dem → **Staat** angesehen. Zugleich aber sind die durch sie verbreiteten Nachrichten für die Empfängerinnen und Empfänger kaum noch zu überprüfen. Zu den M. zählt neben Zeitungen, Rundfunk und Fernsehen auch das Internet.
Menschenrechte: Rechte, die jedem Menschen zustehen, unabhängig von seiner Herkunft, seinem Geschlecht, seiner Religion und seinem Vermögen. Ihr Inhalt liegt darin, jedem Menschen eine gesicherte Existenz und Entfaltung zu ermöglichen. Im Gegensatz zu anderen Rechten sollen die Menschenrechte jedem Menschen von Natur aus zukommen, also nicht erst durch die Garantie eines → **Staates** (Bürger). Deshalb „gelten" sie nicht wie andere Rechte, sondern bezeichnen den Anspruch auf ein menschenwürdiges Leben.
Mercosur: Kurzbezeichnung für *Mercado Común del Sur* (dt.: Gemeinsamer Markt des Südens); regionale Wirtschaftsgemeinschaft in Lateinamerika nach dem Vorbild der → **Europäischen Union.** Gegründet wurde der M. 1991; Gründungsmitglieder waren Argentinien, Brasilien, Paraguay und Uruguay; Venezuela hat 2006 den Beitritt unterzeichnet, die formelle Aufnahme steht jedoch noch aus. Chile ist seit 1996 assoziiertes Mitglied. Weitere assoziierte Mitglieder sind Bolivien (seit 1997), Peru (seit 2003) sowie Kolumbien und Ecuador (beide seit 2004). Wichtigste Ziele: stufenweiser Abbau von Zöllen und Handelshemmnissen (Zollunion), Handelsliberalisierung mit Drittstaaten sowie Schaffung eines gemeinsamen Außenzollsystems und Koordinierung der Wirtschaftspolitik.
Migration (lat.: migratio = Wanderung): Mit diesem Ausdruck werden verschiedene Formen der Ein- und Auswanderung zusammengefasst (→ **Asylsuche,** Arbeitsmigration, Flucht vor Krieg usw.). Das trägt der Tatsache Rechnung, dass alle diese Formen Gemeinsamkeiten aufweisen: Einen Migrationsgrund, der in fast allen Fällen irgendeine Art von Zwang beinhaltet – und soziale Probleme, die aus der Situation im Aufnahmeland folgen.
Milieu, soziales: Das soziale Umfeld, in dem ein Mensch lebt und von dem er geprägt wird.
Mobilität, soziale: Positionell-soziale Bewegung von Personen, Personengruppen, → **Schichten** oder → **Klassen** einer → **Gesellschaft.** Wechsel der Position, die keine Änderung im Status einschließen, werden als horizontale M., soziale Auf- und Abstiegsprozesse werden als vertikale M. bezeichnet.
Modernisierung: a) Säkularer Prozess seit der Industriellen Revolution, in dem sich die kleine Gruppe der heute modernen Gesellschaften entwickelt hat, b) die vielfältigen Aufholprozesse unterentwickelter Gesellschaften, c) Bemühungen der modernen Gesellschaften, durch Innovation und Reform die Entwicklung in Gang zu halten und neue Herausforderungen zu bewältigen.
Multilateralismus: Prozess oder Zustand in der internationalen Politik, bei dem mehrere oder viele → **Staaten** kooperativ und prinzipiell gleichberechtigt Diplomatie betreiben und gemeinsam handeln. Dabei werden die Interessen aller Partner berücksichtigt. Oft existieren schriftliche, in Form von Verträgen vereinbarte Regelungen oder → **Regime,** die alle Beteiligten binden.
Multipolarität: Mehr- oder Vielpoligkeit. Sie geht davon aus, dass das internationale System nicht wie in der → **Bipolarität** durch zwei, sondern durch mehrere oder viele

→ **Staaten** bestimmt wird, die in etwa gleich mächtig eingeschätzt werden.
Nachhaltige Entwicklung: Bezeichnung für das Prinzip, nach dem die wirtschaftliche Entwicklung so zu beeinflussen ist, dass der Umweltverbrauch zunehmend geringer wird und das ökologische System sich erholen kann.
Nationalismus: Die auf den Begriff der Nation und den souveränen Nationalstaat als zentrale Werte bezogene Ideologie. Nationalismus und Nationalbewusstsein sind geeignet, soziale Großgruppen zu integrieren und sie durch Identifikation von der andersstaatlichen Umwelt abzugrenzen. Als politische → **Ideologie** gewann der Nationalismus seit der Französischen Revolution durch die Verbindung mit den demokratischen Ideen der Selbstbestimmung und der Volkssouveränität überragende Bedeutung.
Nationalsozialismus: Im e. S. die von den Anhängern der Nationalsozialistischen Deutschen Arbeiterpartei (NSDAP) errichtete → **totalitäre** Diktatur Adolf Hitlers (1889 – 1945) zwischen 1933 und 1945. Im w. S. die dahinter stehende → **Ideologie**. Diese fußt auf einem starken → **Rassismus** mit der arisch-nordischen Rasse als höchstentwickelter Lebensform und – antisemitische Strömungen bedienend – der jüdischen Rasse als minderwertiger und gegnerischer Rasse. Weitere Elemente waren einzelne Versatzstücke des Militarismus, des → **Sozialismus** sowie sozialdarwinistischer, antikommunistischer und antidemokratischer Weltanschauung. Hitler schrieb diese Ideologie 1924 in dem Buch „Mein Kampf" in einer wirren Argumentation nieder. Die Ziele des N. wurden im Dritten Reich mit einem Höchstmaß an Gewalt verfolgt; die → **Menschenrechte** des Einzelnen sowie verfolgter Gruppen galten nichts. Dem N. fielen in Deutschland und Europa zwischen 1933 und 1945 Millionen von Menschen zum Opfer.
NATO (engl.: North Atlantic Treaty Organization): Während des → **Ost-West-Konflikts** war die Allianz unter Führung der USA in Europa das Gegengewicht zur militärischen Präsenz der Sowjetunion und des → **Warschauer Paktes.** Das Militärbündnis wurde 1949 in Washington geschlossen; 1955 trat die Bundesrepublik bei. Sitz der N. ist Brüssel. 2010 zählte die N. 28 Mitgliedstaaten, darunter viele ehemalige Mitglieder des Warschauer Paktes. Nach dem Ende des Ost-West-Konflikts wandelte sich die N. von einem defensiven Verteidigungsbündnis zu einer auch global agierenden Sicherheitsorganisation. Während sich die Allianz in den 1990er Jahren zunächst auf die Konfliktprävention und das Krisenmanagement auf dem Balkan konzentrierte, bestimmen heute vor allem Abwehr und Bekämpfung des transnationalen Terrorismus ihre Ausrichtung.
Naturrecht: Jeder Mensch hat „von Natur aus" bestimmte Rechte, z. B. das Recht auf Leben und körperliche Unversehrtheit oder das Recht auf persönliche Freiheit. Diese Rechte können von keinem Staat genommen werden.
Neokonservatismus: Eine politische Strömung in den USA, die während des Vietnamkriegs (1965 – 1975) in Abgrenzung zur → **68er**- und zur Bürgerrechtsbewegung Martin Luther Kings entstand. Das Hauptaugenmerk des N. liegt – neben den herkömmlichen konservativen Bezugspunkten Familie, Heimat, Religion und Nation – auf dem Abbau wohlfahrtsstaatlicher Elemente sowie dem Glaube, das westliche Demokratiemodell sei der Endpunkt aller politischen Entwicklung. Die Vorsilbe „Neo" verweist darauf, dass die intellektuellen Vorreiter dieser Strömung ursprünglich liberale und sogar sozialistische Überzeugungen vertreten hatten, die sich jedoch in einen umso konservativeren Politikstil verkehrten. Ein bekannter Vertreter des N. ist der ehemalige US-Präsident George W. Bush (2001 – 2009).
Neoliberalismus: Denkrichtung des → **Liberalismus,** die eine freiheitliche, marktwirtschaftliche Wirtschaftsordnung mit den entsprechenden Gestaltungsmerkmalen (z. B. Privateigentum an Produktionsmitteln, freie Preisbildung, Wettbewerbsfreiheit) anstrebt, staatliche Eingriffe in die Wirtschaft jedoch auf ein Minimum beschränken will. Die Ideen des N., dessen führender Vertreter in Deutschland Walter Eucken (1891 – 1950) war, basieren auf den negativen Erfahrungen mit dem ungezügelten Liberalismus des Laissezfaire im 19. Jahrhundert. Die deutsche Variante des N., in der staatliche Eingriffe in die Wirtschaft dann gerechtfertigt sind, wenn sie z. B. die Bildung von Monopolen verhindern oder dem sozialen Ausgleich dienen, wird auch als Ordoliberalismus bezeichnet. Die angelsächsische Variante mit ihrem Hauptvertreter Friedrich August von Hayek (1899 – 1992) setzt stärker auf die Selbststeuerung der → **Marktwirtschaft.**
New Deal (etwa: „Neuverteilung der Karten"): Umfangreiches Notprogramm des US-Präsidenten Franklin D. Roosevelt (1882 – 1945), der ab 1933 versuchte, die 1929 in den USA ausgebrochene Wirtschaftskrise durch staatliche Interventionen (scharfe Eingriffe in Bank- und Kreditwesen, Anbauprämien, Abwertung des Dollars, intensive Außenhandelspolitik u. a.) sowie durch sozialpolitische Maßnahmen (z. B. Einführung einer progressiven Einkommensbesteuerung) zu überwinden. Zwar konnten die Vertrauenskrise beseitigt und die amerikanische Wirtschaft neu belebt werden. Die hohe Arbeitslosigkeit aber wurde erst im Zweiten Weltkrieg überwunden.
Nominaleinkommen: In Geld ausgedrücktes Einkommen ohne Rücksicht auf die Kaufkraft dieses Einkommens.
OECD (engl.: Organization for Economic Cooperation and Development): Als Nachfolgeorganisation der Organisation für europäische wirtschaftliche Zusammenarbeit (OEEC) 1961 gegründet; Sitz: Paris; Hauptaufgaben: Sicherung der Währungsstabilität, Förderung des Welthandels, Planung und Förderung des wirtschaftlichen Wachstums in Europa und Koordination der Wirtschaftshilfe für die → **Entwicklungsländer.**
Öffentliche Güter: Güter, die nicht individuell genutzt werden können, z. B. öffentliche Schwimmbäder oder Müllverbrennungsanlagen.
Öffentliche Meinung: Zentrale Kategorie für die Bestimmung der Legitimität politischer Herrschaft. Öffentliche Meinung ist nicht die Summe der individuellen Meinungen. Diese werden nur dann zur öffentlichen Meinung, wenn sie die Einschätzungen bedeutender Akteure, Gruppen oder Institutionen zu politisch bedeutsamen Fragen bestimmen und in den → **Massenmedien** ihren Niederschlag finden.
OPEC: Kurz für „Organization of Petroleum Exporting Countries" (Organisation Erdöl exportierender Länder). Das 1960 in Bagdad entstandene Kartell versucht, die Ölförderpolitik seiner Mitgliedstaaten zu koordinieren, die Förderquoten festzulegen und so die Weltmarktpreise stabil zu halten. Mittlerweile gehören zwölf Länder zur O. (Stand: 2010): Algerien, Angola, Ecuador, Iran, Irak, Kuwait, Libyen, Nigeria, Katar, Saudi-Arabien, die Vereinigten Arabischen Emirate und Venezuela. Die O.-Mitglieder fördern etwa 40 Prozent der weltweiten Erdölproduktion und verfügen über rund drei Viertel der weltweiten Erdölreserven. Seit 1965 hat das Kartell seinen Sitz in Wien.
Ost-West-Konflikt: Siehe Kalter Krieg.
Partizipation: Beteiligung des Bürgers am Willensbildungs- und Entscheidungsprozess im politischen Prozess, u. a. durch Wahlen, Mitgliedschaft in → **Parteien,** → **Verbänden,** Bürgerinitiativen und Vereinen bzw. Wahrnehmung der in der Verfassung verankerten Artikulations- und Mitwirkungsrechte.
Petersberg-Aufgaben: Wurden 1992 bei einem Gipfel des Ministerrats der Westeuropäischen Union (WEU) auf dem Petersberg bei Bonn definiert und markierten seither deren operativen Aufgabenbereich. Die P. umfassen huma-

nitäre Aufgaben und Rettungseinsätze, friedenserhaltende Aufgaben sowie Kampfeinsätze bei der Krisenbewältigung einschließlich friedensschaffender Maßnahmen. Diese Aufgaben gingen 1999 auf die → **Europäische Sicherheits- und Verteidigungspolitik** der → **Europäischen Union** über, ebenso wie die meisten Komponenten der WEU. Im → **Vertag von Lissabon** wurden die P. erweitert, insbesondere um Aufgaben der Terrorismusbekämpfung.

Pluralisierung: Prozess der Entwicklung vielfältiger Formen, Strukturen, Lebensstile usw.

Pluralismus: Auffassung, dass es mehrere, in Voraussetzungen und Zielsetzungen verschiedenartige politische und gesellschaftliche Vorstellungen gibt, die in der Gesellschaft gleichzeitig legitim nebeneinander vorhanden sind, wobei allen das gleiche Recht auf Entfaltung ihrer Interessen zukommt.

Prekariat: In der Diskussion über wachsende → **Armut** in Deutschland häufig verwendeter Begriff. Das Wort verbindet die Bezeichnungen „prekär" (lat. „precarius" = schwierig, heikel, misslich) und „Proletariat". Unter der sog. Prekarisierung verstehen Soziologen bereits seit den 1980er Jahren die wachsende Zahl bis dahin untypischer Beschäftigungsverhältnisse und ihre wirtschaftlichen, sozialen und psychologischen Folgen. Die äußerst heterogene Gruppe der durch befristete Arbeitsverträge, Leih- und Zeitarbeit oder sinkenden Kündigungsschutz „ungeschützten Arbeitenden und Arbeitslosen" wird als eine neue soziale Schicht definiert. Zu dieser Schicht zählen u. a. Arbeitslose, gering Qualifizierte, chronisch Kranke oder allgemein Menschen mit schlechten Zukunftsaussichten in der Arbeitswelt.

Produktivität: Verhältnis zwischen dem Produktionsergebnis und den Mengen der eingesetzten Produktionsfaktoren.

Rassismus: Bezeichnet eine → **Ideologie**, die Menschen aufgrund körperlicher oder kultureller Eigenarten oder aufgrund ihrer → **ethnischen**, → **nationalen** oder religiösen Zugehörigkeit in angeblich naturgegebene Gruppen – so genannte Rassen – einteilt und diese → **hierarchisiert**. Rassisten glauben dabei an die Überlegenheit der eigenen „Rasse" bzw. Gruppe und betrachten andere kulturelle oder gesellschaftliche Gruppen als minderwertig.

Rationalisierung: In der Wirtschaft der Sammelbegriff für alle technischen und organisatorischen Maßnahmen in Produktion und Verwaltung mit dem Ziel, Kosten zu sparen.

Realsozialismus: Als R. oder real existierender Sozialismus wird ein politisches und ökonomisches System bezeichnet, das in der Sowjetunion (UdSSR) und vielen mit ihr eng verbundenen Staaten des ehemaligen Ostblocks existierte. Neben der Berufung der politischen Führung auf die Lehren von Marx und Engels galten staatlicher Zentralismus und Planwirtschaft als Kennzeichen dieser Länder. Bürgerliche Freiheitsrechte existierten nicht.

Regime: Im Allgemeinen eine abwertende Bezeichnung für eine Herrschaftsform, die nicht demokratisch legitimiert ist und in der ein Einzelner oder eine Gruppe von Menschen → **Macht** über alle anderen ausüben. Im strengen politikwissenschaftlichen Sinne bezeichnet der Begriff jedes Regierungs- oder Herrschaftssystem auf nationaler und internationaler Ebene.

Rezession: Abschwung der → **Konjunktur.**

Rote-Armee-Fraktion (RAF): (Selbst-)Bezeichnung einer 1969 entstandenen linksextremen Vereinigung. Die Mitglieder der R. versuchten, über gezielte terroristische Anschläge (gegen Einrichtungen der US-Armee und gegen Repräsentanten aus Politik und Wirtschaft) die politische und soziale Grundordnung der Bundesrepublik Deutschland gewaltsam zu verändern. Die R. ist aus der sog. Baader-Meinhof-Gruppe hervorgegangen, die wiederum ihre Wurzeln in den sozialrevolutionärutopischen Teilen der Studentenbewegung hatte. Nach Abspaltungen erklärte die R. 1992, auf die Anwendung von Gewalt zu verzichten. Nach Einschätzung des Generalbundesanwaltes ist sie seit 1995 nicht mehr aktionsfähig.

Scharia: Das islamische Recht. Es basiert hauptsächlich auf dem Koran und der „Sunna", einer umfassenden Sammlung überlieferter Äußerungen und Handlungen des Propheten Mohammed (570 – 632) unterschiedlicher Herkunft. Ferner umfasst die S. sämtliche Vorschriften und Empfehlungen für das private und öffentliche Leben, von den religiösen Pflichten über das Familien- und Handelsrecht bis hin zur Kriegsführung.

Schengener Abkommen: Abkommen von 1985, in dem (mittlerweile die meisten) EU-Staaten den Abbau der Grenzkontrollen und u. a. eine verstärkte grenzüberschreitende Zusammenarbeit der Polizeibehörden vereinbart haben.

Schwellenländer: Länder, die aufgrund ihrer fortgeschrittenen Wirtschaftskraft, ihrem (mittleren) Volkseinkommen und ihrer infrastrukturellen Entwicklung aus dem Status von → **Entwicklungsländern** herausgewachsen sind und damit von der wirtschaftlichen Entwicklung her an der Schwelle zu den Industrieländern stehen. Vor allem die NIC-Länder oder NIE-Länder („newly industrialized countries" bzw. „economies") gehören hierzu.

Sektor: In den Wirtschaftswissenschaften wird die Wirtschaft in den Primären, den Sekundären und den Tertiären S. eingeteilt: Die Wirtschaft des Primären S. produziert Rohstoffe (z. B. Landwirtschaft und Forstwirtschaft). Der Sekundäre S. umfasst das produzierende Gewerbe, in dem die Rohstoffe verarbeitet werden (z. B. Industrie und Handwerk). Im Tertiären S. werden → **Dienstleistungen** erbracht (z. B. Polizei, Krankenhäuser, öffentlicher Nahverkehr, Banken).

Solidaritätsprinzip: In der gesetzlichen Sozialversicherung der Grundsatz, dass alle zu versichernden Risiken solidarisch von allen Versicherten (durch nach Einkommen gestaffelte Beiträge) zu tragen sind, die Leistungen jedoch unabhängig von der Beitragshöhe gewährt werden.

Souveränität: Der Begriff Souveränität ist ein Produkt des modernen → **Staates** und seiner Theorie und bezeichnet die höchste, nicht abgeleitete, umfassende und nach innen wie nach außen unbeschränkte Hoheitsgewalt, im Staatsinneren als staatliches Gewalt- und Rechtsetzungsmonopol, nach außen als „Völkerrechtsunmittelbarkeit", d. h. also Hoheit über ein bestimmtes Staatsgebiet (Prinzip der Selbstregierung) und rechtliche Unabhängigkeit nach außen.

Soziale Marktwirtschaft: Von Alfred Müller Armack, Walter Eucken und Ludwig Erhard konzipiertes wirtschaftspolitisches Leitbild, das ab 1948 in der Bundesrepublik Deutschland verwirklicht worden ist. Es greift die Forderung des Ordoliberalismus nach staatlicher Gewährleistung einer funktionsfähigen Wettbewerbsordnung auf, ergänzt jedoch den Katalog wirtschaftspolitischer Staatsaufgaben unter Betonung sozialpolitischer Ziele mit dem Zweck der Integration aller Bürger.

Sozialismus: Neben dem → **Liberalismus** und dem → **Konservatismus** die dritte große im 19. Jahrhundert entstandene politische → **Ideologie**. Sie bezieht sich auf die Grundwerte Gleichheit, Gerechtigkeit und → **Solidarität** und kritisiert die bestehenden gesellschaftlichen Verhältnisse mit dem Ziel ihrer Weiterentwicklung hin zu einer sozial gerechten Wirtschafts- und Gesellschaftsordnung.

Sozialleistungen: Soziale Leistungen des Staates, z. B. Kranken-, Pflege-, Unfall-, Renten- und Arbeitslosenversicherung, Kriegsopferversorgung, Jugendhilfe, Kindergeld, Erziehungsgeld.

Sozialpolitik: Gesamtheit der staatlichen und privaten Maßnahmen zur Sicherung eines Minimums an sozialer Sicherheit. Neben einem menschenwürdigen Leben für alle

Mitglieder der → **Gesellschaft** zielt die S. u. a. auf gleiche Startchancen für alle. Mit dem Sozialstaatsgebot des Grundgesetzes (Art. 20 und 28 GG) ist die S. in der Bundesrepublik zu einem Verfassungsprinzip erhoben.
Sozialprestige: Ansehen (Wertschätzung, Geltung), das bestimmte Personen oder Gruppen aufgrund ihrer Leistung, ihres Rangs bzw. ihrer sozialen Position, ihrer Kompetenz u. a. bei anderen Personen und Gruppen bzw. in der Öffentlichkeit genießen und das i. d. R. meinungsbildenden und verhaltensbestimmenden Einfluss zur Folge hat.
Sozialprodukt: Verkürzende Bezeichnung für die wirtschaftliche Leistung einer Volkswirtschaft. Im Bruttosozialprodukt ist die gesamte Wertschöpfung einer Volkswirtschaft in einer Periode zusammengefasst, einschließlich der Investitionen. Wird diese Größe um die Abschreibungen vermindert, so spricht man vom Nettosozialprodukt. Wird der gesamte von Inländern erwirtschaftete Produktionswert berechnet, so spricht man vom Inlandsprodukt. Das Nettoinlandsprodukt entspricht dabei dem Volkseinkommen.
Sozialstaat: Eines der vier Grundprinzipien des politischen Systems der Bundesrepublik Deutschland – neben Demokratie, Rechtsstaat und Bundesstaat. Das Prinzip bedeutet, dass der Staat seine Bürger gegen soziale Risiken abzusichern und soziale Ungleichheit abzumildern hilft.
Sozialversicherungen, staatliche: Wurden in Deutschland von Otto von Bismarck (1815 – 1898) in den 1880er Jahren eingeführt. Durch die → **Sozialleistungen** sollten die auf die Arbeiterschaft zugeschnittenen Versicherungen diese sozial absichern. Die Pflichtbeiträge für die S. sollten den Arbeitern die weitere Unterstützung gewerkschaftlicher oder kirchlicher Versicherungen unmöglich machen, um die als revolutionär wahrgenommenen Arbeiter an die Gesellschaft des kaiserlichen Deutschlands zu binden. In diesem ersten Schritt der S. etablierten sich: 1883 die Krankenversicherung, 1884 die Unfallversicherung sowie 1889 die Rentenversicherung (ursprünglich Invaliditäts- und Altersversicherung). 1927 kam die Arbeitslosenversicherung hinzu, 1995 die Pflegeversicherung.
Soziologie: Die Wissenschaft von der menschlichen Gesellschaft. Sie untersucht verschiedene Formen von Gesellschaften und ihren Untergruppen (z. B. Familien oder Vereine) sowie deren Wandlungen im Zeitablauf. Dabei erklärt die S. das Zusammenspiel von Verhaltensweisen, Strukturen und Funktionen in diesen Gruppen.
Spätaussiedler: Die Bezeichnung für ab 1980 nach Deutschland eingereiste Migranten aus Osteuropa, Südosteuropa und Asien, die deutschstämmige Vorfahren hatten und darum in ihren Ursprungsländern verfolgt wurden und werden.
Staat: Erstmals seit der Renaissance für den obersten Herrschaftsverband verwendeter Begriff, der seit dem 19. Jahrhundert zunehmend Eingang in den Sprachgebrauch fand. Der Begriff umfasst das Staatsvolk, das Staatsgebiet und die Staatsgewalt. Als rechtlich verfasste Gemeinschaft ist der S. mit dem Gewaltmonopol ausgestattet, um Rechtsfrieden und Sicherheit zu gewährleisten.
Stalinismus: Bezeichnet einerseits die von Josef Stalin (1878 – 1953) entwickelte Deutung des Marxismus-Leninismus, andererseits das diktatorische Herrschaftssystem Stalins und seiner Kommunistischen Partei in der Sowjetunion. In der → **totalitären** Diktatur fand ein bizarrer Personenkult um Stalin statt. Gegen reale oder vermeintliche Gegner wurde mit brutaler Repression und Staatsterror vorgegangen. So wurden während der „Großen Säuberung" von 1936 bis 1938 in der UdSSR die Führungsspitzen aus Partei, Wirtschaft und Armee, aber auch zahllose „einfache" Menschen, verfolgt und umgebracht.
Strukturpolitik: Gesamtheit der staatlichen Maßnahmen zur Gestaltung der branchenorientierten und regionalen Zusammensetzung der Wirtschaft und deren Entwicklung.
Strukturwandel: Mit jedem wirtschaftlichen Wachstumsprozess einhergehende Änderung in der Zusammensetzung der Produktionsgegebenheiten, der Aufteilung der Geschäftigten usw. Folgenreiche Änderung der Zusammensetzung des Wirtschaftslebens (in einer Region). Der Niedergang des Bergbaus und der Stahlindustrie im Ruhrgebiet brachte zum Beispiel vielfältige wirtschaftliche, politische und soziale Veränderungen mit sich. Die Politik versucht, den Strukturwandel günstig zu beeinflussen, indem sie u. a. die Ansiedlung neuer Betriebe an Stelle wegfallender Arbeitsplätze fördert.
Subsidiaritätsprinzip: Aus der katholischen Soziallehre stammendes gesellschaftliches Gestaltungsprinzip, das die Selbstbestimmung und Selbstverantwortung des Individuums bzw. der jeweils kleineren sozialen Gruppen im Verhältnis zum → **Staat** sowie den Vorrang von Regelungen auf jeweils unterer Ebene gegenüber Regelungen „von oben" betont.
supranational (lat.: übernational, überstaatlich): Mit dem Adjektiv werden Organisationen, Zusammenschlüsse oder Vereinbarungen versehen, die durch völkerrechtliche Verträge begründet und deren Entscheidungen und Regelungen für die einzelnen Mitglieder (→ **Staaten,** Nationen) übergeordnet und verbindlich sind. So steht etwa das Recht der EU als s. Recht über dem der einzelnen Mitgliedstaaten; bestimmte Entscheidungen s. Institutionen der → **EU** sind für alle EU-Staaten und die gesamte EU-Bevölkerung bindend. Im Gegensatz dazu haben z. B. Entscheidungen internationaler Organisationen nur dann bindende Wirkung, wenn sie von den Mitgliedern ausdrücklich anerkannt werden.
Taliban (dt.: Koranschüler): Islamistische Gruppierung beiderseits der afghanisch-pakistanischen Grenze. Die Bewegung ist einem radikalen sunnitischen Islam verpflichtet, den sie mit aller Gewalt durchzusetzen bereit ist. T.-Milizen beteiligten sich seit 1994 mit Unterstützung Pakistans und Saudi-Arabiens (z. T. auch der USA) am afghanischen Bürgerkrieg und beherrschten bald den größten Teil des Landes. 1996 wurde Kabul eingenommen. Die T. setzten eine → **fundamentalistische** islamische Ordnung durch, in der besonders Frauen unter strenger Kontrolle standen. Führer der T. wurde Mullah Mohammed Omar. Die Zusammenarbeit der T. mit dem islamischen → **Extremisten** Osama Bin Laden führte nach den Anschlägen auf das World Trade Center und das Pentagon 2001 zum militärischen Eingreifen der USA in Afghanistan; Ende der Herrschaft der T. 2001. Auch durch die Unterstützung der paschtunischen Landbevölkerung konnten die T. in der Folgezeit an Schlagkraft zurückgewinnen und seit 2003 wieder militärische und terroristische Aktionen durchführen. Sie gefährden damit den staatlichen Neuaufbau Afghanistans.
Theokratie: Eine religiös begründete Diktatur, die nicht auf → **pluralistischen**, sondern auf → **fundamentalistischen** Vorstellungen basiert. In einem derartigen „Gottesstaat" sind es die religiösen Vorsteher, etwa Priester oder Imame, die die Politik bestimmen oder die → **Verfassung** auslegen.
Totalitarismus: Eine Diktatur, die die sozialen Verhältnisse in ihrem Sinne – in ihrer → **Ideologie** – zu verändern versucht. Dabei hat sie den Anspruch, einen „neuen Menschen" zu erschaffen. Der einzelne Mensch wird nicht als eigenständig angesehen und muss sich einem Kollektiv unterordnen. Personen, die sich in Gegnerschaft zur Ideologie der totalitären Diktatur befinden, werden von den Machthabern unterdrückt bis hin zur Vernichtung. Als totalitär werden vor allem der Nationalsozialismus und der Stalinismus angesehen.
Umweltpolitik: Gesamtheit der Maßnahmen, die darauf zielen, die natürliche Umwelt als Lebensgrundlage der Menschen auch für die nachfolgenden Generationen zu erhalten.
Ungleichheit, soziale: Unterschiede in den Lebenschancen, die nicht nur durch Kriterien wie Berufs- und Bildungsstatus beeinflusst werden, sondern auch durch Kriterien wie Geschlecht, Nationalität, Alter, Generation oder Region.

UN-Blauhelme: Bezeichnung für Angehörige der Friedenstruppen der → **Vereinten Nationen.** Ihre friedenserhaltenden Maßnahmen (peacekeeping operations) sind teilweise sehr erfolgreich verlaufen, jedoch nicht immer. Für die Entsendung von B. ist die Zustimmung des UN-Sicherheitsrates und aller am Konflikt beteiligten Parteien notwendig. Von den beteiligten Truppenverbänden wird strikte Neutralität erwartet. Sie dürfen, außer zur Selbstverteidigung, keine Gewalt anwenden. 1988 wurde den UNO-Friedenstruppen der Friedensnobelpreis verliehen.
Utopie: Eine denkbare – nur in manchen Fällen erstrebenswerte – Wunschvorstellung, die aber (noch) nicht oder nicht mehr verwirklicht werden kann. Oft synonym gebraucht für als unausführbar betrachtete Pläne und Konzepte oder aber als Vision für eine zukünftige Gesellschaftsordnung.
Vereinte Nationen (engl.: United Nations, UN oder United Nations Organization, UNO): Die UN wurde 1945 in San Francisco gegründet, ihr Hauptsitz ist New York (daneben: Genf und Wien), 2009 waren 192 Staaten Mitglied der UN. Laut der UN-Charta bestehen ihre Hauptaufgaben in der Sicherung des Friedens und in der Beseitigung von Friedensbedrohungen, der Verständigung der Völker untereinander, der internationalen Zusammenarbeit zur Lösung wirtschaftlicher, kultureller, sozialer und humanitärer Probleme u. a. m. – dies alles auf der Grundlage der Gleichberechtigung der Staaten und der Selbstbestimmung der Völker (Art. 1).
Die wichtigsten Organe der UN sind:
1. die jährlich stattfindende Vollversammlung (jeder Mitgliedsstaat hat eine Stimme) und deren Ausschüsse;
2. der Sicherheitsrat der UN mit fünf ständigen Mitgliedern (China, F, GB, Russland, USA, die über ein Vetorecht verfügen, Deutschland bemüht sich um Aufnahme) und zehn jeweils für zwei Jahre gewählten Mitgliedern;
3. das Generalsekretariat mit einem Generalsekretär an der Spitze (auf fünf Jahre von der Vollversammlung gewählt);
4. der Wirtschafts- und Sozialrat mit 54 Mitgliedern (jährlich werden 18 Mitglieder für drei Jahre gewählt) und den fünf regionalen Kommissionen;
5. der → **Internationale Gerichtshof** (15 Richter, die von der Vollversammlung und dem Sicherheitsrat für neun Jahre gewählt werden).

In jüngster Zeit wurden verstärkt Forderungen laut, durch eine Reform der UNO den ärmeren → **Staaten** größere Einflussmöglichkeiten zu geben.
Verfassung: Legt die politische Grundordnung eines Staates fest und bestimmt Umfang und Grenzen der Staatsgewalt.
Verhalten, generatives: Einstellung einer Bevölkerung bzgl. der Fortpflanzung; wird von zahlreichen ökonomischen, sozialen und kulturellen Faktoren bestimmt, u. a. durch die Familienverfassung, das Erbrecht, Heiratsalter, die Fruchtbarkeit und Sterblichkeit einer Bevölkerung.
Versicherungsprinzip: Die gegenseitige Deckung eines im Einzelnen zufälligen, im Ganzen aber schätzbaren Geldbedarfs durch eine Vielzahl gleichartig bedrohter Wirtschaftseinheiten.
Vertrag von Lissabon: Völkerrechtlicher Vertrag zwischen den 27 Mitgliedstaaten der → **Europäischen Union,** der am 13. Dezember 2007 unter portugiesischer Ratspräsidentschaft in Lissabon unterzeichnet wurde und am 1. Dezember 2009 in Kraft trat. Der V. übernimmt wesentliche Inhalte der abgelehnten Europäischen Verfassung und gilt als wichtigster Reformschritt seit dem Vertrag von Nizza (2001).
Vertrauensfrage: Nach Art. 68 Abs. 1 GG kann der Bundestag dem Bundeskanzler (und damit der Bundesregierung) sein Vertrauen aussprechen. Findet ein entsprechender Antrag im Bundestag nicht die Mehrheit, „so kann der Bundespräsident auf Vorschlag des Bundeskanzlers binnen einundzwanzig Tagen den Bundestag auflösen."
Wandel, sozialer: Beschreibt die grundlegende Veränderung von Gesellschaften. Sozialer Wandel findet immer statt, hat aber auch Phasen der Verlangsamung und Beschleunigung. Oft verbunden mit der Entwicklung neuer Begriffe für die Gesellschaft, z. B. Dienstleistungsgesellschaft, Informationsgesellschaft, Erlebnisgesellschaft usw.
Warschauer Pakt: Im Westen gebräuchliche Kurzform für den am 14.5. 1955 gegründeten militärischen Beistandspakt des Ostblocks, dem die DDR am 28.1. 1956 offiziell als Mitglied beitrat und der sich im Zuge des Zusammenbruchs der UdSSR am 31.3. 1991 auflöste.
Weimarer Republik: Als Weimarer Republik wird das demokratische Deutsche Reich zwischen 1919 und 1933 bezeichnet, da die verfassungsgebende Nationalversammlung in Weimar tagte.
Weltbank: 1944 als eine Sonderorganisation der → **Vereinten Nationen** gegründet. Ihr Ziel ist es derzeit, meist durch Kreditvergabe → **Armut** in → **Entwicklungsländern** zu bekämpfen.
Werte: Werte sind allgemeine und grundlegende Orientierungsmaßstäbe bei Handlungsalternativen. Aus Werten leiten sich Normen und Rollen ab, die das Alltagshandeln bestimmen.
Wertewandel: Werte können sich grundsätzlich wandeln. Das gilt sowohl für institutionalisierte als auch für nicht institutionalisierte Werte. Vor allem letztere sind gemeint, wenn in den vergangenen Jahrzehnten von einem Wertewandel die Rede war. Der Wertewandel hat allerdings inzwischen auf die Institutionen übergegriffen. Zur Erklärung und Bewertung dieses Wandels gibt es sehr unterschiedliche Ansätze.
Wirtschaftswunder: Der wirtschaftliche Aufschwung in der Bundesrepublik Deutschland nach den schweren Zerstörungen des Zweiten Weltkriegs. Der Aufschwung währte von 1949 ununterbrochen bis 1966. Als Grundlage gelten die Währungsreform von 1948, ein großes Reservoir an gut ausgebildeten Arbeitskräften (später auch die sog. → **Gastarbeiter**) sowie niedrige Löhne und Lohnnebenkosten.
World Trade Organization (WTO): 1995 gegründet; Sitz: Genf; Sonderorganisation der → **Vereinten Nationen** mit derzeit 153 Mitgliedern (Stand: 2010); neben dem → **Internationalen Währungsfonds** und der → **Weltbank** die wichtigste Institution zur Behandlung internationaler Wirtschaftsprobleme; zu den wichtigsten Aufgaben der W. zählen die Liberalisierung des Welthandels, die Senkung von Zöllen und die Überwachung internationaler Handels- und Dienstleistungsregelungen.

PERSONENVERZEICHNIS

Abbé de Saint-Pierre, Charles Irénée Castel (1658 – 1743); war ein französischer Geistlicher, Gelehrter und Schriftsteller; verkündete die Fähigkeit des Menschen, sich zu vervollkommnen und durch die Ausschaltung von Vorurteilen und Unwissenheit wunschlos glücklich zu werden. Der A. schlug als einer der ersten vor, Kriege durch einen europäischen Staatenbund zu verhindern.

Adenauer, Konrad (1876 – 1967); war von 1949 bis 1963 der erste Bundeskanzler der Bundesrepublik Deutschland. Sein politischer Aufstieg begann 1917 als Oberbürgermeister der Stadt Köln. Dieses Amt hielt er bis 1933 und für einen kurzen Zeitraum 1945 inne. Bundesweite Bekanntheit erlangte er als Vorsitzender des Parlamentarischen Rates 1948/ 1949. Seine Politik als Bundeskanzler bestimmten außenpolitisch der Kalte Krieg und die Rehabilitierung Deutschlands nach dem Zweiten Weltkrieg. Innenpolitisch stand der Wiederaufbau auf der Tagesordnung, der im Wirtschaftswunder mündete. Gesellschaftlich prägte der Christdemokrat A. die konservativen Ansichten der 1950er- und 60er-Jahre mit. Das langfristige historische Vermächtnis A.s besteht in der Aussöhnung mit Frankreich, die 1963 im Deutsch-Französischen Freundschaftsvertrag (Elysée-Vertrag) formal bekräftigt wurde. Von großer Bedeutung war hierbei sein gutes persönliches Verhältnis zum Präsidenten der Französischen Republik, → **Charles de Gaulle.**

Ahmadinedschad, Mahmud (geb. 1956); ist ein fundamentalistisch-islamischer Politiker; seit 2005 ist er der sechste Präsident der Islamischen Republik Iran. Unter seiner Regierung hat sich das theokratisch geprägte Land außenpolitisch zunehmend isoliert, insbesondere im Streit mit den USA um das iranische Atomprogramm. Innenpolitisch geriet A. wegen seiner repressiven und antifreiheitlichen Politik in Verruf.

Alexander der Große (356 – 323 v. Chr.); eroberte als makedonischer König das persische Großreich von der heutigen Türkei über den Nahen und Mittleren Osten, Ägypten und Afghanistan bis nach Indien hinein.

Bagehot, Walter (1826 – 1877); war ein britischer Ökonom, Verfassungstheoretiker sowie seit 1843 Herausgeber der noch heute erscheinenden Wochenzeitung „The Economist". B. beschäftige sich vor allem mit wirtschaftswissenschaftlichen Fragen, aber auch mit sozialwissenschaftlichen Themen. Wegweisend waren seine Beschreibungen der Verfassungstheorie des Vereinigten Königreichs im 19. Jahrhundert. Die grundlegende Unterscheidung der vergleichenden Regierungslehre zwischen Präsidentialismus und Parlamentarismus geht auf seine Abhandlung „The English Constitution" (1867) zurück.

Barroso, José Manuel Durão (geb. 1956); Jurist und portugiesischer Politiker. Er war von 2002 bis 2004 Ministerpräsident Portugals, ist Mitglied der Europäischen Volkspartei (EVP) und seit November 2004 Präsident der Europäischen Kommission.

Bin Laden, Osama (geb. vermutl. 1957); der Islamist entstammt einer sehr reichen Familie aus Saudi-Arabien. Ursprünglich eher weltoffen, radikalisierte er sich Ende der 1970er-Jahre. So kämpfte er zunächst mit US-amerikanischer Unterstützung im Widerstand der afghanischen Mujaheddin gegen die sowjetische Besatzung. Unter dem Eindruck des Abzugs der sowjetischen Truppen aus Afghanistan begründete B. die Organisation Al Qaida und begann, mit terroristischen Mitteln die westliche Welt, vor allem die USA, zu bekämpfen. Höhepunkt waren die Terroranschläge vom 11. September 2001. Seither ist B. untergetaucht. Auf Hinweise zu seinem Verbleib hat der US-Senat 2007 ein Kopfgeld i. H. v. 50 Mio. Dollar ausgesetzt.

von Bismarck, Otto (1815 – 1898); war von 1862 bis 1890 preußischer Ministerpräsident und von 1871 bis 1890 zudem erster Reichskanzler des von ihm geschaffenen Deutschen Kaiserreichs. In drei Kriegen (1864 gegen Dänemark; 1866 gegen Österreich und 1870/ 71 gegen Frankreich) setzte er die Einigung Deutschlands zum Deutschen Kaiserreich unter preußischer Führung durch. Innenpolitisch monarchistisch gesinnt, setzte er sich im preußischen Verfassungskonflikt (1862 – 1864) durch, musste jedoch im Kulturkampf (gegen die Katholiken) und mit dem Sozialistengesetz (gegen die Sozialdemokraten) Niederlagen hinnehmen. Unter seiner Regierung wurden in den 1880er Jahren die staatlichen Sozialversicherungsgesetze eingeführt. Wegen Meinungsverschiedenheiten mit Kaiser Wilhelm II. (1859 – 1941) wurde B. 1890 entlassen. Außenpolitisch errichtete er ab 1871 ein komplexes Bündnissystem und versuchte, den „Erzfeind" Frankreich zu isolieren. Damit konnte er für den Zeitraum seiner Kanzlerschaft die friedlichen Beziehungen der europäischen Staaten in Europa sichern.

Blair, Tony (geb. 1953); ist ein britischer Politiker. Von 1997 bis 2007 war er Premierminister des Vereinigten Königreichs. Er gilt als einer der maßgeblichen Erneuerer der europäischen Sozialdemokratie („New Labour").

Bobbio, Norberto (1909 – 2004); war ein italienischer Rechtsphilosoph und Publizist. Er forschte und veröffentlichte zahlreiche Arbeiten und Bücher zur Theorie von Demokratie, Menschenrechten sowie Politik und Recht. 1984 wurde B. zum Senator der italienischen Republik auf Lebenszeit ernannt.

Bolte, Karl Martin (geb. 1925); ist ein deutscher Soziologe. Er entwickelte in den 1960er Jahren die sog. „Bolte-Zwiebel", ein Modell zur Darstellung der sozialen Schichten in der Gesellschaft der Bundesrepublik Deutschland. B. untersuchte die Gesellschaft unter den Kriterien „Bildung", „Höhe des Einkommens" und „ähnliche Berufe".

Boutros-Ghali, Boutros (geb. 1922); ein ägyptischer Diplomat. Der Jurist und Politikwissenschaftler gilt als einer der Architekten des Camp-David-Abkommens von 1979, das den andauernden Konflikt zwischen Ägypten und Israel beendete. Von 1992 bis 1996 war B. Generalsekretär der Vereinten Nationen. Auf ihn geht die bekannte „Agenda für den Frieden" zurück.

Brüning, Heinrich (1885 – 1970); war ein deutscher Politiker der Zentrumspartei und in der Weimarer Republik von 1930 bis 1932 der erste Reichskanzler, der beinahe ausschließlich mit Notverordnungen regierte.

Bush, George Walker (geb. 1946); war von 2001 bis 2009 der 43. Präsident der USA. Nach Geschäftstätigkeit in der Ölindustrie war der Republikaner B. zuvor seit 1994 Gouverneur von Texas. In seine Präsidentschaft fallen die Terroranschläge des 11. September 2001 und der darauf folgende „Krieg gegen den Terror" in Afghanistan sowie der Krieg gegen den Irak Saddam Husseins, bei dem zahlreiche europäische Staats- und Regierungschefs, vor allem Jacques Chirac und → **Gerhard Schröder,** den USA die Gefolgschaft verweigerten. Symbolisch für den v. a. von Tony Blair unterstützten Anti-Terror-Feldzug der US-Regierung standen das Gefangenenlager Guantánamo auf Kuba und das Militärgefängnis Abu Ghraib im Irak. Im Zuge der weltweiten Terrorbekämpfung kam es auch in den USA zur Einschränkung bürgerlicher Freiheitsrechte. Am Ende der Ära B. war die soziale Ungleichheit im Lande drastisch gestiegen, die Rassenproblematik hatte sich verschärft, und das Ansehen der USA in der Welt war gesunken. Großen Einfluss auf den Ausgang der Präsidentschaftswahlen 2008 und den Sieg → **Barack Obamas** hatte zudem die wirtschaftliche Rezession im Zuge der amerikanischen Immobilien- und Bankenkrise ab 2007.
Castro, Fidel (geb. 1926); kubanischer Revolutionär und Politiker. War von 1959 bis 2008 Regierungschef und von 1976 bis 2008 in Personalunion Staatspräsident von Kuba. Während dieser Zeit lehnte er sich an die Sowjetunion an und organisierte Wirtschaft und Gesellschaft nach den kommunistischen Vorstellungen. Zeitgleich entwickelte sich ein an ihm ausgerichteter Personenkult. C. weigerte sich auch nach dem Zusammenbruch der kommunistischen Herrschaft in Osteuropa, einen Systemwandel zu vollziehen. Dadurch wurde Kuba außenpolitisch isoliert. 2006 musste er seine Ämter krankheitsbedingt auf seinen Bruder Raúl übertragen.
Ceaucescu, Nicolae (1918 – 1989); war von 1967 bis 1989 politischer Führer Rumäniens. In dieser Zeit etablierte er eine brutale Diktatur nach stalinistischem Vorbild. Er betrieb einen bizarren Personenkult um sich und seine Familie. Während große Teile der rumänischen Bevölkerung verelendeten, wirtschaftete C. das Land in den Staatsbankrott. Als es im Umbruchjahr 1989 zu einer Volkserhebung kam, schloss sich das Militär der Bevölkerung an. Trotz des Widerstands der Geheimpolizei „Securitate" wurde C. gestürzt und zusammen mit seiner Frau Elena hingerichtet.
Chamenei, Seyyed Ali (geb. 1939); war von 1981 bis 1989 Staatspräsident des Iran und ist seitdem als Oberster Rechtsgelehrter der politische und religiöse Führer (Ayatollah) im Land. C. gilt als konservativ, der iranischen Revolution von 1979 verpflichtet; in seiner Amtszeit hat es bislang nur wenige Reformen zur Demokratisierung gegeben.
Chatami, Said Mohammed (geb. 1943); war von 1997 bis 2005 Staatspräsident des Iran. Er galt als erster Reformer in diesem Amt, da er seine Wahlkampagne auf Rechtsstaatlichkeit, Demokratie und Gleichberechtigung aufgebaut hatte. Diese Grundsätze führten zu schweren Konflikten mit den islamistischen Kräften innerhalb der iranischen Staatsführung. Einen starken Rückhalt hatte C. in den jungen und weiblichen Bevölkerungsschichten.
Chirac, Jacques (geb. 1932); ist ein konservativer französischer Politiker. Von 1974 bis 1976 und von 1986 bis 1988 war er Premierminister, von 1977 bis 1995 Bürgermeister von Paris und von 1995 bis 2007 französischer Staatspräsident.
Comenius, Johann Amos (1592 – 1670); war ein Philosoph, Theologe und Pädagoge aus Südostmähren (im heutigen Tschechien). Im Mittelpunkt seiner Lehre steht eine christlich-humanistische Lebensgestaltung.
Coudenhove-Kalergi, Richard Nikolaus Graf von (1894 – 1972); politischer Schriftsteller, Gründer und Generalsekretär der Paneuropabewegung. C. verfasste viele Schriften zur europäischen Einigung, darunter „Weltmacht Europa" (1971). Er war Träger des Karlspreises.
Churchill, Winston (1874 – 1965); gilt als bedeutendster britischer Staatsmann des 20. Jahrhunderts. Er zog 1901 als Konservativer (Tory) in das britische Unterhaus ein. C. war zweimal Premierminister (1940 – 45; 1951 – 55) und führte Großbritannien durch den Zweiten Weltkrieg. Zuvor hatte er bereits mehrere Regierungsämter bekleidet, u. a. das des Ersten Lords der Admiralität, des Innen- und des Finanzministers. Darüber hinaus trat C. als Autor politischer und historischer Werke hervor und erhielt 1953 den Nobelpreis für Literatur.
Dahrendorf, Ralf (1929 – 2009); einer der bekanntesten deutschen Soziologen und Publizisten. Zunächst Mitglied der SPD, wechselte D. 1967 zur FDP und wurde einer deren programmatischen Vordenker. Von 1987 bis 1997 war er als Rektor des St. Anthony's College in Oxford tätig und anschließend Prorektor der Universität Oxford. Die englische Königin erhob ihn – zwischenzeitlich englischer Staatsbürger – in den Adelsstand. Im Zentrum seiner Arbeit stand die Konfliktsoziologie.
Engels, Friedrich (1820 – 1895); war ein deutscher Politiker, Unternehmer, Philosoph und Historiker. Zusammen mit → **Karl Marx** entwickelte er ab der Mitte der 1840er-Jahre die als Marxismus bezeichnete Gesellschaftstheorie. 1848 veröffentlichten Marx und Engels im Zuge der Revolution in Deutschland das bedeutende „Kommunistische Manifest". Nach Marx' Tod gab Engels den zweiten und den dritten Band von „Das Kapital. Kritik der politischen Ökonomie" heraus und übernahm auch die Bearbeitung und Herausgabe weiterer Werke seines Freundes.
Erasmus von Rotterdam (eigentl. Geert Geerts; 1465 – 1536); niederländischer Humanist und bedeutender Universalgelehrter. Er war Theologe, Philosoph, Philologe und Autor zahlreicher Bücher. Studium in Paris, Reisen nach England, Italien, Deutschland und der Schweiz, vielfältige Kontakte zu den führenden Vertretern des Geisteslebens seiner Zeit, u. a. zu Thomas Morus (1477 – 1535). E. vertritt das Konzept eines Humanismus, der die christlichen Ideale mit der Weisheit antiker Autoren und der menschlichen Vernunft zu vereinen sucht. Mit seiner Forderung, nicht das Trennende, sondern die Gemeinsamkeiten zwischen den Menschen zu erkunden und Gegensätzlichkeiten hinzunehmen, wird er zum Wegbereiter des Toleranzgedankens. Seine Lehren zählen zu den Vorläufern der Aufklärung.
Fourastié, Jean (1907 – 1990); war ein französischer Ökonom und Entwickler der Drei-Sektoren-Theorie (Primärer Sektor: Rohstoffgewinnung; Sekundärer Sektor: Rohstoffverarbeitung; Tertiärer Sektor: Dienstleistungen) für die volkswirtschaftliche Entwicklung eines Staates.
Fraenkel, Ernst (1898 – 1975); der deutsche Jurist und Politologe prägte nach dem Zweiten Weltkrieg maßgeblich die deutsche Politikwissenschaft als Demokratiewissenschaft. F. war während des Nationalsozialismus wegen seines

jüdischen Glaubens in die USA emigriert und hatte dort das pluralistische und gewaltenteilige politische System kennengelernt. Er gilt als Vater der Pluralismustheorie.
Freisler, Roland (1893 – 1945); war von August 1942 bis zu seinem Tod Präsident des „Volksgerichtshofs", des höchsten Gerichts des NS-Staates für politische Strafsachen. Er war als Richter persönlich verantwortlich für tausende von Todesurteilen. Seine „Verhandlungen" – die Urteile standen meist schon vor Prozessbeginn fest – glichen eher Tribunalen, die den Angeklagten ihre letzte Würde nehmen sollten. Prägnant war dabei vor allem sein aggressives und jähzorniges Auftreten. F. starb während eines US-amerikanischen Bombenangriffs auf Berlin.
Gabriel, Sigmar (geb. 1959); ist ein deutscher Politiker und seit 2009 SPD-Parteivorsitzender; er war von 2005 bis 2009 Bundesminister für Umwelt, Naturschutz und Reaktorsicherheit und von 1999 bis 2003 Ministerpräsident des Landes Niedersachsen. G. befürwortet u. a. den Ausstieg aus der Kernenergie.
Galtung, Johan (geb. 1930); der norwegische Friedens- und Konfliktforscher gilt als Pionier seiner Zunft. 1950 gründete er in Oslo das erste internationale Institut für Friedensforschung. G. beriet immer wieder die Vereinten Nationen und machte Vorschläge für gewaltfreie Konfliktlösungen. Sein großes Vorbild ist → **Mahatma Ghandi.** 1987 erhielt G. den Alternativen Friedensnobelpreis.
de Gaulle, Charles (1890 – 1970); war ein französischer General und Politiker. Nach der Niederlage Frankreichs im Zweiten Weltkrieg 1940 bildete er eine Exilregierung in London und nach der Befreiung des Landes den politischen Neuanfang. Mit Beginn der Algerienkrise 1958 gelangte d. G. in Regierungsverantwortung und setzte eine Verfassungsreform durch, mit der die Fünfte Französische Republik begründet wurde. Deren Präsident war er von 1959 bis 1969. Gemeinsam mit → **Konrad Adenauer** betrieb er die deutsch-französische Freundschaft. Unter seiner Präsidentschaft zog sich Frankreich 1966 aus der integrierten militärischen Kommandostruktur der NATO zurück, blieb aber weiterhin Mitglied der atlantischen Allianz. D. G. gilt als Nationalheld. Die auf ihn zurückgehende politische Ideologie des Gaullismus ist bis heute einflussreich in der französischen Politik.
Gandhi, Mahatma (eigentl. Mohandas Karamchand, genannt Mahatma – „die große Seele"; 1869 – 1948); indischer Staatsmann, Freiheitskämpfer und der herausragende Führer der indischen Unabhängigkeitsbewegung. Die politische Bedeutung liegt in seinem Konzept der Gewaltlosigkeit durch zivilen Ungehorsam und passiven Widerstand, das 1947 das Ende der britischen Kolonialherrschaft über Indien herbeiführte. Am 30. Januar 1948 wurde der 78-jährige G. von einem nationalistischen Hindu in Neu-Delhi erschossen.
Geißler, Rainer (geb. 1939); ist ein deutscher Soziologe, der an der Universität Siegen lehrt. Seine Forschungsschwerpunkte liegen u. a. auf der „sozialen Ungleichheit" sowie den „Sozialstrukturen".
Giscard d'Estaing, Valéry (geb. 1926); ist ein französischer Politiker der bürgerlich-liberalen Strömung und war von 1974 bis 1981 Staatspräsident Frankreichs. In seiner Amtszeit wurden verschiedene Modernisierungen des politischen und gesellschaftlichen Lebens in Frankreich angestoßen, u. a. ein liberalisiertes Scheidungsrecht. Auf dem europäischen Gipfel von Laeken im Dezember 2001 wurde der in Koblenz geborene G. als Präsident des Europäischen Verfassungskonvents berufen.
Gorbatschow, Michail Sergejewitsch (geb. 1931); ist ein russischer Politiker und war von März 1985 bis August 1991 Generalsekretär des Zentralkomitees der Kommunistischen Partei und von März 1990 bis Dezember 1991 Präsident der Sowjetunion. Durch seine Politik der Glasnost („Offenheit") und der Perestroika („Umbau") versuchte G. den Umbau der UdSSR, woran er allerdings scheiterte. Er leitete jedoch das Ende des Kalten Krieges ein und ermöglichte damit die deutsche Wiedervereinigung, an der er zusammen mit → **Helmut Kohl** maßgeblich mitgewirkt hat. G. erhielt 1990 den Friedensnobelpreis.
Grotius, Hugo (eigentl. Huig de Groot; 1583 – 1645); war ein niederländischer Philosoph, Theologe und Rechtsgelehrter. Er gilt als Begründer des klassischen Naturrechts und Vater des modernen Völkerrechts. Sein 1625 erschienenes Hauptwerk „De Iure Belli ac Pacis" (Über das Recht des Krieges und des Friedens) stellt bis heute die Grundlage der Völkerrechtsordnung dar. Eingeflossen sind seine Überlegungen zuerst in den Westfälischen Frieden zu Münster und Osnabrück (1648), in dem die Souveränität und Gleichberechtigung der Staaten erstmals völkerrechtlich anerkannt wurden.
Heinemann, Gustav (1899 – 1976); war ein deutscher Politiker. Von 1949 bis 1950 war er Bundesminister des Innern. Wegen der Wiederbewaffnung der Bundesrepublik trat er 1950 von seinem Amt zurück, verließ 1952 die CDU und trat 1957 der SPD bei. Von 1966 bis 1969 war er Bundesminister der Justiz und von 1969 bis 1974 Bundespräsident. Als solcher verstand sich H. als „Bürgerpräsident".
Hekmatjar, Gulbuddin (geb. 1947); ist ein afghanischer Kriegsherr. Schon seit den späten 1970er-Jahren soll er für die konsequente Umsetzung eines restriktiven Islams in Afghanistan gekämpft haben. Während der sowjetischen Besatzung gehörte seine Widerstandsgruppe zu den von den USA und dem pakistanischen Geheimdienst am stärksten unterstützten Einheiten. Nach dem Abzug der Sowjets konnte er 1993 und 1996 das Amt des Premierministers übernehmen. Mit dem Einzug der Taliban in Kabul floh H. in den Iran. Nach dem Sturz der Taliban 2001 aber erklärte er, mit diesen und Al Qaida gegen die USA kämpfen zu wollen.
Herzog, Roman (geb. 1934); war von 1994 bis 1999 Bundespräsident. Zuvor hatte er zwischen 1978 und 1983 für die CDU verschiedene Ministerämter in Baden-Württemberg bekleidet; anschließend war er bis 1994 Richter am Bundesverfassungsgericht und ab 1987 dessen Präsident. H. leitete 1999 bis 2000 den ersten europäischen Konvent zur Erarbeitung einer Charta der Grundrechte der EU.
Hitler, Adolf (1889 – 1945); im Ersten Weltkrieg war der gebürtige Österreicher Soldat im deutschen Heer. Nach Ende des Krieges war er maßgeblich am Aufbau der Nationalsozialistischen Deutschen Arbeiterpartei (NSDAP) in Bayern beteiligt. Nach einem misslungenen Putsch 1923 wurde die Partei aufgelöst und Hitler zu fünf Jahren Festungshaft verurteilt, aber schon im Dezember 1924 wieder entlassen. Mit der Neugründung der NSDAP 1925 unternahm Hitler den Versuch, die Macht legal zu erringen. Begünstigt durch die Krisen gegen Ende der Weimarer Republik, besonders durch die Wirtschaftskrise 1930, gelang es ihm, zunehmend größere Wahlerfolge für seine Partei zu erringen. Am 30. Januar

1933 ernannte ihn Reichspräsident Paul von Hindenburg als Führer der stärksten Partei zum Reichskanzler. Nach dem Tod Hindenburgs (1934) machte sich Hitler als „Führer und Reichskanzler" zum Staatsoberhaupt und vereinigte damit die Ämter des Partei-, Regierungs- und Staatschefs in einer Person (Führer). Er errichtete ein auf Rassen- und Machtideologie fußendes totalitäres Herrschaftssystem. Während des Dritten Reichs kam es zu einer beispiellosen Verfolgung der europäischen Juden. Der NS-Vernichtungspolitik fielen Millionen von Menschen zum Opfer (Holocaust). Auch politische Gegner wurden verfolgt und in Konzentrationslager verschleppt. Außenpolitisch betrieb Hitler eine aggressive Expansionspolitik. 1939 löste er mit dem Angriff auf Polen den Zweiten Weltkrieg aus. Nachdem das Kriegsgeschehen in den Jahren 1942/43 eine Wende zuungunsten Deutschlands genommen hatte, kam es zu einer Steigerung von Gewaltpolitik und Völkermord. Kurz vor der Eroberung Berlins durch sowjetische Truppen im Frühjahr 1945 nahm sich Hitler am 30. April das Leben.

Hobbes, Thomas (1588 – 1679); englischer Staatsphilosoph, der sich u. a. mit der Frage beschäftigte, wie der Krieg unter den Menschen zu vermeiden und der Frieden innerhalb eines Gemeinwesens zu gewinnen sei. Ausgehend von einem Naturzustand anarchischer Herrschaftslosigkeit entwarf der von den Schrecken des Englischen Bürgerkriegs (1640 – 1649) geprägte H. in seinem Hauptwerk „Leviathan" (1651) den Gedanken eines Sozialvertrags: H. zufolge wird die gesamte Gesellschaft zu einem einzigen Individuum, zum übermächtigen Leviathan, d. h. zum Staat, sobald der Gesellschaftsvertrag, den die Menschen untereinander zum Schutz vor sich selbst abgeschlossen haben, ihr Recht zur Gewaltausübung auf einen einzelnen unter ihnen, den Herrscher, überträgt. H. gilt damit als Wegbereiter des Absolutismus.

Hradil, Stefan (geb. 1946); ein deutscher Soziologe. Er hat eine Professur an der Universität Mainz inne und arbeitet u. a. zu den Themengebieten „Soziale Ungleichheit", „Soziale Milieus" sowie zur „zukünftigen Entwicklung der modernen Gesellschaft in Deutschland".

Hussein, Saddam (1937 – 2006); war ein irakischer Diktator. Seit 1979 Staats- und Regierungschef, Generalsekretär der regierenden Baath-Partei und Oberbefehlshaber der Streitkräfte errichtete H. einen totalitären Überwachungsstaat, in dem Regimegegner rücksichtslos verfolgt und auch umgebracht wurden. Er verwickelte den Irak in den Ersten und Zweiten Golfkrieg (1980 bis 1988 und 1990/ 91), die zum wirtschaftlichen Niedergang des Landes führten. Sein langjähriger Widerstand gegen das Rüstungskontrollregime der UNO führte zur Konfrontation mit den USA. Die US-Regierung unter Präsident → **George W. Bush** beendete mit dem Irak-Krieg (Dritter Golfkrieg) im Frühjahr 2003 seine Herrschaft. H. konnte sich nach dem Sturz zunächst verstecken, wurde aber von US-Soldaten aufgespürt und verhaftet. Er wurde 2006 wegen Verbrechen gegen die Menschlichkeit von einem irakischen Sondertribunal zum Tode durch den Strang verurteilt und hingerichtet.

Inglehart, Ronald F. (geb. 1934); ist ein US-amerikanischer Politologe und seit 1978 Professor an der University of Michigan. Bekanntheit erlangte er in den 1970er Jahren durch seine Theorie des Wertewandels. Diese Theorie fußt auf der → Maslowschen Bedürfnispyramide und besagt, dass bei steigendem Reichtum einer Gesellschaft das Verlangen nach materialistischen Werten (z. B. persönliche Sicherheit und Sicherung der Grundversorgung) abnimmt, während das Verlangen nach postmaterialistischen Werten (z. B. politische und gesellschaftliche Freiheit) zunimmt.

Jelzin, Boris Nikolajewitsch (1931 – 2007); war ein russischer Politiker und von 1991 bis 1999 der erste Präsident Russlands. Nachdem er während eines Putsches 1991 die beginnenden demokratischen Bemühungen vor Alt-Kommunisten bewahrt hatte, war auf seine Initiative hin die Sowjetunion aufgelöst worden. Korruption und der allgemeine wirtschaftliche Niedergang des Landes überschatteten seine weitere Amtszeit.

Jintao, Hu (geb. 1942); chinesischer Politiker (Kommunist); seit 2002 Generalsekretär des Zentralkomitees der Kommunistischen Partei sowie seit 2003 zugleich Staatspräsident der Volksrepublik China; seit 2005 auch Vorsitzender der staatlichen Zentralen Militärkommission.

Johannes Paul II., bürgerlich **Karol Józef Wojtyła** (1920 – 2005); war von 1978 bis 2005 Papst der römisch-katholischen Kirche und zuvor Erzbischof von Krakau. Durch sein Eintreten für die Menschenrechte und seine kompromisslose Haltung gegen die kommunistischen Regime in Mittel- und Osteuropa wird ihm eine wichtige Rolle bei der Beseitigung dieser, insbesondere in Polen, zugeschrieben.

Kant, Immanuel (1724 – 1802); gilt als bedeutendster deutscher Philosoph der Neuzeit. Mit seinem kritischen Denkansatz „Sapere Aude" (Habe Mut zu wissen) ist er der wohl wichtigste Denker der Aufklärung. Seine Hauptwerke sind „Kritik der reinen Vernunft" (1781) und „Zum ewigen Frieden. Ein philosophischer Entwurf" (1795). Darin wendet K. die Grundsätze seiner Moralphilosophie auf die Frage nach dem Frieden zwischen den Staaten an.

Karzai, Hamid (geb. 1957); ein afghanischer Politiker aus der Ethnie der Paschtunen. In den 1980er-Jahren unterstützte er die Mujaheddin im Kampf gegen die sowjetische Besatzung, gehörte nach deren Sieg der politischen Führung des Landes an und bekämpfte ab Mitte der 1990er-Jahre die Taliban. Nach deren Sturz wurde er 2001 zuerst Übergangspräsident und 2004 gewählter Staatspräsident Afghanistans. Besonders bei seiner Wiederwahl 2009 wurden Vorwürfe wegen Korruption, Vetternwirtschaft und Wahlbetrug gegen ihn laut.

Kennedy, John Fitzgerald (1917 – 1963); war von 1961 bis 1963 der 35. Präsident der USA und Mitglied der Demokratischen Partei. Seine charismatische Persönlichkeit und sein Sendungsbewusstsein machten ihn zum Hoffnungsträger vor allem der US-amerikanischen Jugend und Intellektuellen sowie sozial benachteiligter Gruppen. K. war der erste Katholik im Weißen Haus. Er konzentrierte sich zunächst auf ein ambitioniertes soziales Reformprogramm, das sich aber aufgrund von Widerständen im Kongress nicht vollständig realisieren ließ. Außenpolitisch verfolgte die Kennedy-Regierung eine harte Linie gegen den Kommunismus und die UdSSR, das Engagement in Südvietnam wurde verstärkt. Sein Auftritt in Berlin („Ich bin ein Berliner") nach dem Mauerbau 1961 und sein Ultimatum an die UdSSR nach der Stationierung russischer Raketenrampen auf Kuba 1962 stärkten K.s Profil als Verteidiger der freien Welt. K. wurde am 22. November 1963 in Dallas Opfer eines Attentats.

Khomeini, Seyyed Ruhollah Musavi (1902 – 1989); iranischer Schiitenführer (Ayatollah) und Politiker. Er rief am

1979 die „Islamische Republik Iran" aus, setzte den Islam als allein maßgebende Kraft durch und legte die führende Rolle der schiitischen Geistlichkeit fest, deren Führung er selbst übernahm. Politisch und religiös Andersdenkende ließ er verfolgen. Außenpolitisch vollzog Khomeini einen radikalen Bruch mit den USA und wurde einer der entschiedensten Gegner Israels. Zwischen 1980 und 1988 führte er gegen den weltlich orientierten Machthaber im Irak, Saddam Hussein, einen erbitterten Verteidigungskrieg (Erster Golfkrieg).

King Jr., Martin Luther (1929 – 1968); der farbige Baptistenpfarrer und Menschenrechtler war der Vorkämpfer des gewaltlosen Widerstandes gegen Rassendiskriminierungen in den USA. Er setzte sich für die Menschenrechte der farbigen Minderheit ein. Dieser Einsatz machte ihn zur Symbolfigur gegen die Unterdrückung der Afroamerikaner und Schwarzafrikaner sowie für soziale Gerechtigkeit. 1964 bekam K. den Friedensnobelpreis verliehen. Zwischen 1955 und 1968 wurde K. indes mehr als 30 Mal inhaftiert, ehe er 1968 in Memphis ermordet wurde.

Kohl, Helmut (geb. 1930); ist ein deutscher Politiker (CDU). Der frühere Ministerpräsident von Rheinland-Pfalz (1969 – 1976) wurde 1982 nach einem erfolgreichen Misstrauensvotum gegen → **Helmut Schmidt** (SPD) deutscher Bundeskanzler. In seiner Regierungszeit (bis 1998) gestaltete der promovierte Historiker den Prozess der deutschen Wiedervereinigung und wirkte maßgeblich am europäischen Einigungsprozess mit.

Köhler, Horst (geb. 1943); war von 2004 bis 2010 Bundespräsident; zuvor bis 2004 Geschäftsführender Direktor des Internationalen Währungsfonds (IWF). 1993 bis 1998 leitete er als Präsident den Deutschen Sparkassen- und Giroverband und anschließend bis 2000 die Europäische Bank für Wiederaufbau und Entwicklung.

Uljanow, Wladimir Iljitsch, genannt **Lenin** (1870 – 1924); war ein russischer Revolutionär und kommunistischer Politiker. Er spielte eine wesentliche Rolle bei der Übernahme der Regierungsgewalt in Russland ab 1917 durch die Kommunisten/ Bolschewiken. Er entwickelte eine eigene Version des Marxismus: den Leninismus. Bürgerliche Parteien wurden verboten, „Konterrevolutionäre" brutal verfolgt. L. war der Wegbereiter des Totalitarismus. Nach seinem Tod wurde in der UdSSR ein starker Personenkult um ihn betrieben.

Leonardo da Vinci (1452 – 1519); gilt als der bedeutendste europäische Universalgelehrte. L. war Maler, Bildhauer, Architekt, Anatom, Mechaniker, Ingenieur und Naturphilosoph. Neben vielen Kunstgegenständen, Skulpturen und Gemälden zeichnete der Renaissancekünstler eine große Anzahl von Entwürfen für Gebäude und Maschinen. Zu seinen bekanntesten Bildern zählen „Das letzte Abendmahl" (Cenacolo) und „Mona Lisa". In Florenz, Mailand und Rom betrieb der aus der Toskana stammende L. als einer der ersten Menschen in Europa nach dem Mittelalter anatomische Studien an Leichen.

von der Leyen, Ursula (geb. 1958); ist eine deutsche Politikerin (CDU). Seit 2009 ist die approbierte Ärztin Bundesministerin für Arbeit und Soziales, zuvor war sie in Niedersachsen von 2003 bis 2005 Ministerin für Soziales, Frauen, Familie und Gesundheit und von 2005 bis 2009 Bundesministerin für Familie, Senioren, Frauen und Jugend. Unter ihrer Federführung wurde in Deutschland zum 1. Januar 2007 das Elterngeld eingeführt. Durch ihre Forderung nach einem massiven Ausbau der Kinderkrippenplätze Anfang 2007 löste sie in der eigenen Partei sowie in der CSU eine teils heftige Debatte um den Wandel des traditionellen Familienbilds in Deutschland aus.

Locke, John (1632 – 1704); war ein einflussreicher englischer Rechtsphilosoph und ein Verfechter der bürgerlichen Freiheiten und des individuellen Grundrechtsschutzes. In seinem 1690 erschienenen Hauptwerk „Two Treatises of Government" (Zwei Abhandlungen über die Regierung) entwickelte er Gedanken zu einer Gewaltenteilung zwischen König und Parlament. Locke argumentierte, dass eine Regierung nur rechtmäßig sei, wenn sie die Zustimmung der Regierten besäße und die von Natur aus gegebenen Rechte auf Leben, auf Freiheit und auf Eigentum beschütze. Für den Fall, dass die Regierung gegen diese ihre vertraglichen Pflichten verstößt, hätten die Untertanen das Recht auf Widerstand gegen die Staatsgewalt, d. h. das Recht zur Rebellion.

Luther, Martin (1483 – 1546); der Augustinermönch und Theologieprofessor war die zentrale Person der Reformation. Sein Thesenanschlag in Wittenberg am 31. Oktober 1517 („Reformationstag") gilt als deren Auslösepunkt. Ziel war eine Neuorientierung der Katholischen Kirche, nicht die Kirchenspaltung. L. übersetzte im Herbst 1521 auf der Wartburg das Neue Testament in nur elf Wochen vom Griechischen ins Deutsche. Die „Lutherbibel" veränderte die frühneuzeitliche Gesellschaft nachhaltig.

Machiavelli, Niccolò (1469 – 1527); war ein italienischer Politiker und Gelehrter. Er ist durch sein Werk „Il Principe" (Der Fürst; 1532) berühmt geworden, in welchem er dem „idealen" Herrscher die Wahrnehmung der eigenen Ziele und Interessen anrät ohne ethische oder moralische Rücksichtnahme.

Marx, Karl (1818 – 1883); war ein deutscher Philosoph. Er untersuchte im Zeitalter der Industrialisierung zusammen mit → **Friedrich Engels** die kapitalistische Gesellschaft und gilt als bedeutendster Denker von Sozialismus und Kommunismus. M. gab an, durch seine historischen Untersuchungen einen fortdauernden Konflikt zwischen besitzenden und nicht besitzenden Klassen innerhalb einer Gesellschaft erkennen zu können; im Industriezeitalter wären dies die Bürger (Bourgeois), d. h. diejenigen, die Produktionsmittel besitzen, und die Arbeiter (Proletarier), die keinen solchen Besitz haben und ihre Arbeitskraft verkaufen müssen. Diesen Klassenkonflikten sprach M. die treibende Kraft für die Weiterentwicklung der Gesellschaft zu. Als Endstadium sah er dabei die klassenlose Gesellschaft im Kommunismus an. Diese sollte durch die Aufhebung des Privateigentums an Produktionsmitteln (z. B. Boden, Fabriken, Maschinen usw.) erreicht werden.

Maslow, Abraham (1908 – 1970); war ein US-amerikanischer Psychologe. Er entwickelte eine fünfstufige „Bedürfnispyramide", beginnend bei den (körperlichen) Grundbedürfnissen (Nahrung, Wohnraum, Sexualität) über Sicherheit (Rechtssicherheit, Arbeitsplatzsicherheit), Soziale Bedürfnisse (Familie, Freunde, Liebe) und Soziale Wertschätzung (Status, Anerkennung, Wohlstand) bis hin zum Bedürfnis nach Selbstverwirklichung (Individualität, Gerechtigkeit, Selbstfindung). Dabei versucht der Mensch stets, zuerst die fundamentalen Bedürfnisse zu befriedigen, bevor die nächste Stufe zum neuen und dominanten Bedürfnis wird, welches das menschliche Verhalten motiviert.

Medwedew, Dimitri Anatoljewitsch (geb. 1965); ist seit 2008 Präsident der Russischen Föderation. M. wurde von → **Putin** als Nachfolger auserkoren und dafür 2007 zum Ministerpräsidenten ernannt. Auf dieser Basis konnte er die Präsidentschaftswahlen 2008 für sich entscheiden. Bis zum Jahr 2008 war M. Aufsichtsratvorsitzender des Energieriesen Gazprom.

Merkel, Angela (geb. 1954); ist eine deutsche Politikerin (CDU). Sie ist seit dem 10. April 2000 Bundesvorsitzende der CDU sowie seit dem 22. November 2005 die erste Frau im Amt des deutschen Bundeskanzlers. Zuvor bekleidete sie zwischen 1991 und 1994 das Amt der Bundesministerin für Frauen und Jugend und zwischen 1994 und 1998 das Amt der Bundesumweltministerin. M. wurde als Tochter eines evangelischen Pfarrers in Hamburg geboren, wuchs jedoch in der DDR auf.

Milošević, Slobodan (1941 – 2006); war ein serbischer Politiker (Kommunist); von 1989 bis 1997 Präsident Serbiens und danach bis 2000 jugoslawischer Staatspräsident. Seine großserbisch-nationalistische Politik trug zum Zerfall des kommunistischen Jugoslawiens und den Kriegen in Kroatien und Bosnien-Herzegowina bei. 1995 unterzeichnete er auf internationalen Druck hin das Friedensabkommen von Dayton. M. trug entscheidende Verantwortung für die Eskalation im Kosovokonflikt (1998/ 99). 1999 wurde er vom Internationalen Strafgerichtshof für das ehemalige Jugoslawien (ICTY) in Den Haag der Verbrechen gegen die Menschlichkeit angeklagt und 2001 vom neuen jugoslawischen Staatspräsidenten Vojislav Koštunica ausgeliefert. In Den Haag musste sich M. bis zu seinem Tod auch wegen Verstößen gegen die Gesetze und Gebräuche des Krieges und gegen die Genfer Konventionen sowie wegen Völkermordes verantworten.

Mitterrand, François (1916 – 1996); war ein französischer Politiker der sozialistischen Strömung. Er wurde 1981 und 1988 zum französischen Staatspräsidenten gewählt und hatte dieses Amt bis zum 17. Mai 1995 inne. 1988 erhielt er gemeinsam mit → **Helmut Kohl** den Karlspreis für seine Verdienste um die deutsch-französische Freundschaft und die Zukunft Europas.

Mladić, Ratko (geb. 1942); war ein bosnisch-serbischer General. Während der jugoslawischen Bürgerkriege der 1990er-Jahre machte er sich verschiedener Kriegsverbrechen schuldig, u. a. des Massakers in Srebrenica an 8 000 bosnischen Muslimen (11. Juli 1995). Seit 1996 ist M. untergetaucht. Er wird vom Internationalen Strafgerichtshof (UN-Kriegsverbrechertribunal) gesucht.

Mohammed (570 – 632); wird von den Muslimen als letzter Prophet angesehen, welcher mit dem Koran die Offenbarungen Allahs empfangen habe. Damit gilt M. als Religionsstifter des Islam. Sein Geburtsort Mekka und sein Sterbeort Medina gelten den Gläubigen als heilige Städte und sind als Wallfahrtsorte jedes Jahr Ziel mehrerer Millionen Muslime.

Baron de La Brède et de Montesquieu, Charles-Louis de Secondat, genannt **Montesquieu** (1689 – 1755); war ein französischer Schriftsteller und Staatstheoretiker. Im Jahr 1748 erschien sein bedeutendstes Werk: „De l'esprit des loix" (Vom Geist der Gesetze). Ähnlich wie → **John Locke** versuchte auch Montesquieu sinnvolle Grundlagen für Regierungssysteme zu entwickeln. Montesquieus größte Sorge galt dabei einer Situation, in der eine einzige Person oder eine einzige Institution übermäßig viel Macht anhäufen und missbrauchen konnte. Das zentrale Prinzip zur Verhinderung einer solchen Situation sah Montesquieu in der Verteilung der Staatsfunktionen (Gewalten) auf verschiedene Verfassungsorgane, die die Staatsmacht gemeinsam ausüben sollten: So war die gesetzgeberische Gewalt (Legislative) dem Parlament zugedacht, die vollziehende Gewalt (Exekutive) lag beim König und die Recht sprechende Gewalt (Judikative) bei den Gerichten. Mit diesen Gedanken verhalf Montesquieu der Lehre von der Gewaltenteilung zum Durchbruch. Als politisches Programm verkündet wurde die Gewaltenteilung erstmals in der Unabhängigkeitserklärung der USA im Jahre 1776.

Mussawi, Mir Hossein (geb. 1942); 1981 Außenminister des Iran; von 1981 bis 1989 Premierminister, danach Verfassungsänderung; Mitglied des Schlichtungsrats; Präsidentschaftskandidat 2009. Als Premierminister strukturierte er während des Iran-Irak-Kriegs (1980-88) die Wirtschaft um und war 1988 zusammen mit Staatsoberhaupt → **Ali Chamenei** für die größte Hinrichtungswelle an politischen Gefangenen in der Geschichte der Islamischen Republik Iran verantwortlich. Als Präsidentschaftskandidat galt er als gemäßigte Alternative zum fundamentalistischen Amtsinhaber → **Ahmadinedschad.** Durch Wahlmanipulation unterlag M. dem Präsidenten und gilt seitdem als der Anführer der iranischen Protestbewegung.

Mussolini, Benito (1883 – 1945); errichtete in Italien zwischen 1922 und 1943 ein faschistisches Regime. Nach der Eroberung Abessiniens 1936 und der Besetzung Albaniens 1939 trat er in den Zweiten Weltkrieg ein, der für Italien zunehmend schlechter verlief. Nach der Besetzung Siziliens 1943 durch die US-Armee wurde er entmachtet, konnte jedoch bis 1945 mit deutscher Unterstützung in Norditalien ein neues faschistisches Regime errichten. Auf der Flucht wurde er 1945 erkannt und erschossen.

Nadschibullah, Mohammed (1947 – 1996); afghanischer Staatschef 1986 bis 1992. Der moskauorientierte Paschtune beteiligte sich am Sturz des Staatspräsidenten Mohammed Daud Khan (1978). Von den sowjetischen Streitkräften nach dem Einmarsch in Afghanistan (1979) als Chef des neugegründeten Geheimdienstes eingesetzt bekämpfte N. in den Folgejahren im Bürgerkrieg die Mujaheddin. 1987 übernahm er auch das Amt des Staatspräsidenten. Nach dem Abzug der sowjetischen Truppen (1989) verlor er gegen die Mujaheddin an Boden. Auch die Abkehr vom kommunistischen Kurs 1990 konnte seinen Sturz wenige Tage vor seinem angekündigten Rücktritt nicht verhindern. Nach der Einnahme Kabuls im September 1996 richteten die Taliban den aus dem UNO-Hauptquartier verschleppten N. ohne Gerichtsverfahren hin.

Obama, Barack Hussein (geb. 1961); seit 2009 der 44. Präsident der USA und der erste Afroamerikaner in diesem Amt. Sein Vater stammte aus Kenia, seine Mutter aus dem US-Bundesstaat Kansas. O. gehört der Demokratischen Partei an. Sein Wahlkampfslogan „Change" hatte den Nerv breiter Bevölkerungsschichten getroffen, die nach der Präsidentschaft → **George W. Bushs** und angesichts großer außenpolitischer, wirtschaftlicher und gesellschaftlicher Probleme einen Wechsel herbeisehnten. Das Motto „Yes, we can" begleitete die kaum vorhersehbare Erfolgsgeschichte des jugendlich und unverbraucht wirkenden Senators aus dem US-Bundesstaat Illinois und hatte eine stark mobilisie-

rende Wirkung v. a. auf junge, farbige und weibliche amerikanische Wähler sowie auf die Gruppe der Hispanics.
Politkowskaja, Anna Stepanowna (1958 – 2006); war eine russische Reporterin, Autorin und Menschenrechtsaktivistin. Internationale Bekanntheit erlangte sie durch ihre Recherchen über den Tschetschenien-Krieg und über die Korruption innerhalb des russischen Verteidigungsministeriums und der Armee. P. wurde 2006 in ihrem Wohnhaus in Moskau erschossen. Der Mord ist bis heute nicht aufgeklärt. Eine internationale Untersuchungskommission wurde von → **Wladimir Putin** nicht zugelassen.
Putin, Wladimir Wladimirowitsch (geb. 1952); ist ein russischer Politiker und seit Mai 2008 Ministerpräsident Russlands. Dieses Amt hatte er bereits zwischen 1999 und 2000 inne. Nachdem der damalige Präsident Boris Jelzin aus dem Amt schied und P. zu seinem Nachfolger ernannte, bekleidete P. das Präsidentenamt bis Mai 2008. Sein Nachfolger wurde sein Wunschkandidat Dimitri Medwedew. Die Ära P. war von außenpolitischer Selbstbehauptung und von Nationalismus gekennzeichnet, während innenpolitisch vor allem die Reform der Wirtschaft und die schrittweise Einschränkung von Grundrechten (z. B. Pressefreiheit) prägend waren. Zwischen 1985 und dem Ende der DDR war P. dort als Offizier des sowjetischen Auslandsgeheimdienstes KGB eingesetzt gewesen.
Rau, Johannes (1931 – 2006); war ein deutscher Politiker der SPD. Er war von 1978 bis 1998 Ministerpräsident des Landes Nordrhein-Westfalen und sah sich während dieser Zeit mit dem wirtschaftlichen Strukturwandel im Ruhrgebiet konfrontiert. 1999 zum Bundespräsidenten gewählt (bis 2004), hielt er 2000 als erstes deutsches Staatsoberhaupt eine Rede vor der israelischen Knesset. In innenpolitischen Auseinandersetzungen betonte Rau die Bedeutung ethischer Werte und religiöser Toleranz.
Reagan, Ronald Wilson (1911 – 2004); war von 1981 bis 1989 der 40. Präsident der USA. Bekanntheit erlangte er zuvor als Schauspieler und als Gouverneur von Kalifornien. R. gehörte der Republikanischen Partei an. Seine Präsidentschaft war innenpolitisch von massiven Steuersenkungen und von dem Versuch geprägt, Bundesaufgaben, v. a. in der Sozialpolitik, auf die einzelstaatliche Ebene zurückzuverlagern. Seine Außenpolitik stand im Zeichen eines starken Anti-Kommunismus und militärischer Aufrüstung. Dennoch machte sich R. insbesondere in seiner zweiten Amtszeit durch Verhandlungen mit → **Michael Gorbatschow** um das Ende des Kalten Krieges verdient, als dessen Sieger er zweifellos zu bezeichnen ist.
Roosevelt, Franklin Delano (1882 – 1945); war von 1933 bis zu seinem Tod der 31. Präsident der Vereinigten Staaten von Amerika. R., der – einzigartig in der Geschichte der USA – viermal nacheinander (1932, 1936, 1940 und 1944) in das Amt des Präsidenten gewählt wurde, führte das Land erfolgreich in Zeiten schwerer innen- und außenpolitischer Krisen. R. war seit einer Erkrankung im Jahr 1921 auf die Benutzung eines Rollstuhls angewiesen.
Rousseau, Jean-Jacques (1712 – 1778); war ein schweizerischer Schriftsteller, Moralphilosoph, Pädagoge, Naturforscher und Komponist. Er gilt als einer der bedeutendsten Vertreter der europäischen Aufklärung und wurde von zahlreichen Vertretern der Französischen Revolution hoch verehrt. Seine Arbeiten hatten großen Einfluss auf die Pädagogik sowie die politischen Theorien. R. Staatstheorie setzt sich mit dem Problem auseinander, wie ein von Natur aus gutes und freies Individuum seine Freiheit behalten kann, wenn es den Naturzustand verlässt und in den Zustand der Gesellschaft übertritt. Im Unterschied zu anderen Vertragstheoretikern, insbesondere → **John Locke**, sieht R. im individuellen Eigentum eine zentrale Quelle allen Übels, das durch den Gesellschaftsvertrag (contrat social) aufgehoben werde. Durch diesen werde es allen ermöglicht, sich wieder so frei wie im ursprünglichen Naturzustand zu fühlen und zugleich auf gesellschaftliche und politische Prozesse und Entscheidungen Einfluss zu haben. Allerdings müsste sich dazu jeder verpflichten, sich dem allgemeinen Willen (volonté général) zu unterwerfen, der wiederum dem Allgemeinwohl dient. In dieser Lesart sind die staatlichen Maßnahmen und Gesetze Ausdruck des souveränen Willens des Volksganzen, der die partikularen Interessen verdrängt. Regierte und Regierende sind identisch.
Rushdie, Salman (geb. 1947); der indio-britische Schriftsteller zählt seit Beginn der 1980er Jahre zu den bedeutendsten Vertretern der zeitgenössischen Weltliteratur. Mit der Publikation seiner „Satanischen Verse" zog R. 1988 den Unmut des islamischen Fundamentalismus auf sich, unter dessen religiösem Feme-Urteil, der Fatwa, er seitdem für mehr als zwei Jahrzehnte zu einem Leben in ständigem Exil und in permanenter Bedrohung gezwungen war. Er lebt heute in den USA.
de Saint-Exupéry, Antoine (1900 – 1944); war ein französischer Schriftsteller und Flieger und schon zu seinen Lebzeiten ein anerkannter und erfolgreicher Autor. Sein bekanntestes schriftstellerisches Werk ist „Der Kleine Prinz" (1943). S. starb im Juli 1944 über dem Mittelmeer beim Absturz seiner Maschine, die angeblich von einem deutschen Jagdflieger abgeschossen worden sein soll.
Schah Pahlevi, Mohammad Reza (1919 – 1980); der Königssohn war von 1941 bis zur Islamischen Revolution 1979 Schah von Persien (Iran) und letzter Herrscher auf dem Pfauenthron. Während seiner autoritären Herrschaft lehnte er sich militärpolitisch an die USA an und genoss trotz weltweiter Proteste die Unterstützung der westeuropäischen Staaten. Im Inneren ließ der Diktator verschiedene oppositionelle Gruppen (v. a. Kommunisten und Islamisten) verfolgen. Er stützte sich dabei auf die gefürchtete Geheimpolizei „Savak" und die enorm aufgerüsteten Streitkräfte.
Schäuble, Wolfgang (geb. 1925); ist ein deutscher Jurist und Politiker (CDU), seit 1972 Mitglied des Bundestages und von 2005 bis 2009 Bundesminister des Innern. Dieses Amt bekleidete S. schon einmal von 1989 bis 1991. S. war damals maßgeblich an der Erarbeitung des Zwei-plus-Vier-Vertrags beteiligt, der den Weg zur Deutschen Wiedervereinigung ebnete. Seit einem Attentat am 12. Oktober 1990 ist er querschnittsgelähmt. S. tritt u. a. für den Bundeswehreinsatz im Inneren ein. Im Zusammenhang mit der Terrorismus-Bekämpfung spricht er sich für Grundgesetzänderungen aus, um Online-Durchsuchungen zu ermöglichen. Seit 2009 ist S. Bundesfinanzminister.
Schmidt, Helmut (geb. 1918); ist ein deutscher Politiker. Er gehört der SPD an, bekleidete verschiedene Ministerämter und war von 1974 bis 1982 Bundeskanzler. Landesweite Bekanntheit erlangte er durch die Koordinierung der Rettungskräfte bei der Hamburger Sturmflut 1962. Seine

Kanzlerschaft stand unter den Zeichen der Wirtschaftskrise der 1970er-Jahre und des Terrors militanter linksgerichteter Gruppierungen, vor allem der Roten Armee Fraktion (RAF). Außenpolitisch versuchte S. an die Entspannungspolitik seines Vorgängers Willy Brandt anzuknüpfen, befürwortete aber den NATO-Doppelbeschluss. Die Regierung Schmidt fand durch den Wechsel des vormaligen Koalitionspartners, der FDP, in einem konstruktiven Misstrauensvotum ein unerwartetes Ende.

Schröder, Gerhard (geb. 1944); ist ein deutscher SPD-Politiker. Er war von 1998 bis 2005 der siebte Bundeskanzler der Bundesrepublik Deutschland sowie zuvor von 1990 bis 1998 Ministerpräsident des Landes Niedersachsen. Seine Kanzlerschaft war vor allem durch die umstrittenen Reformen der Sozialsysteme („Hartz IV") und ein neues Selbstbewusstsein in der Außenpolitik geprägt. Durch seinen Regierungsstil galt er als „Medienkanzler". Nach seiner politischen Karriere wechselte S. in die Wirtschaft, wo er bis heute verschiedene Positionen bekleidet.

Schuman, Robert (1886 – 1963); war ein deutsch-französischer Politiker und 1947 / 48 Ministerpräsident von Frankreich. Als Außenminister entwickelte er den Schuman-Plan, der zur Schaffung der Montanunion führte. Später war S. von 1958 bis 1960 erster Präsident des Europäischen Parlaments. Er gilt als einer der Gründerväter der Europäischen Union.

Smith, Adam (1723 – 1790); schottischer Nationalökonom und Philosoph; Begründer der klassischen Nationalökonomie (Volkswirtschaftslehre). Seine Lehre fußte auf den Ideen der Aufklärung, des Naturrechts und der englischen Moralphilosophie. Nach S. existiert ein Marktautomatismus, der über den Marktpreis Angebot und Nachfrage zum Ausgleich bringt. Die treibende Kraft aller wirtschaftlichen Vorgänge sei der Eigennutz. Wirtschaftspolitisch forderte S. Freihandel und „laissez faire". Sein Hauptwerk: „The Wealth of Nations" (Der Wohlstand der Nationen), erschienen in zwei Bänden im Jahr der amerikanischen Unabhängigkeitserklärung 1776.

Sokrates (469 – 399 v. Chr.); war ein für das abendländische Denken bedeutender griechischer Philosoph. S. ging es um Fragen der Ethik. In der Überzeugung, dass niemand gegen seine bessere Einsicht handeln könne („Tugend ist Wissen"), hielt er Tugend für lehrbar. Sein Bemühen, die Menschen vom Scheinwissen zu echtem Wissen zu bringen („Ich weiß, dass ich nichts weiß"), brachte ihm viele Feinde. Weil er u. a. die Götter des Staatskults nicht anerkenne und die Jugend verderbe, wurde S. zum Tode verurteilt. Die ihm angebotene Flucht lehnte er ab und trank den Schierlingsbecher. Da S. keine Schriften hinterließ, sind seine Lehren nur über seine Schüler, v. a. Platon (427 – 347 v. Chr.), überliefert.

Solana, Javier (geb. 1942); war von 1995 bis 1999 NATO-Generalsekretär und von 1999 bis Ende 2009 Generalsekretär des Rates der Europäischen Union und Hoher Vertreter für die Gemeinsame Außen- und Sicherheitspolitik (GASP). S. war damit lange Zeit der Politiker, der der Außenpolitik des geeinten Europas ein „Gesicht" verlieh. Seine Nachfolgerin im Amt des „Hohen Vertreters der Europäischen Union für Außen- und Sicherheitspolitik" ist die Britin Catherine Ashton.

Stalin, Josef (1878 – 1953); war ein sowjetischer Politiker und Diktator. „Stalin" („der Stählerne") war sein „Kampfname". Nach der Russischen Revolution diente er sich im Parteiapparat hoch, seit 1922 war er Generalsekretär des Zentralkomitees der Kommunistischen Partei der Sowjetunion (KPdSU). Aus dieser Position baute er nach dem Tod Lenins seine Alleinherrschaft systematisch aus. Dabei ließ er alle Personen und Personengruppen, die ihm gefährlich werden konnten oder die seiner Politik oder seinen Ansichten im Wege waren, verfolgen. Insgesamt fanden während seiner Herrschaft mehrere Millionen Menschen durch Terror oder Misswirtschaft den Tod. Stalin, der einen bizarren Kult um seine eigene Person betrieb, war der Meinung, der Sozialismus müsse zuerst in einem Land, nämlich der Sowjetunion, aufgebaut werden, um sich hernach in der ganzen Welt verbreiten zu können.

Thatcher, Margaret (geb. 1925); ehemalige britische Politikerin; T. war von 1979 bis 1990 (der erste weibliche) Premierminister des Vereinigten Königreichs und von 1975 bis 1990 Vorsitzende der Conservative Party. Mit ihrer Amtszeit werden eine weitgehende Privatisierung vormaliger Staatsbetriebe (z. B. British Telecom, British Petroleum, British Airways), die Schwächung von Gewerkschaften und der Rückbau von Arbeitnehmerrechten in Verbindung gebracht (Thatcherismus). Außenpolitisch betrieb die dezidierte Europa-Gegnerin eine stark nationale Interessenpolitik, die sie teilweise gegen alle Widerstände durchsetzte. 1984 erreichte sie unter dem Motto „I want my money back" den bis heute gültigen „Britenrabatt" zur Finanzierung der Europäischen Union.

Thukydides (460 – ca. 396 v. Chr.); athenischer Historiker und Stratege. Selbst Flottenkommandant im Peloponnesischen Krieg (431 – 404 v. Chr.) hat T. in seiner berühmten Geschichte über die langjährige Auseinandersetzung zwischen dem Attischen Seebund unter der Führung Athens und dem Peloponnesischen Bund unter der Landmacht Sparta Überlegungen zur Theorie und Stabilität militärischer Bündnisse angestellt. T. sah dabei im Machtstreben des Menschen die wichtigste geschichtswirksame Kraft.

Xerxes I. (519 – 465 v. Chr.); war ein persischer Großkönig und ägyptischer Pharao. Er versuchte die Invasion von Griechenland, musste jedoch nach dem Verlust seiner Flotte in der Seeschlacht von Salamis (480 v. Chr.) den Rückzug antreten. Mit der Niederlage seiner Landstreitmacht in der Schlacht von Plataiai (479 v. Chr.) war die persische Invasion in Griechenland endgültig abgewehrt..

STICHWORTVERZEICHNIS

V

W

Z

BILDQUELLENVERZEICHNIS

A1PIX, Taufkirchen: 47 re.; **Avenue Images, Hamburg:** 111u.; **Bergmoser + Höller Verlag AG, Aachen:** 49, 62, 71, 103, 110; **Bildagentur Huber, Garmisch-Partenkirchen:** 7 (Guido Baviera), 47; **David Claude Boucherie, Köln:** 15; **Jörg Hempel, Aachen:** 79 li.; **Michael Klant, München:** 127 o. re.; **Burkhard Mohr, Königswinter:** 138; **Picture-Alliance, Frankfurt/M.:** Umschlagfoto o. (Harald Schreiber) + u. (David Ebener), 7, 9 (Roland Weihrauch), 47 u., 95 (Peter Kneffel), 102, 105, 111 o. (Pressefoto Ulmer/R. Michael); **ullstein bild, Berlin:** 79, 127 u. re. (imagebroker.net); **vario images, Bonn:** 127 u. li.